HANS DOLLINGER · LACHEN STRENG VERBOTEN

HANS DOLLINGER

Lachen streng verboten!

Die Geschichte der Deutschen im Spiegel der Karikatur

SÜDWEST VERLAG MÜNCHEN

Literaturnachweis

Die Literaturhinweise dienen nur als Beleg für die in diesem Band benutzten Quellen und stellen keine vollständige Bibliographie zum Thema dar. Sie ergänzen nur den Quellennachweis.

a) Bücher

Arnold, Heinz Ludwig (Hrsg.), Deutsche über die Deutschen. Auch ein deutsches Lesebuch. München, 1972 – Behr, Hermann, Die Goldenen Zwanziger Jahre. Hamburg, 1964 – Bildung und Karikatur. Handzeichnungen, Aquarelle und Druckgraphik vom 16. bis zum 20. Jahrhundert. Wien, 1955 – Budzinski, Klaus (Hrsg.), So weit die scharfe Zunge reicht. Die Anthologie des deutschsprachigen Cabarets. München, 1964 – Canetti, Elias, Masse und Macht. Hamburg, 1960 – Der Kladderadatsch und seine Leute. Berlin, 1898 – Dollinger, Hans (Hrsg.), Das Kaiserreich. Der Erste Weltkrieg. Die letzten hundert Tage. Deutschland unter den Besatzungsmächten 1945–1949. Die Bundesrepublik in der Ära Adenauer 1949–1963. 5 Bde., München, 1965, 1966, 1967 – Eicke, Hermann, Weltgeschichte in Anekdoten. Heidelberg, 1961 – Fuchs, Eduard, Die Juden in der Karikatur. München, 1921 – Fuchs, Eduard, Ein vormärzliches Tanzidyll. Lola Montez in der Karikatur. Berlin, 1904 – Fuchs, Eduard, Der Weltkrieg in der Karikatur. München, 1916 - Goldmann-Hessenhorst, G. R., Die Karikatur im Weltkrieg. Rußland. München, 1927 – Grand-Carteret, John, »Er« im Spiegel der Karikatur. Wien/Leipzig, 1906 – Haas, Willy, Die Belle Epoque. München, 1967 – Hagemeyer, Hans (Hrsg.), Deutsche Größe. München, 1944 – Hanfstaengl, Ernst, Hitler in der Karikatur der Welt. Berlin, 1933 – Hanfstaengl, Ernst, Tat gegen Tinte. Hitler in der Karikatur der Welt. Neue Folge. Berlin, 1934 – Hartenstein, Liesel (Hrsg.), Facsimile Querschnitt »Kladderadatsch«, München, 1965 – Hermann, Georg, Die deutsche Karikatur im 19. Jahrhundert. Bielefeld/Leipzig, 1901 – Herzfeld, Hans (Hrsg.), Geschichte in Gestalten. 4 Bde. Fischer-Bücherei, Frankfurt am Main, 1963 – Herzog, G. H./Heinold, Erhardt, Scherz beiseite. Die Anthologie der deutschsprachigen Prosa-Satire von 1900 bis zur Gegenwart. München, 1966 – Hirschfeld, Magnus, u. a. Mitarbeiter, Sittengeschichte. 3 Bde. Hanau am Main, 1966, 1968 – Huber, Heinz/Müller, Artur (Hrsg.), Das Dritte Reich. 2 Bde., München, 1964 – Ironimus, Die sechziger Jahre. Karikaturen aus den Jahren 1960–1970. Wien/München, 1970 – Jacobsen, Hans-Adolf/Dollinger, Hans (Hrsg.), Der Zweite Weltkrieg in Bildern und Dokumenten. 3 Bde. München, 1962 – Jacobsen, Hans-Adolf/Dollinger, Hans (Hrsg.), Hundert Jahre Deutschland 1870–1970. München, 1969 – Jensen, C. E./Borgjörg, F. J., Socialdemocratiets Aarhundrede. Kobenhavn, 1904 – Jessen, Hans (Hrsg.), Die deutsche Revolution 1848/49 in Augenzeugenberichten. Düsseldorf, 1968 – Jung, Kurt, Weltgeschichte in Stichworten. Berlin, 1965 – Kästner, Erich, Heiterkeit in Dur und Moll. Deutscher Humor der Gegenwart in Wort und Bild. Hannover, 1958 – Kahn, Gustave, Europas Fürsten im Sittenspiegel der Karikatur. Berlin, o. J. – Kalkschmidt, Deutsche Freiheit und deutscher Witz. Hamburg, 1928 – Kelen, Emery, Alle meine Köpfe. Köln, 1965 – Kessler, Harry Graf, Tagebücher 1918–1937. Frankfurt am Main, 1961 – Kinder, H./Hilgemann, W., dtv-Atlas zur Weltgeschichte. 2 Bde. München, 1964/66 – Koerner, Peter, Der Erste Weltkrieg 1914–1918. 5 Bde. München, 1968 – Krummacher, F. A./Wucher, Albert (Hrsg.), Die Weimarer Republik. Ihre Geschichte in Texten, Bildern und Dokumenten. München, 1965 – Lachende Kunst. Goslar, 1955 – Lang, Ernst Maria, Deutschland, ich muß dich lassen. München, 1963 – Lang, Ernst Maria, Politische Drehbühne. Karikaturen aus der »Süddeutschen Zeitung«, 1947–1949. München, 1949 – Lehmann, Ernst Herbert, Mit Stift und Gift. Zeitgeschehen in der Karikatur. Berlin, 1939 – Liebe, Georg, Das Judentum in der deutschen Vergangenheit. Leipzig, 1903 – Ludwig, Emil, Wilhelm der Zweite. Berlin, 1926 – Meier-Welcker, Hans, Seeckt. Frankfurt am Main, 1967 – Meinhard, Fritz, Mit spitzer Feder, Stuttgart, 1950 – Meinhard, Fritz, Schwarz auf Weiß, Stuttgart, 1953 – Meyers Jahreslexikon 1969/70, dto. 1970/71. Mannheim, 1970, 1971 – Musée de la Caricature en France. Paris, o. J. – Piltz, Georg (Hrsg.), James Gillray. München, 1971 – Pritzkoleit, Kurt, Das kommandierte Wunder. Deutschlands Weg im 20. Jahrhundert. Wien/München/Basel, 1959 – Ragon, Michel, Witz und Karikatur in Frankreich. Hamburg, 1961 – Randa, Alexander, Handbuch der Weltgeschichte. Olten/Freiburg, 1954 – Richter, Hans Werner (Hrsg.), Bestandsaufnahme. Eine deutsche Bilanz 1962. München, 1962 – Scherr, Johannes, Germania. Zwei Jahrtausende deutschen Lebens. Stuttgart, 1871 – Schottenloher, Karl, Flugblatt und Zeitung. Berlin, 1922 – Schütze, Christian (Hrsg.), Facsimile Querschnitt »Simplicissimus«. München, 1963 – Schulz, Ursula (Hrsg.), Die Deutsche Arbeiterbewegung 1848–1919 in Augenzeugenberichten. Düsseldorf, 1968 – Spiel, Hilde (Hrsg.), Der Wiener Kongreß in Augenzeugenberichten. Düsseldorf, 1965 – Spuler, Bertold, Regenten und Regierungen der Welt, Teil II, Band 4: Neueste Zeit. Würzburg, 1965 – SZ-Karikade. Die Zeichner der »Süddeutschen Zeitung«. München, 1970 – Thaer, Günther, Männer, die am Globus drehen. Karikaturenauslese der Weltpolitik. Berlin, o. J. – Tucholsky, Kurt, Ausgewählte Werke. Hrsg. v. Fritz J. Raddatz. 2 Bde. Reinbek b. Hamburg, 1965 – Ullstein Weltgeschichte. 5 Bde. Ullstein-Bücher. Frankfurt am Main, 1965 – Walther, K., Bismarck in der französischen Karikatur. Stuttgart, 1898 — Wallwitz, Alice Gräfin (Hrsg.), Panorama 1918. Ein Jahr im Spiegel der Presse. München, 1968 — Wendel, Friedrich, Das 19. Jahrhundert in der Karikatur. Die Kirche in der Karikatur. Berlin, 1926, 1928, 2 Bde. – Wohlfeil, Rainer/Matuschka, Edgar Graf von, Reichswehr und Republik. Frankfurt am Main, 1970 – Wulf, Joseph, Die Bildenden Künste im Dritten Reich. Reinbek, 1966 – Zahn, Eva (Hrsg.), Facsimile Querschnitt »Fliegende Blätter«. Facsimile Querschnitt »Jugend«. 2 Bde. München, 1966.

b) Zeitungen und Zeitschriften (Jahrgang)

»L'Assiette au Beurre«, Paris, 1902 – »Berliner Charivari«, Berlin, 1848 – »Berliner Wespen«, 1872 – »Campana de Gracia«, Barcelona, 1915 – »La Caricature«, Paris, 1830–1835, 1848 – »Le Charivari«, Paris, ab 1832 – »Daily Mirror«, London, 1945 – »Daily Express«, London, 1943 – »Demokratisches ABC«, 1849 – »Düsseldorfer Monatshefte«, 1848/49 – »L'Eclipse«, Paris, 1869, 1871 – »Evening Standard«, London, 1930, 1933–1945 – »Evening Sun«, New York, 1914 – »Figaro«, Wien, 1870 – »Il Fischietto«, 1899 – »Franc-Tireur«, Strasbourg, 1933 – »Frankfurter Laterne«, Frankfurt am Main, 1863 – »Freie Presse«, Amsterdam, 1933 – »Frischer Wind«, Berlin-Ost, 1948 – »Le Grelot«, Paris, 1898 – »Le Gringoire«, Paris, 1939 – »Humoristische Blätter«, Wien, 1877, 1879 – »Iswestija«, Moskau, 1935 – »Je suis Partout«, Paris, 1933 – »Le Journal«, Paris, 1915 – »Journal pour Rire«, Paris (später »Journal amusant«) ab 1848 – »Judge«, New York, 1899 – »Kikeriki«, Wien, 1870 – »Lachen links«, Berlin, 1925 – »Les Lanternes«, Brüssel, 1848 – »Leipziger Illustrirte Zeitung«, 1849, 1918, 1919 – »Leipziger Volkszeitung«, Leipzig, 1928 – »Leuchtkugeln«, München, 1848–1851 – »La Lune«, Paris, 1867 – »Lustige Blätter«, Berlin, 1900 – »Marianne«, Paris, 1938, 1939 – »Münchner Punch«, 1842–1871 – »Die Muskete«, Wien, 1908/09 – »The Nation«, New York, 1933 – »Neue Zeitung«, München, 1949 – »Neuer Vorwärts«, Karlsbad, 1934 – »New York World«, 1918 – »The Noon Bulletin«, Shanghai, 1941 – »De Notenkraker«, Amsterdam, 1916 – »Nowoje Wremja«, Petersburg, 1915 – »Le Petit Parisien«, Paris, 1939 – »Le Peuple«, Genf, 1932 – »Prawda«, Moskau, 1935, 1941 – »Punch«, London, 1878, 1888, 1890, 1892, 1898, 1900, 1914, 1933, 1934, 1938, 1939, 1941 – »Reichsbremse«, Leipzig, 1848 – »Le Revue comique«, Paris, 1848 – »Satyr«, 1848 – »Le Rire«, Paris, 1898, 1918, 1929, 1939, 1934 – »Der Scherer«, Innsbruck, 1970 – »Süddeutscher Postillon«, Stuttgart, 1896 bis 1898 – »Ulk«, Berlin, 1876, 1912, 1920, 1930 – »La Vie Parisienne«, 1863 – »Völkischer Beobachter«, Wien, 1932 – »Der wahre Jakob«, Berlin, 1914, 1932 - »Widerstand«, Berlin, 1933, 1934 – »Wiener Charivari«, 1848.

Umschlagentwurf: Roger Seitz
Layout: Dieter Lidl
Gesamtherstellung: Waldheim-Eberle, Wien
ISBN 3517004006

INHALT

Vignette aus „Der Simpl", 1950

Lieber Leser,

natürlich dürfen Sie lachen! Verbote kommen ja immer nur von denen, die selbst die Zielscheibe der Karikaturisten waren und sind. Daran soll Sie der Titel »Lachen streng verboten!« unserer »Geschichte der Deutschen im Spiegel der Karikatur« erinnern. Und auch an die alte Wahrheit, daß es kein ernsteres Thema als die Heiterkeit gibt! Wie schrieb schon Friedrich Schiller: »Ernst ist das Leben, heiter ist die Kunst!«

Wie oft haben wir uns alle schon in der Schule gefragt, weshalb eigentlich Geschichte immer so tierisch ernst und deshalb auch oft langweilig dargestellt wird. Sie alle kennen das Hausrezept, daß man sich einen unbeliebten Lehrer am besten in Unterhosen vorstellt. Nun, Karikaturisten stellen sich alle Großen und Kleinen der Welt nicht nur in Unterhosen vor, sie zeigen sie sogar darin. Warum also keine Geschichte aus dieser Perspektive?

Erleben Sie hier erstmals zwischen zwei Buchdeckeln die Zeiten unserer Väter, Großväter, Urgroßväter und Vorväter von Martin Luther bis zu Willy Brandt mit dem Zeichenstift der zeitgenössischen Karikaturisten von drinnen und draußen. Die Geschichte bleibt dabei nicht nur aufregend und dramatisch, sie gewinnt sogar neue Dimensionen: Sie wird durchsichtiger und einsichtiger. Und sie weitet sich zwangsläufig zu einer Geschichte des Lachens schlechthin, einer Geschichte der verschiedenen Ursachen, die das Lachen auslösen oder einst ausgelöst haben. Diese Ursachen wechseln zwar von einer Epoche zur anderen, so wie das Lächerliche wechselt, wenn es aus der Mode kommt. Aber immer wieder stoßen wir auf Unerwartetes, auf Überraschendes, das uns zum Lachen reizt — sei die Epoche des Geschehens auch noch so fern.

Verlag und Autor

Die entlarvende Kunst

Über Wesen und Wirkung der Karikatur oder Geschichte mit dem Zeichenstift

Was ist eine Karikatur? Das Wort kommt vom italienischen »caricare«, das soviel wie »belasten, übertreiben« bedeutet. Karikaturisten übertreiben mit dem Zeichenstift, indem sie Eigenheiten, Schwächen oder Fehler einer Person, einer Institution oder einer ganzen Gesellschaftsgruppe in einem Zerrbild verspotten und entlarven.

Wer mit Worten verspottet und entlarvt, ist ein Satiriker, wer mit dem Zeichenstift dasselbe tut, ist ein Karikaturist. Beide wissen, daß Spott zum Lachen reizt und eine Entlarvung die Wahrheit ans Licht bringt. Karikaturen verlangen demnach, daß wir nicht nur Spaß verstehen und darüber lachen, sondern auch die Wahrheit vertragen können – auch wenn sie für den Verspotteten ein Strafgericht des Gelächters ist, das – bildlich gesprochen – töten kann.

Der Karikaturist ist unbarmherzig. Er braucht einen scharfen, unbestechlichen Blick für die Groteske und das Paradoxe, für Entstellung und Entlarvung, für Deformation und Provokation. Und er braucht Mut. Der Karikaturist »lebt, wie jeder Revolutionär, von dem System, das er angreift« (Werner Hofmann). Er hebt nicht nur den Zeigefinger, sondern legt diesen auf die Wunde, um das Gelächter seiner Zeitgenossen herauszufordern und die Wahrheit erkennbar zu machen. Satiriker und Karikaturisten zielen deshalb auch vornehmlich auf die Mächte und Mächtigen der Zeit, die sich dann immer wieder mit Verboten oder durch systematische Verharmlosung zur Wehr setzen. In der Politik kommt das wohl daher, weil viele Politiker die Wahrheit schlecht vertragen können und also auch häufig an Humorlosigkeit leiden.

Humor aber ist, wenn man trotzdem lacht! Trotz Spotts und Entlarvung, trotz Bedrängnis und Verzweiflung, die zur reinsten Form des Humors führt, zum Galgenhumor angesichts des Todes oder des absoluten Nichts in allen Erscheinungsformen. Dann wird der Humor unermeßlich groß! Denken wir nur an den berühmten Zeppelin-Kapitän im Ersten Weltkrieg, dessen Luftschiff 1917 über dem Kanal in Brand geschossen wurde und der in dieser Situation, den sicheren Tod vor Augen, durch das Bordmikrophon den letzten Befehl gab: »Luftschiff brennt, von jetzt ab darf geraucht werden!«

Karikatur ist humoristische Graphik, ist ein graphisches Pamphlet, das in der Verzerrung die Wahrheit überdeutlich macht. So können wir das Maß der Freiheit, das den Menschen gewährt wird, daran erkennen, wie weit den Karikaturisten Spielraum für ihre entlarvende Kunst gelassen wird. Selbst in Diktaturen, wo die Freiheit geknebelt ist, duldet man den Karikaturisten – auch wenn er nur ein linientreuer Spaßmacher ist. Der Karikaturist ist also auch eine Art Ventil für den Überdruck der Unzufriedenheit mit politischen Zuständen. Damit hat er eine genau geregelte soziologische Funktion. Allerdings: Ungemütlich oder diskriminierend, wie die Sprachregelung moderner Strafgesetzbücher das heute nennen, darf er nicht werden! Sonst läuft er Gefahr, daß ihm gezeigt wird, was eine staatstragende Harke ist. Will ein Karikaturist diese Gefahr meiden, sei ihm geraten,

»Der Bapstesel zu Rom«, 1523 durch Philipp Melanchthon gedeutet: Eselskopf auf schuppigem Hurenleib mit Teufelsfratze am Hintern und Pferdefuß und Vogelkrallen an den Füßen.

Allegorische anonyme Polemik gegen Napoleon: der alles erdrückende Adler seiner Armeen auf Napoleons Kopf, welcher aus den Leibern der Gefallenen gebildet ist; die Hand der Gerechtigkeit greift über die Schultern und zerreißt das Spinngewebe seines Ruhms: die Karte der Schlachtfelder in Europa.

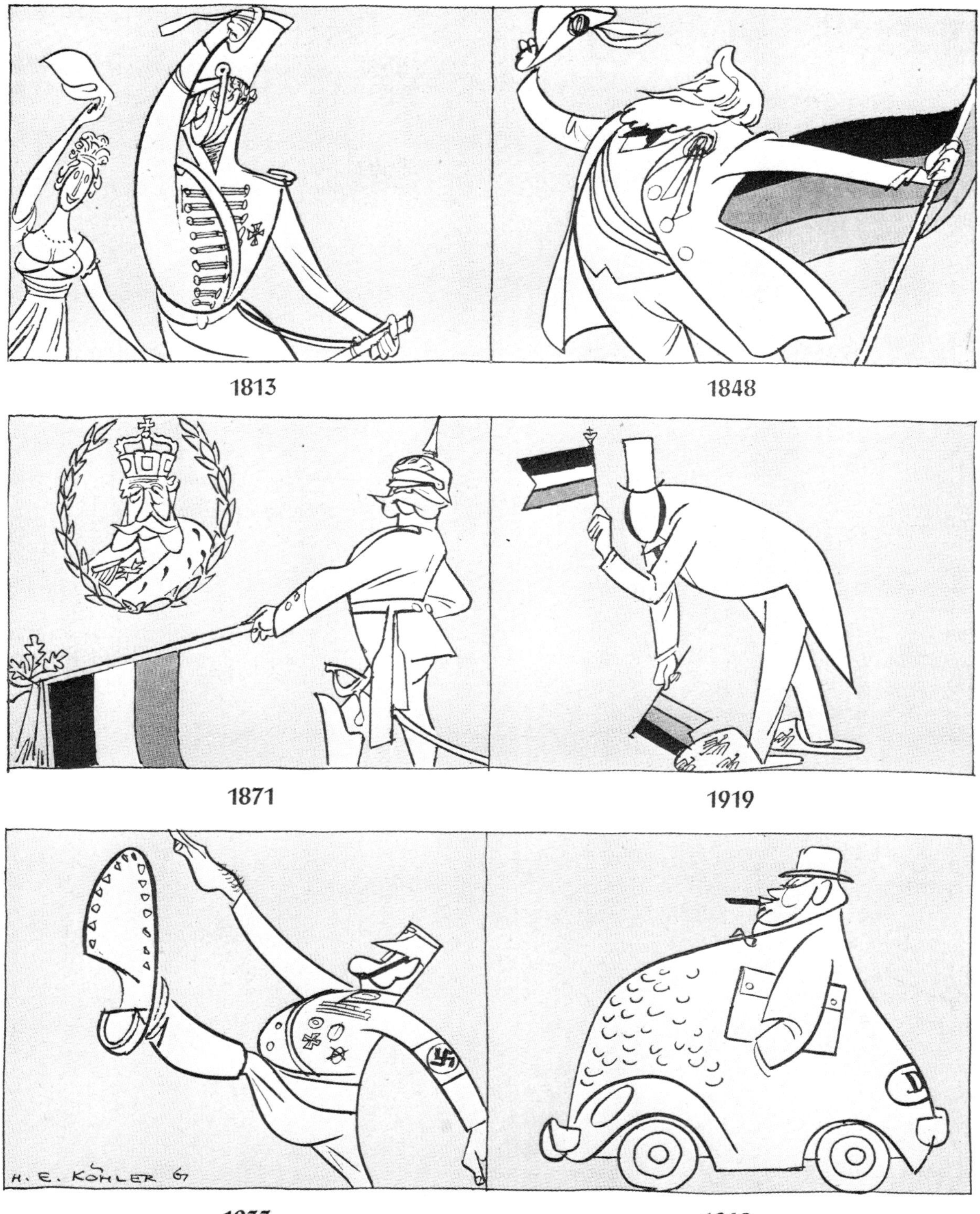

»Nationalerinnerungen liegen tiefer in der Menschenbrust, als man gewöhnlich glaubt. Man wage es nur, die alten Bilder wieder herauszugraben ...«, spottet schon Heinrich Heine. Wenn sie dann, wie hier von H. E. Köhler (von 1813 bis 1949) an sechs wichtigen Stationen ausgegraben werden, ertönt unüberhörbar immer wieder das Geschrei von einem »neuen Deutschland«, das es immer »sein soll«. Frage: Wie oft noch? ...

seine Mitmenschen nur anonym zu attackieren, über die Grenzen hinauszuschimpfen und nie das eigene Nest zu beschmutzen! Nur: Wenn er dies beachtet, ist er kein guter Karikaturist mehr.

Doch was kann die gesellschaftskritische Karikatur tatsächlich bewirken oder gar verändern? Hat sie überhaupt im Laufe der Geschichte mehr als nur Lachen oder Verblüffung bei den Zeitgenossen be-

Für die Karikaturisten ein dankbares Objekt: Adenauers Indianerschädel. Das Volk »hielt das Liebste warm«; 14 Jahre lang, denn solange dauerte die Ära Adenauer in der Bundesrepublik (eine Karikatur von Wigg Siegl aus »Welt am Sonntag«, 1961).

wirkt? Eines ist sicher: Alle großen Karikaturisten haben mit ihrer Feder ihrer Zeit den Stempel der Entlarvung aufgedrückt, angefangen von den ersten Karikaturisten aus der Zeit des ersten Krieges der Pamphlete, der Reformation, die sich übrigens ohne vorherige Erfindung der Buchdruckerkunst und damit auch der Verbreitung von Spottblättern möglicherweise gar nicht durchgesetzt hätte. Oft entstehen große Karikaturen auch nicht nur aus dem Geist der Satire, sondern auch aus den Qualen des Zorns, wie etwa die Blätter des Spaniers Goya *(s. Seite 59)*. Die gleichen Wurzeln finden wir auch bei den Engländern Hogarth, Gillray und Rowlandson, bei den Franzosen Daumier und Gill, bei den deutschen »Majestätsbeleidigern« des alten »Simplicissimus«, wie Th. Th. Heine und E. Thöny, und auch bei den Hitler-Entlarvern Low, Vicky und Jefimow. Sie alle haben auf ihre Weise beschwörend ein Menetekel an die Wand geworfen. Allerdings konnten sie mit ihrer Feder eine Lawine nicht aufhalten. Deshalb können wir ihnen auch keine Schuld geben, wenn sie das nicht verhindern konnten, was sie in ihren Karikaturen kommen sahen. Aber es ist auch denkbar, daß von den Karikaturen vielleicht doch immer wieder entscheidende Impulse ausgegangen sind und noch heute ausgehen, die mitgeholfen haben und mithelfen, den Zeitgenossen und Nachgeborenen den Blick für die Wahrheit zu schärfen? Beweisen läßt sich das natürlich nicht.

»Kunst ist sinnlos, wenn sie nicht wirkt«, sagte einmal der »rasende Reporter« Egon Erwin Kisch. Wirkung erzielen auch Bilder, die die Wahrheit bloßlegen, die in die Augen springen und den Betrachter zur aktiven Stellungnahme auffordern. Und Karikaturen sind Bilder in diesem Sinne! Sie haben eine journalistische Funktion, also zeitbedingte Initialzündung. Daraus ergibt sich wieder, daß Karikaturen rasch produziert und schnell und weit verbreitet werden müssen, um unmittelbar wirken zu können. Sie waren jedoch im Laufe der Jahrhunderte an die Drucktechnik gebunden, die dieser journalistischen Funktion der Karikatur am besten gerecht wurde. Bis zur Erfindung der Lithographie durch Senefelder im Jahre 1798 taten das vor allem der Holzschnitt und der Kupferstich. Danach ermöglichte die Lithographie eine raschere und genauere Übertragung spontaner Zeichnungen mit Licht und Schatten, sie trug deshalb im 19. Jahrhundert ganz entscheidend zum Aufschwung der Karikatur bei. Heute kann man mit der Photographie jede stilisierende Eigenart eines Karikaturisten unmittelbar von der Zeichnung in den Druck übertragen, während man bei der Lithographie in jedem Fall das Original in eine Druckvorlage umkopieren mußte.

Die Stilmittel, deren sich der Karikaturist bedient, wenn er das große Welttheater und dessen Akteure in seiner Zeichnung einfängt, sind sehr unterschiedlich. Das wohl gebräuchlichste Mittel ist es, die Herrschenden und Politiker in einer Situation zu zeigen, die dem Betrachter auf die einfachste Weise verdeutlicht, was entlarvt werden soll. So sitzen zum Beispiel zu Beginn des 19. Jahrhunderts auf einem Blatt von Gillray Napoleon und der Engländer Pitt an

Unter der Asche von 1945 glimmt es noch lange Jahre weiter. Erst »Brandtmeister« Willy löscht endgültig die alte Glut (eine Zeichnung von Jupp Wolter).

Bundespräsident Heinemann hat Humor. Er kann die Wahrheit vertragen, ihn trifft auch kein tödliches »Strafgericht des Gelächters«. Heinemann sammelt sogar Karikaturen (eine schön »versöhnliche« von E. M. Lang aus der »Süddeutschen Zeitung«, 1970).

einem Tisch, um die Weltkugel beim gemeinsamen Mahl in Scheiben aufzuteilen *(s. Seite 45)*. Sehr häufig wurden zu allen Zeiten die Karikierten »erniedrigt«, etwa in Tiere oder in Marionetten und Hampelmänner. Das begann schon in der Reformation, wo der Papst als Esel *(s. Seite 8)* und Luther als des Teufels »Dudelsack« *(s. Seite 17)* dargestellt worden ist. Später dann erschien Bismarck als Pfau *(s. Seite 118)*, Reichspräsident Ebert als Hampelmann in den Händen des Industriellen Stinnes *(s. Seite 208)*, und 1946 zeichnet der Russe Jefimow großdeutsche Hauptkriegsverbrecher als Schlange, Kröte oder Aasgeier *(s. Seite 317)*. Aber auch die Übertragung von Personen oder Ereignissen in eine Allegorie (Gleichnis, Sinnbild), die Versetzung in die alltägliche Erlebniswelt oder auch in allzu menschliche und gezielt erotische Situationen können wir immer wieder als Stilmittel der Karikatur finden. Beispiele hierfür sind die vielen Allegorie-Karikaturen durch alle Jahrhunderte *(s. Seite 8)*, der klavierspielende Wilhelm II. *(s. Seite 139)*, der vor Schreck über die Revolution in die Hosen machende Metternich *(s. Seite 71)* oder die geschickt Politik mit Erotik verbindende Karikatur von der Königsmätresse Lola Montez *(s. Seite 74)*.
»Spottlachen ertönt am hellsten dort, wo eine Hierarchie noch besteht, aber alt und ihrer Sache unsicher geworden ist ...«, schreibt Golo Mann. Das gilt zweifellos fast für den ganzen Zeitraum unserer hier ausgebreiteten »Geschichte der Deutschen«. Aber seit den Ungeheuerlichkeiten, die mit den Namen Auschwitz und Hiroshima verbunden sind, haben die Karikaturisten erfahren, daß Lächerlichkeit nicht mehr tötet, daß uns auch das Lachen im Halse steckenbleiben kann. Hinzu kommt, daß in einer vollautomatisierten Welt, in der persönliche Verantwortlichkeit durch anonyme Verwaltungsmaschinerien ersetzt wird, die Karikatur in der Idylle stecken zu bleiben droht. Sie beunruhigt die Herrschenden heute nicht mehr und ist fast nur noch Belustigung des »Establishments«. Sie lebt nicht mehr in erster Linie vom personifizierten Angriff auf ein System, sondern vor allem von der Tücke des Objekts. Vorbei sind die Zeiten, in denen etwa um die Mitte des 19. Jahrhunderts die französische Zeitschrift »La Caricature« 27mal beschlagnahmt wurde und der große Daumier sagte, er packe jede Karikatur so an, als sei es die letzte.
Heute gibt es in Deutschland auch keinen »Simplicissimus« mehr. Der 1953 von Olaf Iversen neugegründete »Simplicissimus« stellte im Juni 1967 sein Erscheinen ein – aus »kommerziellen Gründen«. Christian Schütze schrieb wenige Jahre vorher: »Die Felle der Mächtigen sind dicker geworden, die Angegriffenen schlauer, die Inserenten empfindlicher, die Staatsanwälte milder, und das Publikum findet an der ihm nach dem Kriege geschenkten Freiheit Genüge ...«
Mehr denn je gilt heute die Tatsache, daß Karikaturen aktuelle journalistische Arbeiten sind, für den Tag gezeichnet, aus dem Augenblick heraus geboren. Fast ausschließlich ist heute die Tagespresse nur noch die Bühne der Karikaturisten, die sich an der Politik und den Politikern der Stunde orientieren. Bundeskanzler Willy Brandt hat kürzlich über die Wirkung der Karikatur in unseren Tagen gesagt: »Den meisten guten Karikaturisten fehlt es nicht an Humor. Darin liegt dann bei aller Schärfe etwas Versöhnliches. Und das Versöhnliche darf in der Politik, wie im Leben überhaupt, nicht zu kurz kommen.«
Die Karikatur heute ist, nachdem sie an die Grenzen des Sagbaren gestoßen ist, zur Narretei geworden, was sie bisher nie war. Sie hat an Schärfe verloren und an Trost durch Lachen gewonnen.

Im August 1972 *Hans Dollinger*

Martin Luther wütet als »Hercules Germanicus« (Hans Baldung Grien und Hans Holbein d. J. werden als Urheber dieses Flugblattes aus dem Jahr 1520 genannt) unter seinen Gegnern wie einst Herakles, der die vielköpfige Hydra erschlagen hat: Am Wickel hat er gerade den Inquisitor zu Köln, Jakobus von Hochstraten.

1.

»Herzu ihr frommen Teutschen all...«

Das Ende
des Heiligen Römischen Reichs
Deutscher Nation:

Von der Reformation
bis zum Aufstieg Preußens
1500 bis 1740

Auf den Tod verwundet, das ist »der Zustand des Römischen Reiches« im Dreißigjährigen Krieg! Schuld daran sind Kaiser und Reichsfürsten sowie die Schwerter der Heerführer (anonymer deutscher Kupferstich aus dem Jahr 1622).

Die Reformation verändert die Welt. Martin Luther ruft nach der »Freiheit eines Christenmenschen« und wettert gegen die römische Kirche, weil sie Fragen des Glaubens mit weltlichen Zielen zu einem »Werk des Satans« vermischt. Die weltlichen Ziele der Kirche heißen Machtgier und Ausbeutung.

Mit dem neuen Zeitalter des Handels ist nämlich auch die römische Kirche zum Kaufmann geworden. Sie handelt mit Waren, die sie nichts kosten: mit Kirchenämtern und Ablässen! Die Kirchenämter verlieren an Bedeutung, gewinnen aber als bloße Geldquelle an Wert. Wie eine Ware verkaufen und schenken die Päpste sie ihren Günstlingen in Italien und Frankreich, auch die päpstlichen Ämter in Deutschland.

Mit den Ablässen erläßt die Kirche den Menschen ihre »Sünden« gegen bares Geld – ganz im Gegensatz zu der Anfangszeit der römischen Kirche im frühen Mittelalter. Damals speiste sie die Hungernden und unterstützte die Bedürftigen zu Hunderttausenden mit Naturalien, die sie als Abgaben vorher eingenommen hatte. Jetzt aber holt sie ihre Einkünfte in klingender Münze mit dem Ablaßhandel nicht nur von den Reichen, sondern auch von den Armen. Die sozialen Funktionen, die die Kirche im frühen Mittelalter ausübte, hat sie eingestellt: Aus dem großen Beschützer der Menschen ist der große Ausbeuter geworden. Und die Opfer sind die Schafe, die sie hüten wollte.

Ein »helleuchtendes evangelisches Licht in der Finsterniß des Papsttums« hat Luther 1517 angezündet (anonyme Karikatur von 1617, hundert Jahre nach dem Ereignis).

Weil die Kirche aufgehört hat, den Menschen Schutz und Hilfe zu geben, hören auch die Mönche und Geistlichen auf, die Lehrer der Menschen zu sein. Die Ausgebeuteten mißtrauen ihnen. Außerdem wächst in den immer größer werdenden Städten ein viel breiteres Wissen in »weltlichen« Wissenschaften heran, als es von der Kirche bisher vermittelt wurde. Mit dem Wissen und dem Handel erwacht schließlich das nationale Interesse bei den Völkern. Viele Fürsten und Städte in Deutschland und Europa erkennen, daß die bisherige Wirtschaft des Papsttums sich gegen die Lebensfragen der Völker stellt und eine aufklärende Entwicklung der Menschheit hemmt. Als Martin Luther eigentlich nur die moralische und sittliche Erneuerung der Kirche fordert, macht er gleichzeitig den unüberbrückbaren Widerspruch zwischen diesem fortschritthemmenden Einfluß der Kirche einerseits und ihrer christlichen Lehre andererseits deutlich. Und die Fürsten und Reichsstädte sehen das genauso. Sie unterstützen deshalb die Reformation, die zum Kampf der Ausgebeuteten gegen den Ausbeuter Kirche wird.

Ulrich von Hutten (1488–1523) schreibt 1520 in seiner »Klage und Ermahnung gegen die Gewalt des Papstes«, was diejenigen denken, die sich von der alten Kirche lossagen:

Erbarmt euch übers Vaterland,
ihr werten Teutschen, regt die Hand.
Jetzt ist die Zeit, zu heben an,
um Freiheit kriegen, Gott will's han.
Herzu ihr frommen Teutschen all,
mit Gottes Hilf, der Wahrheit Schall,
ihr Landsknecht, und ihr Reuter gut,
und all die haben freien Mut,
den Aberglauben tilgen wir,
die Wahrheit bringen wieder hier.

Die Wahrheit, von der Hutten spricht, verschafft sich auch Gehör im großen Heiligen Römischen Reich des Kaisers Karl V. (1519–1556), in dem »die Sonne nicht unterging«. Auch der vom Papst gesalbte mächtige Kaiser kann die Reformationsbewegung nicht unterdrücken, die Umgestaltung und Anpassung der Kirche an eine neue Gesellschaft, in der aus den Dienern der Kirche in erster Linie Beamte des Staates werden. Im Jahr 1530 legen die Reformierten in der Augsburger Konfession ihr neues Bekenntnis ab, und auf dem Reichstag zu Augsburg 1555 schließlich wird ihr Bekenntnis gleichberechtigt mit dem katholischen der alten römischen Kirche anerkannt. Aber Rom versagt den »Protestanten« diese Anerkennung. Das Papsttum rüstet zu einem jahrhundertelangen Kampf, der die Leidenschaften der Menschen immer wieder aufpeitscht. Der seit 1540 aufgebaute Jesuitenorden wird die Speerspitze einer gewalttätigen Gegenreformation, die überall in Europa die Völker in blutige Religionskriege verstrickt.
Auch Deutschland wird zu einem großen Schlachtfeld, dreißig Jahre hindurch. Unter den Schlächtern auf diesem Schlachtfeld des entsetzlichsten aller Kriege wüten auch viele Fremde: für die Sache der deutschen Protestanten die Schweden, für die Sache der deutschen Katholiken die Spanier und Franzosen. Sie wüten aber nicht nur wegen der Religion gegeneinander, sondern streiten sich auf deutschem Boden gleichzeitig um die Weltherrschaft, denn Europa ist damals noch die Welt. Am Ende des Mordens sind die Fronten klar: Spaniens Machtstellung ist bestätigt, Frankreichs Vorherrschaft in Europa beginnt. An den Höfen Europas wird fortan französisch gesprochen, die Fürsten gefallen sich darin, dem »Sonnenkönig« Ludwig XIV. nachzueifern. Die Einwohnerzahl im ehemaligen Kampfgebiet Deutschland aber ist von siebzehn auf vier Millionen herabgesunken.

Wenig Respekt vor dem Meister auf dem Heiligen Stuhl zeigt Lucas Cranach. Sein Papst wird von einem Gorgonen-Weib gesäugt (Zeichnung 1545).

Diese Überlebenden orientieren sich im Norden vorwiegend protestantisch, im Süden katholisch.
Kaiser und Reich müssen nach dem Westfälischen Frieden alle Souveränität an die Reichsstände abgeben. Diese jedoch stehen meist allein unter ausländischem Einfluß. Erst nach vielen Jahrzehnten können sich wieder einzelne deutsche Staaten Respekt verschaffen, an ihrer Spitze Österreich im Süden und Preußen im Norden. Bis aber in Wien Maria Theresia (1717–1780) und in Berlin Friedrich II. »der Große« (1712–1786) beide im Jahre 1740 ihre Herrschaft über die zwei neuen europäischen Großmächte antreten, gilt vorher fast überall in den deutschen Landen, was Friedrich von Logau (1604–1655) nach dem »Großen Krieg« über Deutschland im 17. Jahrhundert gereimt hat:

Was hat doch bracht das deutsche Kriegen?
Daß wir nun ruhn, weil wir ja liegen . . .
Ein Scheuland bist du jetzt, o liebes Teutschland, worden,
Durch Zorn, Neid, Krieg, Gewalt, durch rauben und durch morden;
Ein jeder scheut sich nun, in dich zu bauen ein,
Weil mehr kein Mensch in dir, nur lauter Teuffel seyn.

Der »Große Krieg« ist vorbei: »Freu dich! Auf! Du verarmte Welt!« Verschwendungssucht und Raffgier sind wieder Trumpf (satir. Flugblatt um 1650).

 Karl V. geboren (1500) – Basel und Schaffhausen treten der Eidgenossenschaft bei (1501) – Erster Bauernaufstand unter dem Bundschuh bei Speyer (1502) – Maximilian I. nimmt den Titel »Erwählter römischer Kaiser« an (1508) – Heinrich VIII. wird König von England (1509)

Europas Fürsten spielen Karten. Ihr Einsatz ist die eigene Hausmacht. Keiner traut dem anderen, denn »niemen ist siner Sachen gewüß«. Unter den abgebildeten Machthungrigen (Flugblatt aus Zürich, 1514/15): der König von Frankreich (A), der Eidgenosse (B), der Herzog von Venedig (C), der Papst (D), der Kaiser (E), der König von Spanien (F), der König von England (G), der Herzog von Württemberg (H), von Mailand (L), von Lothringen (M) und der Herzog von Savoyen (N).

A Küng vō franckrich
Jetzemal so meld ich fluß
Vñ mein ich hab das spil gwüß
B Eidgnoß
So hab ich cunter fluß
Nü lügend was ich wüß
C Hertzog vō Venediz
Vff dis mal ich baß
Vnd bin doch nit laß
D Bapst
Ich sich dissem spil zü
Vnd han doch wenig rüw
E Herr Keyser
[illegible] hin ein nüwes spil
[illegible] noch niemā warswil
F Küng vō hispania
Das spil mag nit zer gan
Ich wil ouch ze gwün han
G Küng von Engelland
Ich wil nit lassen ab
Biß ich ouch min theil hab
H Hertzog vō wirdenberg
Züm spil wil ich mich schicken
[illegible] es wel sich glücken

I Pfalzgraf am rin
Ich wil mich nit lenger sumen
Das mā mir nit vff werd rume
K Jacob Triwulsch
Ich han ein güt spil übersähen
Vñ meint es sölt mir nit si gschähē
L Hertzog von meyland
Ich lis vff min alten charten
So mag ich dem spil vs warten
M Hertzog von Lutringen
Müs ich gen win in disse ürten
So mag ich bald nümen wirten
N Hertzog von Saffoy
Man hat mir ein ürten gmacht
Das ich sin nüt han gelacht
O Marchis von mörferrer
Ich han der gesten gehept so fil
Das ich schier v lozen hat das spil
P Frow margreta In flandern
Weñ es zimpte den frowen
Ich wet das spil ouch beschowen
Vnd besehen wies wurd vs schlan
Fillicht wurt mir ouch dar von
Getruckt Zürich.

Was d mensch in disser welt müt hat
Das selb als an got vñ dem glück stat
Das glück hie vff erd tribt sin spil
Mit allen dingen wie es wil
Wie wol d mentsch den anfang erkēt
So schibt doch das gluk alweg dz end
Wem es wil dem gat es wol
Darum̄ niemen hofen sol
Anfenclich gantz vff sin eigen spil
Bis er gsicht wie es sich enden wil
Dañ alles glück kumbt hie fürwar
Ein ieden von gott gantz vnd gar
Von sines gwalt wegen ist vñ kan
Cresus der küng vs lydian
Troy Carthago Rom ouch zerstört
Der knopf Hordij ist vff zert
Desglich das houpt des grosen Crassi
Wart gefult mit sütig golt vnd bly
Das vō gotz gleß vñ dem glück gschicht
Darum̄ billich Juuenalis spricht
Glück wir hād dich für ein göti gmacht
Das hand einest die römer betracht
Vñ dem glück eyn kylchen gbuwet schō
Als wer vō dem glück ir herschafft kan

Dan für war wem gott das glück git
Der bring vnder sich land vnd lüt
Vnd hat alwegen ein gütes spil.
Dar für hilft weder lützel noch fil
Agatocles vnd Paris desglich
Sind vß armüt kan in grose rich
Mit Romulo hat man das gsechen
Sölichs ist als vō dē gluck gschechen
Dañ wie gott alwegen wil
Also mischlet er das spil
Vnd verschaffet das es geschicht
Dem mētschen dick sin anschlag bricht
Dañ was gott ie verhenget hat
Darfür half kein mentschliche dat
Gott die anschleg gar dick verkert
Wān das glück er selber regiert
Darum̄ ir herren sechend recht ins spil
Vnd würckend nüt dān was gott wil
So wirt es üch selten mislingen
V wer sach wirt vff das best tringen
Darum̄ wend ir güt gfel über kan
So söllend ir gottes huld han
Das er vns durch sin gnad verlich
Güt glück hie vñ dört ewiclich. Amē

Vorzeytten pfiff ich hin vnd her
Aus solchen Pfeiffen dicht vnd mer
Vil Fabel Treum vnd Fanthasey
Ist yetzundt auß vnd gar entzwey
Das ist mir leyd auch schwer vnd bang
Doch hoff ich es wer auch nit lang
Die weyl die welt so fürwitz ist
Sündtlich dückisch vol arger list.

Die beste und bösartigste Luther-Karikatur zeigt den Augustinermönch als »Des Teufels Dudelsack« (Zeichnung von Erhard Schoen, um 1525).

Ehe zu dritt im 16. Jahrhundert: Karikiert wird die sogenannte »Konvenienz-Ehe«, die Ehe nach »Übereinstimmung« (frz. convenance). Dabei geht das »Schlüsselrecht« zur Öffnung des Keuschheitsgürtels nach finanzieller »Übereinstimmung« an den zweiten Liebhaber über (Holzschnitt von Peter Flötner). Schließlich war ja auch Martin Luther der Meinung, daß ein unfruchtbarer Ehemann auf sein Recht als Ehemann verzichten und der Frau erlauben müsse, ihre Lust mit Fremden zu kühlen, denn es sei Natur, »den Trieb zu stillen«.

Ein Wiener ist zu Beginn des 16. Jahrhunderts Herr im Hause des Römischen Reiches Deutscher Nation: Kaiser Maximilian I. (1459–1519). Er ist der politische »Hercules Germanicus« seiner Zeit (Holzschnitt eines Elsässer Meisters, um 1510). Mit vielen Völkern führte er Krieg (im unteren Teil des Bildes). Das Haus Habsburg machte er zur mächtigsten Dynastie in Europa.

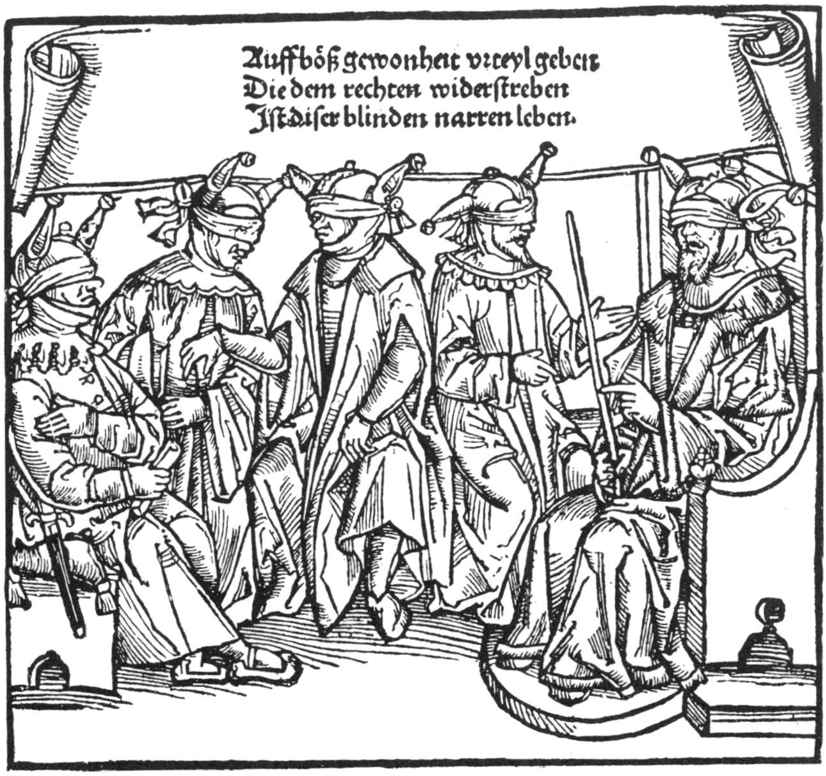

»Blinde Narren« sind »ungerechte Richter« (anonymer Holzschnitt um 1510). Das Blatt stammt aus der »Bambergischen Halsgerichtsordnung« (1507), der Grundlage der berühmten »Carolina« (1532), dem ersten Reichsstrafgesetzbuch. Die »Ordnung« war einerseits grausam und unmenschlich, andererseits unterscheiden wir danach noch heute zwischen Mord und Totschlag, zwischen versuchtem Verbrechen und Notwehr.

1517

Martin Luther schlägt seine 95 Thesen gegen den Mißbrauch des Ablaßhandels an die Tür der Schloßkirche in Wittenberg – Ulrich von Hutten wird von Maximilian I. in Augsburg zum Dichterkönig gekrönt – Sultan Selim I. erobert Ägypten – Hans Sachs veröffentlicht erstes Fastnachtsspiel

Die Kirche kauft die Sünden ihrer Schafe (*links* der Ablaßverkäufer Tetzel auf einem Esel, anonymer Holzschnitt, um 1517).

Gegen solches Tun ist neben Luther auch Ulrich von Hutten (*links* der Titel seines »Gesprächsbüchleins«, gezeichnet von Hans Baldung Grien 1521). Für den Seelenkauf ist Thomas Murner (*oben* der Titel seiner Satire »von dem großen Lutherischen Narren«, 1522).

Zwingli beginnt in Zürich seine reformatorische Tätigkeit (1518) – Tod Maximilians I. (1519) – Karl V. wird in Aachen gekrönt (1520) – Luther verweigert auf dem Reichstag zu Worms den Widerruf seiner Lehre – Rittererhebung unter Franz von Sickingen

1518 – 22

An den Galgen mit dem Papst und seinen Kardinälen! Ein frommer Wunsch und verständlich, wenn päpstliche Legaten das Deutsche Reich als »einzige große Räuberhöhle« bezeichnen und Bauern, Bürger und Fürsten nach einer gerechteren Ordnung in weltlichen und geistlichen Dingen rufen und die Ausbeutung durch die Kirche verurteilen (Holzschnitt aus »Abbildung des Babsttum« von Martin Luther, Wittenberg, 1545).

1523

Sickingens Burg Landstuhl erobert, Sickingen tödlich verwundet – Ulrich von Hutten stirbt in der Schweiz, wo ihm Zwingli Asyl gewährt hat – Gustav Wasa wird schwedischer König – Hans Sachs veröffentlicht »Die Wittenbergisch Nachtigall«, eine Huldigung an Martin Luther

Luther hält seinen Kritikern entgegen: »Der Wille des Menschen ist durch die Erbsünde unfrei, und nur durch die Gnade Gottes kann der Mensch selig werden.« Fast jedes Jahr läßt ein anderer Luther-Gegner, Johannes Cochlaeus, eine Schmähschrift gegen die Protestanten drucken (*oben* beschuldigt er Luther als vielköpfigen Irrlehrer mit zahlreichen Widersprüchen, 1529).

Rechte Seite unten: Die Protestanten wehren sich: Cochlaeus wird als Mist verzapfender Schriftgelehrter angeprangert, vor dessen Gestank sich die Zuschauer die Nase zuhalten und fliehen (Holzschnitt, um 1530).

1524

Beginn der ersten Bauernunruhen im Südschwarzwald – Martin Luthers »Deutsches Gesangbuch« und Thomas Münzers »Schutzrede« gegen Luther erscheinen – Franz I. von Frankreich besetzt Mailand und verbündet sich mit dem Papst und Venedig

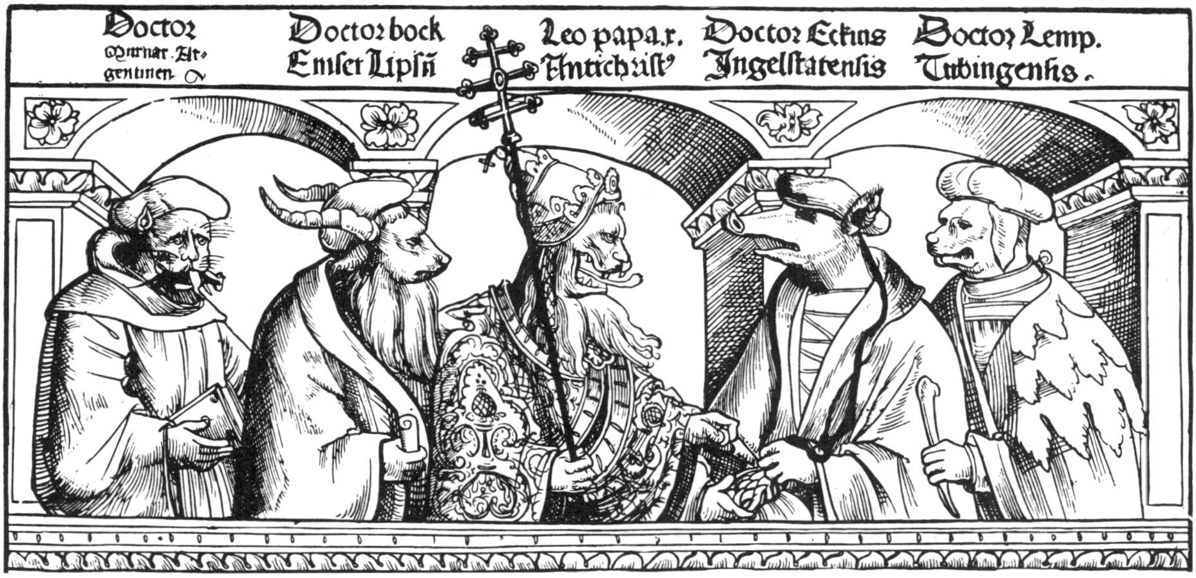

Eine gefräßige Katze (Murner), ein stinkender Bock (Emser), ein häßliches Schwein (Eck) und ein toller Hund (Lemp) scharen sich um einen zähnefletschenden Löwen (den »Antichrist« Papst Leo X.): So werden die katholischen Theologen und Luther-Gegner verspottet (*oben* ein anonymer Holzschnitt, um 1522).

Tausent Fünffhundert vnd zwaintzig jar
Do man zalt on alles gefar
Hab ich in meiner ainfalt gesehen
Das auß Lothers leere wurd geschehen
Groß aufrür vnd blůt vergiessen
Zanck vnd hader wurd darauß fliessen
Gottes forcht wurd gar versincken
Alle schrifft wurd damit hincken
All Obrigkayt wurd gar veracht
Eigner nutz wurd haben den bracht
Dij bene uortent

Gar vil mer vbels wurd man schaffen
Kumpt alles hie auß Lothers hafen
Den hab ich zů warnung abgemalt
Mit des Teüffels listen manigfalt
Gott geb mit solcher prophecey
Das ich ain falscher Prophet sey
Jr hohen heübt merckt eben zů
Deñ jr werdt haben groß vnrů
Wo jr nit fleyssig werdt wachen
Jr werdt euch solchs nit erlachen
Propheta utinam falsa:

Secht eben drauff wann es thůt not
Hierinn do steckt der pitter todt
Es ist vmb leyb vnd seel zůthon
Der geytz bringt reychen soldt daruon
Wo jr den Wolff in pferchen last
So wert jr finden ein pösen gast
Vber zehen jar gedenckt dabey
Ob mein gedicht gar erlogen sey
Der trew Eckart bin ich genant
Ich bit jr seyt all wol ermant
Et uiuens cogitet quid futurum sit.

Die Bauern wollen nicht länger die Getretenen sein, sie wollen »aufrecht gehen« lernen (*rechts* der Holzschnitt des Meisters MW: ein aus Ackergeräten zusammengesetzter Bauer). Der erste Versuch einer Volkserhebung in Deutschland schlägt fehl, die Rache der Herren ist grausam. Rund hunderttausend Bauern werden gehängt, gevierteilt oder geköpft. Die Landsknechte der Fürsten aber plündern und morden ungestraft (*unten links* Karikatur eines Landsknechts mit seinem »Buben«).

Vor dem Bauernkrieg wird Luther als Anstifter zum »Bundschuh«-Aufstand angegriffen (*unten rechts* der Holzschnitt aus einer Flugschrift Murners um 1522). Er wird der Verhetzung des Volkes bezichtigt (*linke Seite* ein Holzschnitt von 1520). Im Bauernkrieg aber verrät Luther die Bauern und nennt sie »mörderische und räuberische Rotten«.

1526–30

Zweiter Krieg zwischen Kaiser Karl V. und Frankreich (1526–29) – Deutsche und Spanier im kaiserlichen Heer erobern und plündern Rom (1527) – Reichstag zu Augsburg: Der Konfessionsstreit geht weiter – Erste Reichspolizeiordnung des Augsburger Reichstages über Gewebe, Maße und Gewichte (1530)

Es steht schlecht um die Sache des Papstes und der Kirche. 1527 wird seine Heiligkeit mehrere Monate vom Kaiser gefangengehalten. Die römische Kirche ist Zielscheibe des Spottes aller Erneuerer des christlichen Glaubens. Pfaffen und Mönche werden als Hirten entlarvt, die, statt sie zu weiden, ihre Schafe auffressen (*links* ein Spottbild um 1539). Und der Papst wird geradewegs der »Hölle« zugeführt (*rechte Seite* ein Holzschnitt um 1525).

Auf dem Augsburger Reichstag will Kaiser Karl V. den Konfessionsstreit mit einem Kompromiß schlichten. Aber seine politischen Absichten sind für alle Beteiligten zu durchsichtig. Keine Seite gibt nach (*unten* ein Spottbild auf den Augsburger Kompromißversuch: »Selig ist der Mann, der Gottvertrauen hat und nicht ins Interim williget!«).

Die protestantischen Stände schließen sich im Schmalkaldischen Bund zusammen (1531) – Herzog Ulrich führt in Württemberg die Reformation ein (1534) – In Dänemark wird die lutherische Lehre alleinige Staatsreligion (1536) – Franz I. ordnet erste Protestanten-Verfolgung in Frankreich an (1540)

1531 – 40

 Vierter Krieg zwischen Frankreich und Karl V. (1542–1544) – König Ferdinand von Österreich, Böhmen und Ungarn schließt Waffenstillstand mit den Türken und verzichtet auf die von diesen eroberten ungarischen Gebiete (1545) – Martin Luther stirbt am 18. Februar 1546 in Eisleben

Ein Jahr vor seinem Tod veröffentlicht Luther sein letztes großes Zeugnis »Wider das Papsttum zu Rom vom Teufel gestiftet« (*links* das Titelbild, von Lukas Cranach gezeichnet: der Papst mit langen Eselsohren im flammenspeienden Höllenrachen thronend).

Anstatt ihren Schäfchen gute Lehren zu erteilen, werden diese von den Papstknechten vor den entsetzten protestantischen Fürsten geschoren. Im Hintergrund zählt der Papst das den Schäfchen abgenommene Geld (*unten* der Holzschnitt eines unbekannten Nürnberger Meisters, um 1530).

»Pfui Teufel, friß Pfaffen, scheiß Landsknecht!« (Kupferstich, um 1580). Die römische Kirche braucht neben Geld auch Soldaten zur Ausrottung der Ketzer und Protestanten in den treukatholischen Ländern Europas. Die Inquisition streckt von nun an für lange Zeit ihre Fangarme über Europa aus.

1581-1600

Wilhelm von Oranien wird ermordet (1584) – Christian von Anhalt führt als französischer Generalleutnant das von den protestantischen deutschen Fürsten für Heinrich IV. ausgerüstete Hilfskorps (1591) – Heinrich IV. wird katholisch: »Paris ist eine Messe wert« (1593)

»Es laufen jetzt zum Krieg hinein / gar viel der andren Gesellen mein, / und kummen um ganz ungeheuer ...« Akuter Männermangel ist die Folge. Auf einen Mann kommen etwa sieben Frauen. Dieser kann »sieben«, »bis ich eine find, die mir gefall« (*oben* anonyme Satire, 1595).

In so wilder Zeit leben die Menschen von einem Tag zum andern. Sie flüchten in den Rausch der Lust aller körperlichen Genüsse. »Wer nicht mag Saufen jeder frist, derselb kein rechter Teutscher ist« (*links* ein Holzschnitt von Jost Amman, um 1580).

Vollgefressen und betrunken: Nicht nur dem Laster gilt der Hohn. Bauern und Knechte werden in Spottbildern als häßlich und dumm hingestellt.

Von Einem Bößen Weib, welche sich auff einer breytten Heydten mit den Teuffeln geschlagen, gekratzt, gerissen Vnd gebissen, auch endtlich den Sieg gar erhalten, darüber sich der Teuffel verwundert hatt, wie es doch könne muglich sein auff der gantzenn Weiten Welt, Das die arme Männer, bey solchen Oder dergleichen Vngeziefer Wohnen können.

Ich gieng eins mahls Vber Feldt,
Mein geschäfften nach zu fordern Geldt.
Als ich kam auff ein breyte Heyd,
Da hett ein böß Weib einen Streitt,
Mitt den Teuffeln das ist gewiß Wahr.
Dann derselben War ein grosse Schar.
Das böse Weib fluchet, Murrt Vnd Zanckt,
Hiett ihr Waffen stäts in der Handt,
Ein Offen krucken Vnd Gabell lang,
Grimmiglich sie auff vnd nieder sPrang.
Sie schrye als Wans gar Vnsinng Wehr.
Vnd sPrach; Ihr Teuffel Kommet nur her,
Wir wollen da einander reissen,
Stechen, schlagen, kratzen Vnd beissen,
Daß grewlich böß Weib Voller Vnfug,
In einem streitt stracks drey Teuffel schlug,
Vnndt spist sie auch an ihr Gabell ahn
Zuletzt sie auch den Sieg gar gewahn,
Sie erschlug daselbst mit ihrem leib,
Deß Teuffels Mutter, Vnd auch sein Weib,
Der Teuffell Warden Von ihr Verwundt,
Bey dreytaußendt in eintziger stundt,
Etliche flohen eylendts daruon,
Daß sie Von diesem Streit mußen lohn,
Sie sPrachen: O Wol vns Gesellen mein,
Seyd froh, daß wir da entrunnen sein,
Hatt vns daß böß Weib daß gethan,
Ey Wie geschicht dañ einm frommen Mann,
Der etwan ein solch böß Weib bekombt,
So nichts thut als nur murrt vnd Brumbt,
Welcher so gar mit bößen Weibern,
Sein Zeit auff Erden muß vertreiben,
Der lebt gewiß im Jammerthall,
Vnd hatt kein Frewd gantz vberall,
Es geschicht ihm Weh vnd geht ihm hart,
Weh ihm daß er geboren Wardt,
Will er gehn, so Will sie lauffen,
Will er schlagen, Will sie rauffen,
Will er essen, Will sie trincken.

Will er tantzen, Will sie hincken,
Will er reytten, Will sie fahren,
Will er Zehrn, Will sie spahren,
Will er ruhen Will sie springen
Will er schweigen, will singen,
Will er Weinen will sie lachen,
Will er schlaffen, will Wachen,
Will er Dieses, so will sie Das,
Will er Wenig, so will sie baß,
Ist er nüchtern, so ist sie voll,
Will er Vbell, so Will sie woll,
Will er groß, so Will sie klein,
Sagt er Ja, so sagt sie Nein,
Sagt der Mann: Weib, huy,
Sagt das Weib: Mann Pfuy,
Will er Wenig, so Will sie viel,
Sie helt allzeit daß WiedersPiel,
Trinckt er Bier, so trinckt sie Wein,
Ist er frölich, so thut sie grein,
Will er anderst so Will sie so,
Ist er trawrig, so ist sie froh
Wann er Will schwartz, so will sie Weiß,
Daß machet ihn bald alt vnnd greiß,
Gewint er etwas, sie Wills verthan,
Also ist er ein armer verdorbener Mann

Beschluß

Darumb ihr Wittwer vnd Jung Gsellen,
Vnd die sich Verheyrathen Wollen,
Hütt euch vor eim solchen bösen Weib,
Das sie nicht peinigt ewren Leib,
Vnd mache euch daß Lachen thewr,
Auch sein ein Woh rechtes Fegfewr,
Das Sprichwort hatt in guter achtt,
Darneben auch gantz Wohl betracht,
Der vber alle Pflaster rennt,
Vnd nimbt ein Weib, die er nicht kendt
Der geschicht nit Wohl, Oder ist Verblendt
Vnd bleibt ein Narr, biß an sein Endt

Dann Heyrathen, darff guten Rath,
Daß nicht gerewe nach der thatt,
Auff Erden ist kein schwerer Pein
Als bey einem bösen Weib zu seyn,
Bey trachen ist besser zu Wohn,
Das bezeugt mancher frommer Mann,
Das solches hatt erfahren Wohl,
Weist offtmahl nicht Was er thun soll,
Das macht sein grausamb böses Weib,
Die also peynigt seinen leib,
Ein böß Weib macht viel Hertzenleyd
Ein frome bringt viel taußend frewd,
Ein böß Weib regiert ihren Mann,
Ein fromme ist ihm Vnterthan.
Ein böß Weib treibt viel tausendt Tuck,
Ein fromme ist des Mannes glück,
Ein böß Weib macht einen gar verkehrt,
Ein fromme ist aller Ehren Werth,
Ja wann ich der bößen Weiber Geschlecht,
Alles Naturlich Wolt beschreiben recht,
Vnd solchs die Zeit hierzu leyden Wolt,
Auff ein Ochsen haut nicht Wohl gehn solt
Hie gib ich ein guten Rath für wahr,
Man nehme ein Weib nur auff ein Jahr
Gefellts einem dann, so behalt ers gar,
Ist sie aber böß, so nimbs beym Haar,
Vnd Wirff sie dann die Stiegen hinab,
Was gilts sie Wirdt nit Lachen drab
Allein ich doch diese nicht meyn
Die offtmals auß noth mußen böß sein

Ein gantze Compagny vnd

Zusammen geschworne Gsellschafft,
der bösen Weiber, so auff nimmerstag
den Teuffell gantz vndt gar auß der
Höll vertreiben, sich frölich
Vnd vnuerzagt Vnterste-
hen Wollen
Als Nemblih.

Die Fraw von Dollenstein Oberst
Befelchshaberin.
Die Princessin Von Schlampampen.
Die Fraw von Klapperburg,
Die Fraw Von Zörngern.
Die Fraw von Zanckenberg.
Die Fraw von Hurheimb.
Die Fraw Von Neydberg.
Die Fraw von Bubendorff.
Die Fraw Von Schnaderberg.
Die Fraw von Freßberg.
Die Fraw Von Haßfortt.
Die Fraw von Zanckenberg
Die Fraw von Bühleck vnd Löffelsdorff.
Die Fraw von Hoffartsstätten.
Die Fraw von Seltenfrewd.
Die Fraw von Rochübel.
Die Fraw Von Nahrweiß,
Die Fraw von Schlafflang.
Die Fraw von Reissenstein.
Die Fraw von Spitznaßen.
Die Fraw von Faulburg.
Die Fraw Von Streitburg.
Die Fraw von Murrbach.
Die Fraw von Murbelstein.
Die Fraw von Schwatzenburg.
Die Fraw Von Geckerheimb.
Die Fraw von Sauersehen.
Die Fraw Von Filtzhoffen
Die Fraw Von Zornberg
Die Fraw Von Vbelhaußen.
Die Fraw Von Trutzman
Die Fraw Von Weinsberg.
Die Fraw von Falschenburg
Die Fraw Von Schleckstatt.
Die Fraw Von Eyfferberg.
Die Fraw von Verthan
Die Fraw von Verpraß alles daheimb.
Vnd die Vnnütze von Naschhausen.

Ein Jungfraw die gern Brandtewein trinckt,
Den Jungen gesellen mit Augen Winckt,
Vnd mit Fussen scharrt auff der Erden.
Ist sie kein Hur, Wirdts doch eine werden
Auß Schimpff dieser Spruch gemacht
die fromme nicht dardurch veracht.

Gedruckt zu Rümpelskirchen im Schwaderloch, bey Rude Loffelstetz, Drey Meyl hinder der Beltzmuhl.

Die losen Sitten im Römischen Reich Deutscher Nation halten an – trotz strenger Inquisitionsgerichte und deftiger Kanzelreden in beiden Konfessionen. Noch im 17. Jahrhundert wettert ein Abraham a Santa Clara gegen »Pantoffelhelden« und gegen die unersättlichen Frauen. Er rät ihnen, lieber einen Rosenkranz zu beten, »denn der überwältigt den höllischen Sauschwanz«. Der Teufel steckt überall, vor allem in den Weibern. Keine Frau ist sicher davor, als Hexe »prozessiert« zu werden (das satirische Flugblatt oben aus dem 17. Jahrhundert zeigt die »bösen Weiber« im Kampf gegen die Teufel).

1618

Beginn des Dreißigjährigen Krieges (in Wirklichkeit eine Folge von untereinander lose zusammenhängenden Kriegen): Aufstand des protestantischen Adels in Böhmen gegen das Haus Habsburg. Fenstersturz der Statthalter des Erzherzogs Ferdinand in Prag (23. 5.)

Hertzliches Seufftzen unnd Wehklagen/ auch Christlicher Trost unnd endlich Göttliche Hülff unsers vielgeliebten Vatterlandes/ werther Teutscher Nation:

Menniglichen zum Trost in offenen Truck geben/

Durch

Einen Liebhabern der Göttlichen Warheit.

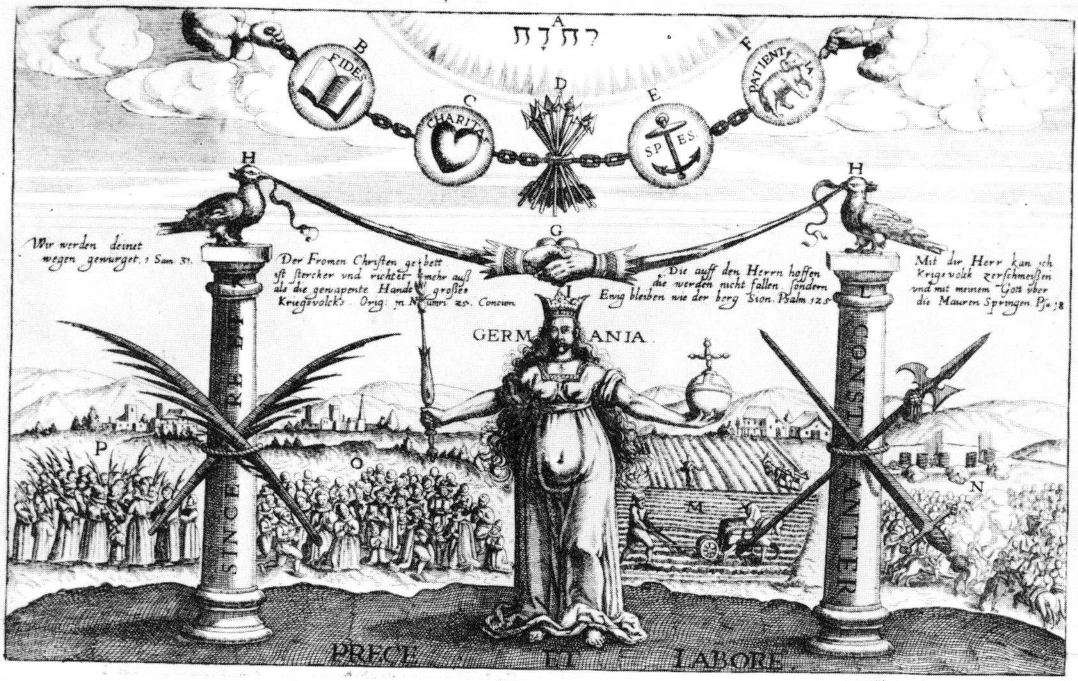

Ach liebe Christen in gemein/
Last euch trewlich befohlen seyn.
Die Gfahr der gantzen Christenheit/
Welch jetzt der Teuffel hat bereit
Durch sein Werckzeug/ den Widerchrist/
Welcher zu Rom der Bapst selbst ist.
Denn er wil ja/ mit Hertz und Sinn/
Nicht hören Gottes Geist und Stimm.
Damit Er selber hat bekandt/
Das er auß liebe hat gesandt
In diese Welt sein einign Sohn/
Daß wir ohn all unser zu thon
Für Gott rechtfertig solten seyn/
So wir glaubten an jhn allein.
Nicht mehr von uns hat er begehrt/
Wie uns Christus selbst hat gelehrt.
Dann das der Glaub am Wort allein
Von sich gebähr der liebe Schein.
Gegn unserm Nechsten in der Noth/
Wie uns Gott selbst gebotten hat.
Die reine Lehr ficht hefftig an
Zu Rom deß Teuffels Kriegsmann.
Und hengt an sich der Schuppen viel/
Daß er anricht ein Mörderspiel:
In das löbliche Teutsche Land
Welchem Gott selbst hat gmacht bekand/
Sein heyligs Wort/ daß wir nicht mehr
Folgen sollen der falschen Lehr.
Gott hat uns auch gemacht gantz frey/
Vons Antichrists Abgötterey:
Darzu von allen Sünden zwar/
Die wir gethan viel hundert Jahr.
Deß sollen wir auß Hertzen grund/
Gott danckbar seyn zu aller stund.

Da dann der Teuffel hat im Sinn/
Daß er gedenckt zu reissen hin/
Die frommen Fürsten in gemein/
Von welchen Gottes Wort allein
Geehret wirt und groß geacht/
Und seynd bereit zu Tag und Nacht/
Umb Gottes Wort und Teutsche Land/
Sich zu befehln in Gottes Hand.
Auff daß wir nicht werden zu hohn
Den wilden/ frembden Nation.
Bey welchen Zucht und reine Lehr
Verachtet wird/ sampt Gottes Ehr.
Darumb last uns bitten allesampt/
Daß Gott dem lieben Vatterland
Erhalten woll zu dieser zeit
Die Ständ der gantzen Christenheit.
König/ Churfürsten außerkorn/
Graffen und Herrn Hochgeborn:
Adel/ Bürger: und Bawrsman/
Als Obrigkeit und Unterthan.
Welche deß Herrn Christi Wort
Ehren und befördern immerfort.
JEHOVA: Herr in ewigkeit/ A.
Gib/ das B. Glaub/ C. Lieb un̄ D einigkeit/
E. Hoffnung und F. Gdult bey uns stets sey/
Bschütz uns in Nöthen mancherley.
Das Band der Lieb wöllstu erhaltn/ G.
Und mit deim Schutz uber uns waltn.
Laß uns/ O Gott/ fein einig sein/
Gleich wie zwey Turtel Täublein fein. H.
GERMANIÆ dem Edlen Land/ I.
Welches dein werthes Wort erkandt/
Gib Fried und Segen/ Frewd und Schutz/
Dem Teuffel nur zum neyd und trutz.

Gib/ daß wir auch/ in schneller Eyll/
Auffrichten eine starcke Seul. K.
Mit innbrünstigem starckn Gebet/
Welchs frommen Christen wol ansteht.
Wil dann der Feind nicht abelahn
Zu würgen/ Jung/ Alt/ Fraw und Man:
So hilff selbsten Herr Jesu Christ/
Daß die andere Seul sey gerüst: L.
Doch nach deim willn/ auß Noth zum Krieg/
Gib uns von oben hrab den Sieg.
Dann für dein Wort unds Vatterland
Wollen wir streiten mit freudiger Hand.
Thu uns in Gnaden nur anschawn/
Daß wir das Land widerumb erbawn. M.
Welchs in unfrieds Zeit wordn verwüst/ N.
Ohn dich kein Baw: noch Schutzherr ist.
Erhör doch das unschuldig Blut/
O. Welches in den Himmel schreyen thut.
Und durch der Feinde Schwerd und Macht/
P. Umb deins Worts willen umbgebracht.
Herr/ unser Obrigkeit erhalt/
Alle Kriegshäupter mannigfalt.
Sambt aller Edlen Ritterschafft/
Die sich jetzt haben auffgemacht/
Zu Gottes Ehr mit jhrer Hand/
Zu schützen das alte Teutsch Land.
Wer nun jetzt ist ein frommer Christ/
Der wird sprechen zu dieser Frist:
Amen: Herr unsern Feinden wehr/
Den Sieg uns oben hrab bescher/
Zu deines Namens Lob und Ehr:
AMEN.

Gedruckt im Jahr/ 1620.

Für Einheit und Wohl des Reiches war schon Rudolf II. kein guter Kaiser gewesen. Er hockte lieber über wissenschaftlichen Büchern, als sich um Politik zu kümmern. So war der Gegensatz zwischen Katholiken und Protestanten immer schärfer geworden: 1618 beginnt dann das »hertzliche Seufftzen und Wehklagen« (*linke Seite* eine anonyme Radierung mit Germania, die den Sieg der Protestanten 1620 erhofft).

Der Führer der Protestanten regiert 1619 nur einen Winter, bis zur Niederlage am Weißen Berg (*oben* zeigt die anonyme Radierung von 1619 einen sich die Haare raufenden Jesuiten angesichts des Bündnisses zwischen dem böhmischen und pfälzischen Löwen; *unten* wird auf dem anonymen Kupferstich von 1620 der »Winterkönig« verspottet: Er fällt vom Rad und wird von holländischen Fischern an Land gezogen).

Christliche Trewhertzige Warnung
An die Gotts vnd Gwissenlose Geltwucherer: daß Sie doch jhrer
Seelen Ewig Seeligkeit besser in acht nemmen wöllen/ rc.

One Evins a Welch man was lately comitted to New-gate for saying hee was Christ
Iesuit
Heers one blasphemously That hee was christ did say Such spirits were foretold To rise ith latter daye
Arminian
Arian
Adamite
Libertin
Ante Scripturian
Soule Sleeper
Anabaptist
Familist
Seeker
Diuorcer

Das Volk leidet:

»Ach Gott, das ist jetzt zum Erbarmen,
der Reiche frißt das Fleisch der Armen . . .«

(*Linke Seite oben* eine Radierung von Christoph Greutter, Augsburg, 1622.) »Kipper und Wipper« bringen schlechtes Geld in Umlauf (*linke Seite Mitte* ein anonymer Holzschnitt, 1622). Landsknechte und Soldaten aller Heere schinden und morden wieder die armen Bauern (*oben* ein Nürnberger Flugblatt über »die unbarmherzigen Bauernreiter dieser Zeit«). Alles Elend geschieht im Namen der Religion (*linke Seite unten* ein satirisches Blatt aus England, das die religiösen Sekten Europas karikiert: Jesuit, Ketzer, Arminianer, Arianer, ein nackter Adamit, zwei Sekten, die die Bibel ablehnen, ein »Seelenschläfer«, den nur das Irdische interessiert, ein Wiedertäufer, ein Mitglied der »Family of Love«, ein »Sucher« nach einer persönlichen Religion und ein Mann, der freie Scheidung verlangt).

König Gustav II. von Schweden greift ein (bis 1635) – Eroberung und Plünderung von Magdeburg durch die Kaiserlichen – Gustav Adolf von Schweden besiegt Tilly in Breitenfeld und zieht bis zum Rhein – Mit den Schweden verbündete Sachsen nehmen Prag ein

1631

Die Völker Europas müssen ihr »Kriegsballett« nach den Tönen und dem Takt der Soldaten ihrer Fürsten tanzen (*linke Seite* eine anonyme deutsche Karikatur aus dem Dreißigjährigen Krieg: Die Soldaten entlokken einer Geige ihre von den Völkern ungeliebte Kriegsmusik). Als die Schweden eingreifen, soll Kaiser Ferdinand in Wien gesagt haben: »So haben wir halt a Feindl mehr.« Das »Feindl« aber klopft bald die Kaiserlichen ganz gehörig (*unten* verdreschen die Schweden Soldaten der Liga, anonymes Flugblatt, 1631). Gustav Adolf wird überall wie ein Gott als Befreier gefeiert (*oben* ein Flugblatt von 1631 verdeutlicht die Rettung der christlichen Kirchen durch die Schweden).

1632 – 42

Schlacht bei Lützen, Tod Gustav Adolfs (1632) – Wallenstein wird ermordet – Schlacht bei Nördlingen (1634) – Frankreich erklärt Spanien, Ferdinand II. Frankreich den Krieg (1635) – Torstensen wird Oberbefehlshaber der Schweden (1641) – Schwedischer Sieg bei Breitenfeld (1642)

Nach der Niederlage der Kaiserlichen bei Breitenfeld ist es bei Tilly mit dem Mythos des Unbesiegbaren vorbei. Er soll gejammert haben: »Nun sehe ich wohl, daß ich als alter Mann von dem schlüpfrigen Glück nichts mehr zu hoffen habe« (*links* Tilly, als spinnender Jesuit verkleidet, neben ihm sein Bezwinger, der Schwedenkönig Gustav Adolf, 1632).

Eine Anekdote über die Schlacht bei Lützen beleuchtet den Fanatismus dieses Konfessionskrieges: Tillys Kavalleriechef, Graf Heinrich von Pappenheim, erfährt vom Tod des Schwedenkönigs, als er selbst tödlich getroffen ist. »Meldet dem Herzog von Friedland«, soll er noch gestammelt haben, »daß es mit mir zu Ende geht, aber daß ich gern sterbe, weil der größte Feind meines Glaubens in der gleichen Stunde verschieden ist« (*unten* ein Spottbild auf den Einzug geistlicher Orden in Augsburg, 1632).

Der Krieg wird zu einer Kette einzelner Kriegszüge. Danach schließt man Frieden, kauft und findet neue Verbündete, schlägt wieder eine Schlacht und schließt erneut Frieden. Fast alle europäischen Länder sind in den »Großen Krieg« verwickelt (*oben* ein Flugblatt von 1642 mit dem Titel »Großes europäisches Kriegsballett«: Die kriegführenden Fürsten und Republiken führen einen Tanz auf, während Gustav Adolf tot am Boden liegt). Doch die Völker wollen endlich wieder Frieden (*rechts* das Titelblatt eines Dramas »Friedewünschendes Teutschland«, das der Prediger Johann Rist im Jahre 1647 veröffentlichen läßt).

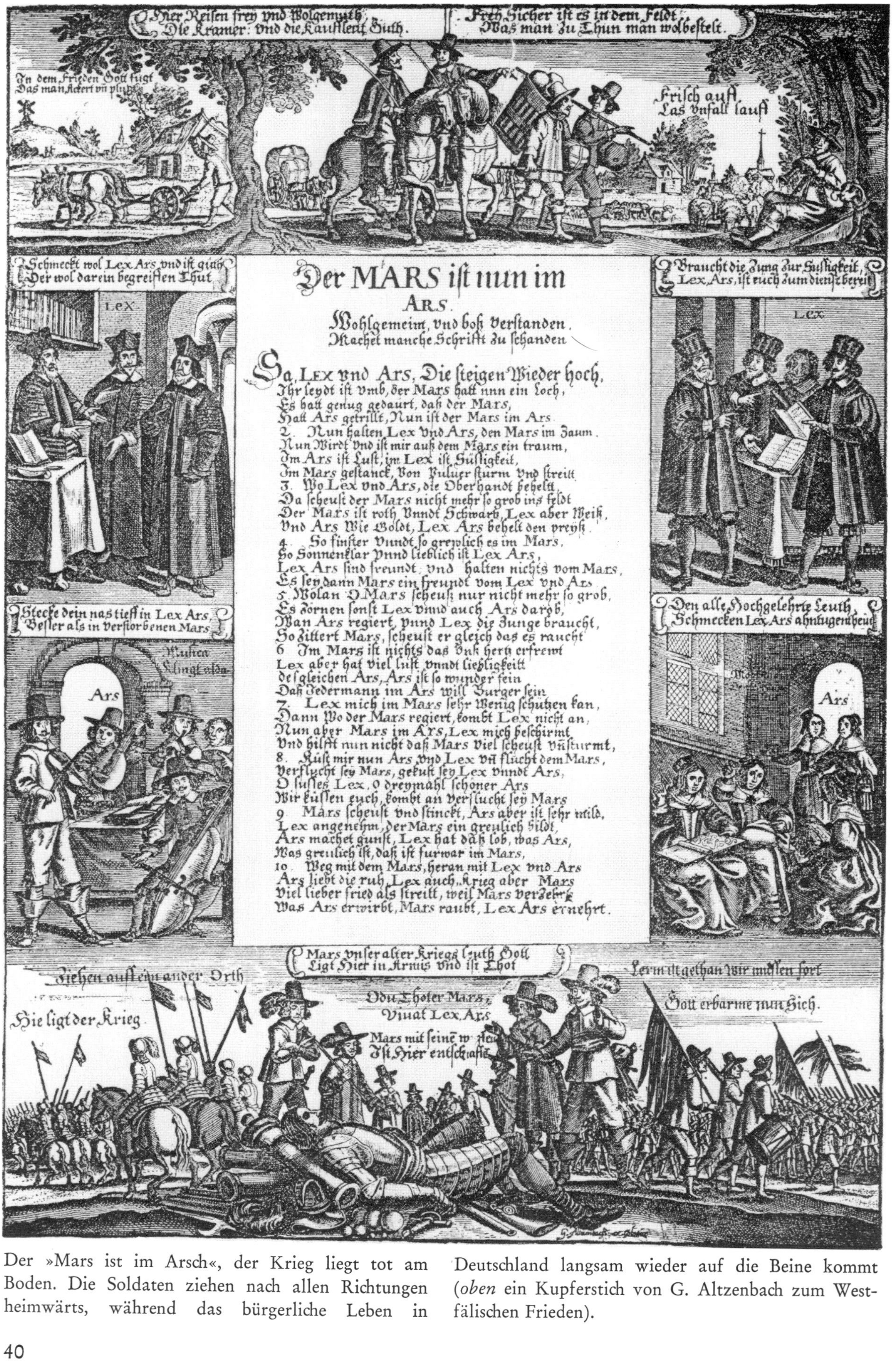

Der »Mars ist im Arsch«, der Krieg liegt tot am Boden. Die Soldaten ziehen nach allen Richtungen heimwärts, während das bürgerliche Leben in Deutschland langsam wieder auf die Beine kommt (*oben* ein Kupferstich von G. Altzenbach zum Westfälischen Frieden).

Westfälischer Friede (1648) – Zusammentreten des »Immerwährenden Reichstages« zu Regensburg (1663) – Ludwig XIV. läßt die Pfalz zerstören (1688–1689) – Friedrich III. von Brandenburg wird König in Preußen (1701) – Prinz Eugen besiegt die Türken und erobert Belgrad zurück (1717)

1650-1717

Frankreich und Spanien beherrschen nun Europa. Der »Sonnenkönig« Ludwig XIV. zeigt in Versailles, wie man Hof hält. Man parliert und lebt fortan französisch (*oben links* eine Karikatur auf Ludwig XIV. von Cornelius Dusart, um 1691). Der Spanier aber wird überall in Europa als Prahlhans verspottet (*oben rechts* ein Kupferstich um 1700).

Prinz Eugen, der »edle Ritter, ließ schlagen eine Brucken, daß man kunnt' hinüberrucken mit d'r Armee wohl vor die Stadt«. Er rettet damit Europa vor den Türken (*unten* eine Karikatur des Italieners Francesco Agnelli über die Rückkehr des Großwesirs nach Konstantinopel nach der schmachvollen Niederlage, 1717).

Das Römische Reich Deutscher Nation fällt auseinander. Das Erbe über den Rest des gewaltigen Reiches, »in dem die Sonne nicht untergeht«, wird nach 1740 von einer Frau verwaltet, die ihren Mann steht (Vaters geschickte Politik zeigt die Allegorie von Jean Laurent Krafft über die Ländergewinne Österreichs durch Heirat und Eroberung, 1744). Mit dem Tod Karls VI. ist der männliche Stamm des Hauses Habsburg in direkter Linie für immer erloschen. Gleichzeitig bricht für die deutschsprechenden Länder in Europa mit Maria Theresia und ihrem Gegenspieler Friedrich dem Großen eine neue Ära an.

2.

»Wach auf, du preußisch Blut!«

Preußen und Habsburg: Von Sanssouci zum Wiener Kongreß

1740 bis 1815

Kleinkariert und spießbürgerlich ist das gesellschaftliche Leben in Deutschland im 18. Jahrhundert. Harmlos und unschuldig sind die »Carricaturen« dieser Zeit (Einblattdruck von Gabriel Kolbmann).

Absolutismus ist das lateinische Wort für Willkürherrschaft. Das Zeitalter des Absolutismus ist also die Zeit der Willkürherrschaft der regierenden Fürsten im 18. Jahrhundert. Der strahlende Barockglanz des »Sonnenkönigs« in Frankreich wird in kleinerem Rokokomaßstab von den deutschen Landesfürsten kopiert. Ebenso aber auch die Kehrseite dieses Glanzes: die Schmach und das Elend des Volkes unter seinen absolutistischen Herrschern, die kategorisch ihre Reste von Gottesgnadentum jeder offenen Kritik entgegensetzen. Das Volk hat nichts zu sagen, der absolute Fürst ist der einzige Politiker seines Landes. Sein Wille allein geschieht. Kein Wunder, daß in dieser Zeit die Satire stumpf ist und nur aufzeigt, was der Politik der Fürsten nicht schadet. So verbietet in Frankreich 1764 ein königliches Dekret alle Schriften, in denen Regierungsfragen erörtert werden: Das ist ein Todesurteil für jegliche politische Karikatur. Und in deutschen Landen ist es nicht anders. Auch nicht in

Spott und Hohn erntet vor allem die städtische »Bürgermiliz« (Karikatur von F. Grose). Preußischen Drill kennt man eben nicht überall!

Preußen und nicht in Österreich. Die dortigen Majestäten, der große Friedrich und die große Maria Theresia, lieben ebenfalls Untertanen, die kuschen.
Allein bei den Soldaten drückt man ein Auge zu – in Österreich und vor allem in Preußen. Ohne sie kann Friedrich den Österreichern ja nicht Schlesien wegnehmen und seine Beute dann in vielen Schlachten gegen das übermächtige verbündete Heer von Franzosen, Russen und Österreichern behaupten. Stolz besingt ein anonymer Preuße 1758 Friedrichs Soldaten und spornt seine Landsleute an:

Auf, was preußisch! Auf ins Feld!
Auf, ihr tapfren Leute,
Weil ja fast die ganze Welt
Wider uns will streiten! . . .
Wache auf, du preußisch Blut,
Laß dich doch erwecken!

Und es wird wach: bei Mollwitz, Hohenfriedberg, Lobositz, Roßbach, Leuthen, Zorndorf, Liegnitz und Torgau. Und es wird auch geschröpft: bei Kolin, Hochkirch und Kunersdorf. Die Preußen beweisen der Welt, was deutsche Manneszucht und deutscher Mannesmut vermögen. Die Preußen sind jetzt die ersten Deutschen, alle anderen haben, wie der Schwabe Friedrich Daniel Schubart (1739–1791) um 1770 schreibt, nur noch »Provinzialwerth«:

Der Sachs' ist fein, der Breme stark,
Das Baiervolk hat Knochenmark.
Östreicher haben guten Mut,
Genießen viel, verdauen gut.
Der Frank' ist bieder und gerecht.
Der brave Hesse schlecht und recht.
Hannover, Braunschweig, Hamburgs Stadt,
Noch viel Cherusker-Enkel hat;
Doch übertrifft sie alle weit,
Der guten Schwaben Herrlichkeit.

Diese Provinzdeutschen im Schatten der europäischen Großmächte Frankreich, England und Rußland, zu denen nur Österreich und Preußen im 18. Jahrhundert aufschließen können, verteidigt wenige Jahrzehnte später der aus der preußischen Polenbeute Danzig stammende Philosoph Schopenhauer auf seine Weise: »Den Deutschen hat man vorgeworfen, daß sie bald den Franzosen, bald den Engländer nachahmen. Das ist aber gerade das Klügste, was sie tun können, denn aus eigenen Mitteln bringen sie doch nichts Gescheites zu Markte.« Diese respektlose Tatsache hat jedoch auch etwas Gutes: Aus dem deutschen Bürgertum in der zweiten Hälfte des 18. Jahrhunderts und Anfang des 19. Jahrhunderts orientieren sich im Rahmen der allgemeinen Aufklärung geniale deutsche Geister am französischen Geistesleben.

Die Aufklärung wiederum bringt auf vielen Wissensgebieten mehr Licht in die Hirne und Stuben der Menschen. Diese fragen jetzt nicht mehr nur nach ihren Rechten, sie wollen sie auch verwirklicht sehen. Offiziell proklamiert werden sie zuerst in der Neuen Welt, jenem anfangs sich so hoffnungsvoll gebärdenden Ableger des alten Europa. In der Alten Welt aber streift zuerst Frankreich die Ketten des Absolutismus ab. Die Französische Revolution verspricht Freiheit, Gleichheit und Brüderlichkeit. Aber die schönen Parolen dienen, wie sich bald herausstellt, nur dem Nutzen des Bürgertums. Das einfache Volk ist bei dieser Revolution noch ausgeschlossen. Und die bürgerliche Revolution mordet und frißt nicht nur ihre eigenen Kinder, sie schwächt auch Frankreichs politische Kräfte. Der Ruf nach einem starken Mann mußte erhört werden. Dieser Mann ist Napoleon Bonaparte. Aber er ist nicht nur stark in Frankreich, wo er die Republik liquidiert: Er unterwirft fast ganz Europa.

Die deutschen Länder werden zu Vasallen des korsischen Generals. Sie treten aus dem alten Reich der Deutschen aus und unterwerfen sich im »Rheinbund« dem neuen Herrn Europas. Der amtierende deutsche Kaiser, Franz von Österreich, setzt seine deutsche Kaiserkrone für immer ab. Für immer erlischt damit auch das alte Heilige Römische Reich Deutscher Nation.

Napoleons Machthunger kennt keine Grenzen, er ist zu groß für den kleinen Mann in den Schaftstiefeln, den schwarzen Zweispitz auf dem dicken Kopf, die rechte Hand über dem Bauch in die weiße Weste geschoben. Seine unförmige Gestalt wächst mit seiner Grande Armee fast ins Überdimensionale. Da wird er gerade noch rechtzeitig im russischen Winter auf Normalgröße zurechtgestutzt. Aber er hat, wie ein echter Eroberer das tut, Blut geleckt, nicht nur vergossen. Nur mit vereinten Kräften – Russen, Preußen und Österreicher gemeinsam mit den Engländern und schließlich auch den sich von ihm lossagenden Rheinbund-Fürsten, die jetzt um ihre Throne zittern – schüttelt Europa diesen zählebigen Tyrannen wieder ab und schickt ihn nach zwei Anläufen endlich in die Wüste. Die Sieger treffen sich in Wien, der Kongreß tanzt, und am Ende haben wir eine neue politische Landkarte von Europa, in der Deutschland sich als ein Fleckerlteppich von 35 »souveränen« Kleinstaaten, vier »freien« Städten unter Österreichs Führung und einem Bundestag als oberste Bundesbehörde in Frankfurt präsentiert.

Am allzu großen Ruhm des kleinen Korsen wird von Anfang an respektlos gekratzt. Der Engländer James Gillray zeigt bereits 1805, wie der englische Kanzler William Pitt d. J. und Napoleon nach dessen Vorschlägen an England die Weltkugel zerteilen (unten). Aber 1813, bei Leipzig, hat er sich schon überfressen. Die Zähne des »Pariser Nußknackers« erweisen sich als schlecht (links eine anonyme deutsche Karikatur).

1740–72

Friedrich II. und Maria Theresia besteigen in Preußen bzw. Österreich den Thron (1740) – Erster und zweiter Schlesischer Krieg (1740–1745) – Voltaire am Hof Friedrichs II. (1750–1753) – Siebenjähriger Krieg (1756–1763) – Krieg zwischen England und Frankreich um Nordamerika (1756–1763)

Österreich als Nachlaßverwalter des alten Reiches Deutscher Nation und das neue Militär- und Beamtenparadies Preußen beherrschen die deutschen Lande im 18. Jahrhundert. Als Preußen mit seinen »langen Kerls« und wilden Husaren nach Südosten vordringt und Schlesien besetzt, klopfen die Österreicher den Preußen auf die Finger (*oben* beginnen Friedrich der Große und Maria Theresia in Gegenwart des Kriegsgottes Mars eine neue Partie Schach, den Siebenjährigen Krieg; *rechts* erinnert Chodowiecki an ein wesentliches Moment in der preußischen Soldatenerziehung: an die Prügelstrafe).

Das Gerangel um Schlesien beginnt gleich nach der Thronbesteigung der beiden Streithähne Friedrich und Maria Theresia (*links* legt Friedrich seiner Gegnerin einen Nasenring an, anonyme Tuschzeichnung). 1742 muß Maria Theresia den Preußen die Hälfte Schlesiens abgeben.

Noch im gleichen Jahr läßt die streitbare Kaiserin Böhmen erobern und Bayern besetzen (*rechts* eine englische Karikatur, die zeigt, wie resolut Maria Theresia in die bayerischen Lederhosen steigt).

Friedrich der Große will ganz Schlesien. Im Zweiten Schlesischen Krieg 1744/45 holt er es sich. Bei Hohenfriedberg und später im Siebenjährigen Krieg verteidigt er gegen Österreicher, Russen und Franzosen seine schlesische Beute (*rechts* eine Zeichnung von I. Vogel »Es lebe der König von Preußen«: Die berühmten Ziethen-aus-dem-Busch-Husaren lassen gemeinsam mit weinspendenden Mönchen ihren Dienstherrn hochleben).

Im Jahre 1762 läßt Katharina II., eine deutsche Anhalt-Zerbst-Prinzessin, ihren in vielen Dingen unfähigen Gemahl, Peter III., ermorden und führt Rußland in den Kreis der europäischen Großmächte ein. 1772 zerstückelt sie gemeinsam mit Friedrich dem Großen und Maria Theresia das Land der Polen. Nur Maria Theresia zeigt bei diesem Unrecht Skrupel, fügt sich aber der Meinung ihres Sohnes Joseph II. (*rechts* Spottbild von J. E. Nilson auf die Teilung Polens, Kupferstich).

1772–77

Goethe schreibt »Götz von Berlichingen« (1773) – Ludwig XVI., vermählt mit Marie Antoinette, der Tochter Maria Theresias, wird König von Frankreich (1774) – Unabhängigkeitskrieg der nordamerikanischen Kolonien gegen England (1775–1783) – Erste Verfassung der USA (1777)

»Nun mögt ihr Kommen all herbey, und sehn wer Herr oder Knecht sey, bei Bettlern und bei Obrigkeit, mach ich im Tod kein Unterschied«, steht unter dieser Darstellung der Rangfolge der Menschen im 18. Jahrhundert, genannt »Ständeordnung« *(oben)*. Doch bald wird an dieser Ordnung kräftig gerüttelt, wenn sie auch noch lange nicht zum Einsturz gebracht wird.

Am Vorabend der Französischen Revolution halten sich aber die Deutschen von deren großen Zielen zurück und machen in Geist und Bildung, denn »es ist eine alte deutsche Neigung, zu warten, daß andere das machen möchten, wobei man selbst die Hand anlegen sollte« (Bismarck). Die Zeit der Klassik und Romantik griff in der »Eleganten Welt« Deutschlands um sich (*links* eine anonyme Karikatur).

Friede von Teschen zwischen Österreich und Preußen: Österreich erhält das Innviertel mit Braunau, Preußen erhält Ansprüche auf Ansbach und Bayreuth – Lessing schreibt »Nathan der Weise« (1779) – Tod Maria Theresias – Indianeraufstand unter Inka Tupac Amaru in Peru gegen die Spanier (1780)

1778–80

Der Geist der Zeit bleibt aber in Deutschland trotz Aufklärung und Sturm-und-Drang-Dichtung im Kleinbürgerlichen stecken. Das zeigen am besten die zahmen »Satiren« des Preußen Chodowiecki (*oben* seine »Wallfahrt nach Französisch-Buchholz«, eine Art Picknick im Geist der Zeit; *unten* seine »Verbesserung der Sitten«, in der das Genietreiben in der Dichtung der Stürmer und Dränger verspottet wird; im Bild links erschießt sich der junge Werther, rechts die Dichter von Ehebruch, Mord und Diebstahl, die der Bänkelsänger in der Mitte besingt, auf Stelzen und beim Purzelbaumschlagen).

Unterschiedlich in den einzelnen· deutschen Ländern ist nach wie vor die Stellung der Juden. Während in einigen süddeutschen Kleinstaaten bürgerliche Rechte und Pflichten der Juden gegenüber zurückliegenden Getto- und Abzeichenzeiten schon menschlicher geregelt sind, ist die Entwicklung dahin in Preußen langsamer. Vor allem die verlangten Gegenleistungen für Verbesserungen, nämlich bürgerliche Lasten und der Kriegsdienst, stoßen bei den Juden auf Widerstand. In einem Spottblatt auf die Juden als Soldaten (*oben* die Zeichnung von Löschenkohl, ca. 1780) beklagt sich der jüdische Rekrut Mauschel gegenüber dem Korporal: »Schau her, o deutsche Welt, schau mit Verwundrung an; wir ziehen in das Feld. Ach! Schickt sich dieses dann? Ein Mauschel und Soldat zugleich wir müssen werden. Wir schwören bei dem Bart, bei Himmel und bei Erden, die Sache geht nicht an, weil's an Kurage fehlt. Und dennoch werden wir dem Krieger zugesellt ...« Aber alles Flehen hilft den kriegsunwilligen jüdischen Rekruten nichts.

Chodowiecki macht hier auf ein kulturgeschichtliches Phänomen aufmerksam, das seit Gutenbergs Zeiten immer wieder in der Literatur zu beobachten ist: Er karikiert in seinem Blatt »Wercke der Finsternis« die Angewohnheit einiger »räuberischer Buchhändler«, in unberechtigten Nachdrukken Autoren und Verleger »freventlich ihrer Rechte zu berauben« (*links*, 1781).

Gegenüber den Berufssoldaten des 16. und 17. Jahrhunderts wirken die Stadtsoldaten der bürgerlichen Milizen im 18. Jahrhundert lächerlich komisch in ihrem Selbstbewußtsein. Der Bürger muß hier für seine Stadt zur Waffenpflicht bereitstehen. Seine Kampfbegeisterung sieht so aus: Mutig ist er gegen jedes Zigeunerweib, das sich jenseits des Stadtgrabens zeigt, er vergräbt aber seine für ihn ja nicht ganz ungefährliche alte Radschloßflinte im tiefsten Keller, wenn es wirklich nach echtem Pulverdampf riecht. Man soll ja Gott nicht versuchen! Die Stadtsoldaten wurden anstatt lohnenderer Objekte, die tabu sind, mit Hohn und Spott überschüttet. Die Serie des Kupferstechers Gottschick über die Bürgermiliz des 18. Jahrhunderts zeugt davon (von *links oben* nach *rechts unten* in dieser Reihenfolge beschriftet: »Habt acht! Jetzt werd' ich comandieren! Richtet Euch!« (1) – »Gewehr hoch! Steht doch gerade Gevatter, seht so wie ich« (2) – »Präsentierts Gewehr! Pfeifen weg! Aufgepaßt!« (3) – »Gewehr beim Fuß! Ladet!« (4) – »Halt! Douplir Schritt« (5) – »Marsch! Sieg oder Tod!« (6).

1785–89

Fürstenbund von Preußen, Hannover und Sachsen zur Sicherung der Reichsstände (1785) – Tod Friedrichs des Großen, Friedrich Wilhelm II. König von Preußen (1786) – Beginn der Revolution in Frankreich; George Washington wird erster Präsident der USA (1789)

Spätestens seit der »Halsbandaffäre« der Marie Antoinette (um 1785) nehmen die Franzosen ihren König nicht mehr ernst (*rechts* küßt Ludwig XVI. der Freiheit den Hintern, *links* ist der in die »Halsbandaffäre« verwickelte Kardinal Rohan in einer phallischen Karikatur dargestellt, wie sie auch von Voltaire und Napoleon bekannt sind).

Im Oktober 1789 stürmen die Franzosen die Bastille und holen König und Regierung aus Versailles nach Paris. Der König wird abgesetzt und später ermordet, Frankreich wird Republik. Die Nationalversammlung erläßt drastische Maßnahmen, um die verrotteten Finanzen des Landes wieder flottzubekommen (die anonyme deutsche Karikatur, *unten,* aus dem Jahr 1792 geißelt die Nationalversammlung als ein »unersättliches Tier«, das, mit Voltaire an der Brust (4), Recht und Religion zertritt (6), Kirche und Staat verschlingt (2) und Unschuldige ermorden läßt (11).

Katharina II. von Rußland hegt Weltherrschaftspläne *(rechte Seite oben).* Sie wagt einen von den europäischen Herrschern aus einsichtsreichem Blickwinkel beobachteten kaiserlichen »Katzensprung«. Das Blatt spielt zugleich auf die männermordende Sinnlichkeit Katharinas an, und es bleibt dem Betrachter überlassen, herauszufinden, ob die erstaunten und bewundernden Ausrufe des Papstes und der Könige von Spanien, Frankreich, England, Österreich, Preußen, Schweden und Polen (v. l. n. r.) dem politischen oder erotischen Aspekt dieses »Katzensprunges« gelten.

Vermutlich von Rowlandson stammt diese englische Karikatur »Blüchers Trommel«, die wenig Erklärung braucht: Napoleons blanker Hintern und Kopf stecken in einer Trommel und werden vom Marschall »Vorwärts« kräftig bearbeitet, während die Verbündeten zuschauen *(unten)*.

1790–92

Verstaatlichung der Kirchengüter. Verfassungseid der Priester. Abschaffung des Adels in Frankreich (1790) – Koalitionskrieg zwischen Frankreich und Österreich/Preußen (1792–1797) – Frankreich wird Republik – Franz I. von Österreich wird als Franz II. letzter Kaiser des alten Reiches (1792)

Preußen und Österreich wollen die Monarchie in Paris retten. Unter dem Herzog von Braunschweig dringt eine preußisch-österreichische Armee in Frankreich ein. Aber die Revolutionstruppen werfen sie wieder hinaus und besetzen ihrerseits das Rheinland (die französische Karikatur *oben* zeigt, was einige europäische Völker, voran die Marianne Frankreichs, mit den Aufrufen des Herzogs von Braunschweig gegen die Revolution wohl machen werden; die ebenfalls französische Karikatur *unten* verspottet die Niederlage und »Heimkehr des preußischen Don Quichottes nach Deutschland« unter der Führung des österreichischen Doppeladlers). Etwa zur gleichen Zeit hat Preußen seinen Hofskandal mit der Gräfin von Lichtenau. Die Tochter eines Trompeters ist die Geliebte des Kronprinzen und späteren Königs Friedrich Wilhelm II. und Mutter mehrerer Kinder von ihm. Zum Schein wird sie mit einem königlichen Kammerdiener vermählt.

Freiheit, Gleichheit und Brüderlichkeit sollte die Revolution in Frankreich für alle Menschen bringen (nach der französischen Karikatur, *oben,* sollte sie die europäischen Königstyrannen einschließlich des Papstes hinwegfegen). Aber die bürgerliche Revolution setzt lediglich ein Signal für die Zukunft. Bald wird sie unter den Stiefeln eines neuen Despoten, der ganz Europa überrollt, in den Staub der Geschichte getreten.

Napoleon Bonaparte beseitigt mit einem Staatsstreich 1799 die Direktorialregierung, die letzte Revolutionsregierung, und tritt als erster Konsul seine Macht in Frankreich an, die bald auch die angrenzenden Staaten zu spüren bekommen, spätestens nach dem ägyptischen Abenteuer des Korsen. (Die französische Karikatur *unten,* ein Stich aus Paris, 1799, ist betitelt »Das politische Pharaospiel« und zeigt die von den napoleonischen Feldzügen bis dahin betroffenen Völkervertreter. Ganz rechts steht der jetzt neutrale Preuße und sagt: »Ich werde nicht spielen.« Durch die Tür in der Mitte kommt Napoleon selbst. Noch ruft er: »Vive la Republique!«)

 Das deutsche Reich und Kaiser Franz II. bestätigen die Abtretung des linken Rheinufers an Frankreich (1801) – Napoleon macht sich zum Kaiser der Franzosen (1804) – Dritter Koalitionskrieg (1805/06) – Franz II. legt auf Verlangen Napoleons die deutsche Kaiserkrone nieder (1806)

Die Vergänglichkeit alles Irrdischen,
am lezten Jahres Wechsel in diesem achtzehenden Jahrhundert demüthig betrachtend;
widmet
dem heil. Römischen Teutschen Reich und seinem geliebtesten Nürnbergischen Vaterland
diese reinesten Seegens-Wünsche
in schuldigster Devotion und Ergebenheit:
Anno Stephan Wolf, Lob-, Ruhm-, und Ehrensprecher. 1800.

Dich, Neues Jahr! Du leztes Kind der Zeit
In diesem Säculum — begrüß ich heut
Mit meinem Festgesang. Voll heilgen Schauer
Blick ich zurück in die verfloßne Zeit:
Und mich durchbebt, bald Frohgefühl, bald Trauer
Beym Schauspiel der Vergänglichkeit.

Es dreht im steten Wechsel sich das Loos
Des Erden-Pilgrims — dem die Thräne floß
Heut von der Wange — diesem blinket Morgen
Des Glückes Strahl — der früh voll sichrer Lust
Sich stolz erhob — der fühlet Abends Sorgen
In der von Gram gequälten Brust.

Nicht immer weilt auf unserm Pfad das Glück —
Nicht immer tobt ein widriges Geschick.
Voll steten Schwebens zwischen Leid und Freuden
Irrt unser Fuß, bald auf der Rosen Bahn,
Bald in dem Dornenthal — Und alles Streiten
Wehrt dem Verhängnis nicht — Ist Wahn!

Mensch! was ist Ehr und Glük — Was Macht und Ruhm?
Blick nur zurück in dieses Säculum.
Was half das Streben aller Millionen
Nach Weißheit, Glück, nach Macht, und Herrlichkeit?
Sie sind dahin —! Selbst Siegercränz und Kronen
Sind Opfer der Vergänglichkeit.

Wo sind die Großen? Joseph — Friederich —
Theresia — wo Gustav — Ludewig —?
Wo Catharina? Wo die Helden? Sieger?
Wo all die weisen Männer unsrer Zeit?
Hörts, Sterbliche, und werdet klüger;
Dort sind Sie in der Ewigkeit!

Drum füg Dich — Sterblicher! in dieses Loos:
Sey standhaft in der Noth — Sey nicht zu groß
Im Glücke, das so gern den Liebling täuschet.
Du Mächtiger besitzest Tonnen Golds,
Den Dürftigen zu laben, wenn ers heischet —
Denn wohlzuthun sey nur Dein Stolz.

Und du, vom Elend tiefgebeugter Christ!
Verzage nicht, weil Gott dein Helfer ist;
Vertraue ihm in kummervollen Tägen:
Schnell folget oft auf Regen Sonnenschein.
Dein wahres Glück reift nur auf Leidens-Wegen
Durch Creuz geht man zum Himmel ein.

Jahrhundert! - reich an großen Thaten, reich
An Wundern aller Art; Du! kein's dir gleich —
Wirst selbst die Nachwelt in Erstaunen sezen.
O! Scheide blutend nicht! Heil, Seegen, Glück
Wird uns an deinem Schluße noch ergözen:
Läßt du den Holden Frieden uns zurück.

Täusch frohe Ahndung nicht das bange Herz.
Die Menschheit zittert zwar — und blickt mit Schmerz
Hin auf die Schlachtgefilde — öden Staaten
Vom Krieg verwüstet. Doch die Hofnung zeigt
Uns wieder, nicht mit Blut, getränkte Saaten:
Die Hyder stürzt; der Würger fleucht.

Siegreicher Carl, aus Oestreichs Helden Stamm!
Wehr, hohen Muths, der wilden Krieges-Flamm:
Und scheuche Deutschlands Feind von unsern Grenzen:
Durch Dich kehr — zu der Menschheit Glück,
Unsterblich wird Dein Name dafür glänzen —
Der Friede wieder bald zurück.

Ja! lenke Gottheit! aller Krieger Sinn
Auf Eintracht und Versöhnung hin;
Damit die Völker wieder sicher wohnen.
Hör mein Gebet — Vernimm das bange Fleh'n.
Schaff Friede unter allen Erden Zonen;
Sonst müssen wir zu Grunde geh'n.

Nimm Oestreichs glorreichs Kaiser Hauß in Schuz!
Du Weltenherr! Laß Seiner Feinde Truz
An Kaiser Franzens Muth zurücke beben.
Des Sieges Lorbeer-Kranz schmück Seine Kron —
Ihm werd für Sein Reichsväterlichs Bestreben
Getreuer Völker Lieb zum Lohn.

Zur höchsten Lebens Stuff gleit Franzen hin.
Auf Seinem Pfad soll Glück und Seegen blüh'n.
Erhalte Ihn, den allgeliebten Kaiser.
Und höre unser heises Fleh'n.
Regiere Deuschlands Höchste Fürstenhäuser,
Daß Sie in steter Eintracht steh'n,

Max'milian — erhabenster Churfürst! Dir
Erflehen bey dem Jahres Wechsel wir
Das längste Leben — Gottes reichsten Seegen —
Zu des bedrängten Staates Trost und Glück.
Führ Gemmings hohes Haus auf Rosen Wegen
Entferne jedes Mißgeschick.

Erfreue Herr! mit Deiner Huld und Gnad,
Und Segensgütern den illüstren Rath;
Und jedes Glied des Staats mit Wohlergehen.
Den Pflegen, Aemtern, und Gerichten laß
Die schönsten Früchte Ihrer Sorgen sehen —
Beglücke Sie im reichsten Maas —

Es ruh auf dem Ehrwürd'gen Priester-Stand
Stets schüzend, Deine milde Seegens Hand,
Daß reines Christenthum erhalten werde!
Gieb Heil und Gnad zum Jugend Unterricht:
Lohn jeden Lehrers Mühe, und Beschwerde
Und weiche, Herr! von keinem nicht.

Hoch heb die Handlung wiederum empor:
In allen Reichen steig Ihr alter Flor!
Daß Nationen durch Sie mächtig blühen.
Schenk Glük und Heil dem ganzen Handwerks Stand;
Und krön des Landmanns Sorgen und Bemühen
Mit Ueberfluß in jedem Land.

Steh Armen, Wittwen, Waisen mächtig bey —
Gleit Reisende — Schüz den Bedrängten: sey
Fruchtbarer Mütter Hülfe, und beglücke
Mit Friede unser Land, Dein Eigenthum —
Dann legen wir vergnügt und froh zurücke
Voll Preiß und Danks — dies Säculum.

»Nimm Östreichs glorreichs Kaiser Haus in Schutz / Du Weltenherr! Laß seiner Feinde Trutz / An Kaiser Franzens Mut zurücke beben / Des Sieges Lorbeerkranz schmück seine Kron / Ihm werd für sein reichsväterlichs Bestreben / Getreuer Völker Lieb zum Lohn...«, schreibt Stephan Wolf aus Nürnberg, Kupferstich von 1800 *(oben)*, zu Beginn eines neuen Jahrhunderts, des 19. Jahrhunderts. Für diesen Künstler gibt es noch immer ein »Heiliges Römisches Teutsches Reich«.

Die geistlichen Fürstentümer werden 1803 aufgehoben, verweltlicht (säkularisiert) und als Entschädigung für die Abtretung des linken Rheinufers an Frankreich an die deutschen Fürsten verteilt: Preußen z. B. erhält die Bistümer Münster, Paderborn, Hildesheim; Bayern erhält Würzburg, Bamberg, Freising, Augsburg und Passau *(rechts* eine anonyme Karikatur »Der Entschädigungsbaum«).

Napoleons »Republikanische Champignons« (*rechts* eine anonyme franz. Karikatur) sind von den Führern der dritten Koalition gegen Frankreich bedroht: vom König von Preußen (1), dem Zaren von Rußland (2) und dem Kaiser von Österreich (3). Aber Napoleon nimmt schon ein Jahr später die vielen kleinen Schwammerln unter seine direkte kaiserliche Obhut.

1806 will der englische Außenminister Charles Fox sich mit Napoleon verständigen. Aber er hat dessen großen Machthunger unterschätzt. Er scheitert mit seinen Friedensplänen *(rechts* karikiert J. Gillray diese kurzfristige englische Liebe zu »Boney-Napoleon« und die Abkehr von Preußen).

1807–12

Innere Reformen in Preußen (1807) – Franzosen besetzen Spanien, spanischer Volksaufstand gegen Napoleon (1808) – Friede in Wien und Erhebung der Tiroler (1809) – Rußlandfeldzug Napoleons und Auflösung seiner Großen Armee (1812)

Napoleons Herrschaft über Deutschland ist nahezu total: Dem von ihm 1806 gegründeten Rheinbund treten die meisten deutschen Landesfürsten bei; die bis dahin freien Reichsstädte, wie Augsburg, Frankfurt oder Nürnberg, unterwerfen sich ihm. In den folgenden Jahren bis 1812 läßt Napoleon die Maske des ordnenden Staatsmannes fallen und zeigt sein wahres Gesicht: das des Eroberers und machthungrigen Tyrannen. Die Katastrophe seiner Armee in Rußland 1812 ist die erste Warnung für ihn (*links* eine anonyme zeitgenössische Karikatur auf die Sinneswandlung der Rheinbündler 1812/13 gegen Napoleon; *unten* eine Zeichnung J. G. Schadows »Die Verteilung der Welt«, die Napoleons Weltherrschaftspläne entlarvt).

1813

Preußisch-russisches Bündnis – Napoleon mit neuer Armee in Deutschland – Schlacht bei Lützen – Kurzer Waffenstillstand – Österreich auch gegen Napoleon – Sieg der Verbündeten bei Leipzig – Lossagung der deutschen Fürsten von Napoleon – Rheinübergang der Verbündeten bei Basel

Aus den Resten der im russischen Winter zerfledderten Großen Armee *(oben* eine anonyme deutsche Karikatur auf Napoleons Rückzug aus Rußland) und mit neu »Ausgehobenen« stellt Napoleon eine neue Armee zusammen und kehrt 1815 nach Deutschland zurück. Stur auf seinem Machtanspruch beharrend, lehnt er alle Vermittlungsversuche Österreichs ab. Daraufhin stellt sich dieses an die Seite von Rußland, Preußen und England gegen Napoleon. Der englische General Wellington vertreibt die Franzosen aus Spanien *(rechts Mitte* die Karikatur »Der gerupfte Adler« zur Vertreibung Napoleons aus Spanien, Radierung von Goya). Bei Leipzig, in der »Völkerschlacht«, siegen die Verbündeten und treiben danach die Franzosen Richtung Frankreich vor sich her (*rechts unten* die anonyme deutsche Satire »Leipziger Barbierstube«, in der Napoleon gründlich eingeseift und rasiert wird).

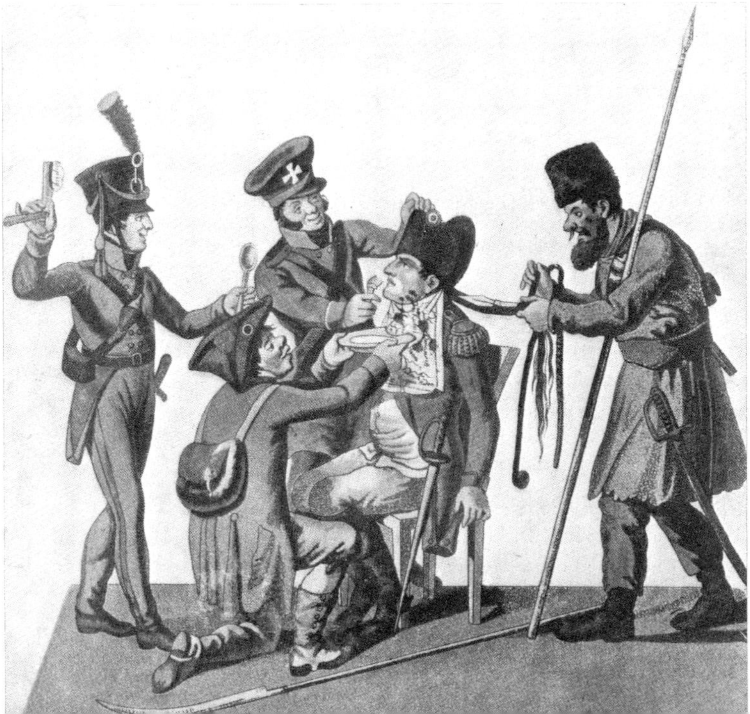

Blüchers Rheinübergang bei Kaub – Einzug der Verbündeten in Paris – Abdankung Napoleons – Friede von Paris – Beethoven komponiert den »Fidelio« – Napoleon auf Elba – Ludwig XVIII. König von Frankreich – Beginn des Wiener Kongresses

Der Krieg gegen Napoleon geht auf französischem Boden weiter. Seine Truppen werden immer wieder geschlagen, aber der Korse will nicht aufgeben. Zu Beginn des Jahres 1814 sieht ihn ein deutscher Zeichner als Januskopf-Denkmal am Rhein *(links)* mit »Blick in die Vergangenheit und Zukunft«. Die aufgeschichteten Totenschädel erinnern an die vielen Opfer unter Freund und Feind, die der gescheiterte Welteneroberer auf dem Gewissen hat.

Preußen, Russen, Österreicher und Engländer jagen die napoleonischen Truppen durch Frankreich *(oben* eine Karikatur von Thomas Rowlandson, die Napoleon als »korsischen Fuchs« in der Faust Blüchers zeigt). Die Fuchsjagd unter Blücher, Schwarzenberg und Wellington wird fortgesetzt, bis Napoleon in Paris vom Senat zur Abdankung gezwungen wird *(rechts* eine anonyme deutsche Karikatur auf Napoleon als Sohn des Teufels: »Das ist mein lieber Sohn, an dem ich Wohlgefallen habe!«).

Vielen Franzosen ist ihr »L'Empereur« zum Gespenst geworden. Auch seine Gemahlin Marie Luise trennt sich von ihm, als er sich auf die Insel Elba einschiffen muß. Die siegreichen Feldherren Blücher und Wellington räumen vorher noch gründlich unter Napoleons Soldaten auf (*unten rechts* eine französische Karikatur: »Die letzte Kufe voll«).

Napoleon selbst ist noch einmal davongekommen. Er sieht von Elba aus zu, wie ein neuer Bourbonen-Ludwig, der Bruder des hingerichteten XVI., den Thron in Paris besteigt. Noch steht ihm bevor, was James Gillray in seiner Karikatur »Das Tal der Schrecken des Todes« *(oben)* ihm androht.

Links unten: Wellington spielt mit dem Zwerg Napoleon (gezeichnet von Cruikshank, 1814). *Mitte rechts:* Napoleons Kopf als satirisches Vexierbild »Das fürchterliche Raubnest« (gezeichnet von J. M. Voltz, 1815).

1815

Napoleon kommt nach Paris zurück, der Wiener Kongreß wird unterbrochen, erneuter Koalitionskrieg gegen Napoleon – Schlacht bei Waterloo (Belle-Alliance), gescheiterte Flucht Napoleons nach den USA, Verbannung auf die britische Insel St. Helena im Südatlantik – Zweiter Pariser Friede

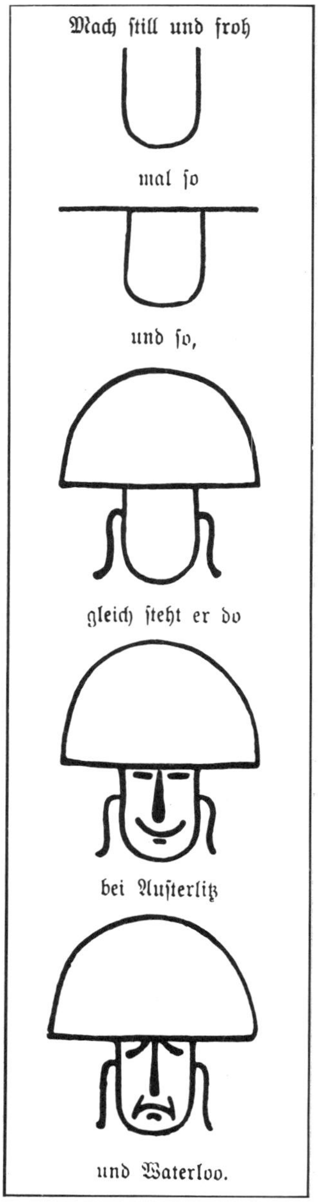

Erst bei Waterloo bekommt der immer noch machtlüsterne Korse den Rest. Seine Ära ist endgültig vorbei (*oben* Wilhelm Buschs »Anleitung zu einem historischen Porträt« von Austerlitz nach Waterloo; *links oben* eine anonyme deutsche Karikatur auf Napoleons »Aussichten« bei Belle-Alliance; *links* feiert Napoleon allein unter Ratten auf St. Helena den Napoleon-Tag, anonyme Karikatur).

3.

»An Deutschlands baldiger 1heit, da 2fle ich noch sehr«

Kleinstaaten oder Reichseinheit: Auf dem Weg zum deutschen Nationalstaat

1815 bis 1870

Das Deutsche Reich ist tot, es lebe der Deutsche Bund mit 35 Kleinstaaten und 4 Stadtstaaten (deutsche Karikatur: »Herr Blaumaier bereitet sich den nur in Deutschland möglichen Genuß, auf vier Herren Länder zu liegen«).

Die Sieger über Napoleon verteilen selbstherrlich ihre Beute. Das Ergebnis ist der Deutsche Bund, ein zerrissenes Deutschland, aufgeteilt in 35 Kleinstaaten unter absolutistischen Landesherren. Federführend für diesen Deutschen Bund ist Österreich, genauer gesagt dessen Kanzler Metternich. Sein System besteht darin, die alten Verhältnisse wiederherzustellen und gegen jeden Veränderungswillen zu behaupten.

Das Beispiel der Julirevolution in Paris 1830 vor Augen, spornt dann auch die Deutschen zu neuen Aktivitäten gegen die Fesseln kleinstaatlicher Polizeigewalt an: Demokraten und Republikaner versammeln sich in Süddeutschland beim Hambacher Fest; Heinrich Heine verspottet die reaktionären Professoren; Georg Büchner stellt in seinem »Hessischen Landboten« fest, daß die Verfassungen in Deutschland »leeres Stroh« sind, »woraus die Fürsten die Körner für sich herausgeklopft haben«; schließlich schreiben ab 1845 Karl Marx und Friedrich Engels ihre ersten epochemachenden Werke und schaffen die geistigen Grundlagen für eine internationale Arbeiterbewegung, die die jahrhundertealte bisherige Gesellschaftsordnung in Frage stellt.

Im Februar 1848 springt wieder von Frankreich nach Deutschland und Österreich der Funke der Revolution über. Das Feuer scheint diesmal Kraft genug zu haben, um die Barrieren des alten Systems hinwegzufegen. Metternich wird zwar das prominenteste Opfer dieser bürgerlichen Revolution, die Deutschland »Einigkeit und Recht und Freiheit« bringen soll. Aber auch diese Revolution hat zuwenig Widerhall beim schlafenden deutschen Michel.

An Mut und Kampfgeist, an hoffnungsvollem Streben fehlt es den 48er-Revolutionären bestimmt nicht. Die Fürsten werden auch anfangs in Angst und Schrecken versetzt. Aber in der notwendig werdenden Phase der Ernüchterung prallen dann im ersten demokratischen Parlament Deutschlands wieder die wah-

Die Befreiungskriege gegen Napoleon haben das deutsche Nationalbewußtsein geweckt, die studentische Jugend rebelliert, demokratisch-republikanische Bewegungen werden auch in Deutschland lebendig. Aber dem demokratischen Frühling 1848 folgt im gleichen Jahr ein bürgerlich-konservativer Sommer und ein reaktionärer Herbst (»Michel und seine Kappe im Jahr 1848«, gezeichnet von Nisle im »Eulenspiegel«, Nr. 13 vom 24. 3. 1849).

ren Machtverhältnisse aufeinander. Die Konfrontation zwischen Preußen und Österreich ist für die Kleinen, die in erster Linie die Revolution vorantragen, zu übermächtig. Das aussichtslos debattierende Parlament lähmt schnell den revolutionären Schwung des ersten demokratischen Frühlings in Deutschland. Und ehe der Herbst kommt, hat die Reaktion wieder Fuß gefaßt. In Österreich und Preußen werden die Männer am Ruder wohl von neuen abgelöst, aber der Kurs bleibt der alte.

Geblieben vom Revolutionsjahr 1848 aber ist in Deutschland die unerfüllte Hoffnung auf eine baldige Einheit, an der aber in den folgenden Jahren erneuter Restauration starke Zweifel nagen. Adolf Glasbrenner dichtet um 1850:

An Deutschlands bald'ger 1 heit
Da 2 fle ich noch sehr;
Ich jebe keenen 3 er
4 diese Hoffnung her.
5 Nationalitäten
Sind, wo 6 Deutsche steh'n,
Die alle abzu 7,
Gebt 8, det wird nich jeh'n:
Viel sind dem 9 noch abhold
Vom Scheitel bis zum 10.

Österreich ist schließlich selbst schuld, daß die kleindeutschen Staaten – auch das ist eine Folge von 1848 – beginnen, sich mehr und mehr nach Norden zu orientieren: Das politische Übergewicht in Deutschland geht von Österreich auf Preußen über. Und der neue Mann am preußischen Staatsruder, der Junker Otto von Bismarck, tut alles, um diese Entwicklung in den Griff zu bekommen. Er scheut auch nicht vor

Der revolutionären Bewegung in Berlin im März 1848 wird auf bewährte Weise begegnet: »Gegen Demokraten helfen nur Soldaten« (eine Karikatur aus dem »Kladderadatsch«, 1849).

einem blutigen Bruderkrieg zurück, um Österreich bei Königgrätz endgültig die Lust an einem 70-Millionen-Reich der Deutschen unter Österreichs Führung, wie Fürst Schwarzenberg es sich vorstellte, zu vergällen. Der Deutsche Bund wird zu Grabe getragen, und Bismarck nutzt weiter geschickt für Preußen die Diplomatie der Stunde. Er ködert den übermütigen Franzosenkaiser Napoleon III. so raffiniert, daß alle Deutschen sich einig sind in dem Gedanken: Den frechen Franzosen müssen wir jetzt den Hintern versohlen. Was auch geschieht. Bismarck aber hat 1870 mit seinem Deutsch-Französischen Krieg zweierlei erreicht: erstens den militärischen Triumph von Sedan und Sieg über Frankreich, zweitens die richtige Hurrastimmung in ganz Deutschland, mit der er nun leicht sein deutsches Reich unter der preußischen Pickelhaube verwirklichen kann.

Bei Saarbrücken, einen Tag nach der Kriegserklärung 1870, schickt der Mini-Napoleon an seine Kaiserin Eugenie ein vorlautes Siegestelegramm. Wenige Tage später beginnt der deutsche Siegeszug und eine Kanonade von Hohn und Spott auf die vorlauten Franzosen (in dem populärsten Flugblatt des 70er-Krieges verhauen die Deutschen den »unartigen Kindern«, die mit ihrer »Schreierei die ganze Nachbarschaft stören«, den blanken Hintern).

Aus der Wiener Kongreßakte: »Ewige Neutralität« der Schweiz, Deutscher Bund, »Heilige Allianz« Rußland, Österreich und Preußen (1815) – Wartburgfest (1817) – Karlsbader Beschlüsse (1819) – »Mitteldeutscher Handelsverein« (1828) – Unruhen in Sachsen, Kurhessen und Braunschweig (1830)

Die Sieger über Napoleon tanzen, flirten, intrigieren in Wien – und sie teilen Europa unter sich auf. Aber erst nach Waterloo verlieren sie die Angst vor dem unsichtbaren Gegner Napoleon (*oben* eine anonyme französische Karikatur, auf der Napoleon sich mit dem Schwert Frankreich sichern will, während sein Sohn ihn bittet, auch auf seinen Anteil zu achten, und Talleyrand sich noch unterm Tisch versteckt).

Ein Hohn auf den Buchstaben, der den Geist tötet, auf die bürokratischen Zöpfe im kleinstaatlichen Apparat, sind die »Krähwinkliaden« um 1820. In den Krähwinkel-Karikaturen wird der politische Hintergrund dadurch deutlich, daß Redensarten wörtlich ins Bild gesetzt werden (*unten* »Der Herr General von Krähwinkel rasiert ein Dorf«, anonym).

Die »großen Drei« beim Wiener Kongreß sind (*unten* v. l. n. r.) Zar Alexander I., Kaiser Franz I. und König Friedrich Wilhelm III. Napoleon (im Hintergrund auf Elba mit dem Fernrohr nach Wien schauend): »Franz ist willenlos. Alexander ist ein leichtsinniger Mensch ... Der König von Preußen hält sich für einen Weisen. Er ist nur ein Korporal.«

Die Karlsbader Beschlüsse sorgen in Deutschland für Kirchhofsruhe (*oben* eine anonyme deutsche Karikatur »Der Denker-Club« über die geistige Bevormundung der Deutschen). Insgeheim singen Turner und Studenten: »Freiheitsmesser gezückt! Hurra, den Dolch durch die Kehle gedrückt!« Das Beispiel der Julirevolution 1830 in Frankreich führt zu Unruhen in Sachsen (*unten* ein anonymes Flugblatt »Der Bürger unter dem Pantoffel« aus Leipzig, 1830). Abseits der Politik werden Modetorheiten karikiert (*rechts* ein anonymer Druck »Die elegante Welt auf der Promenade«).

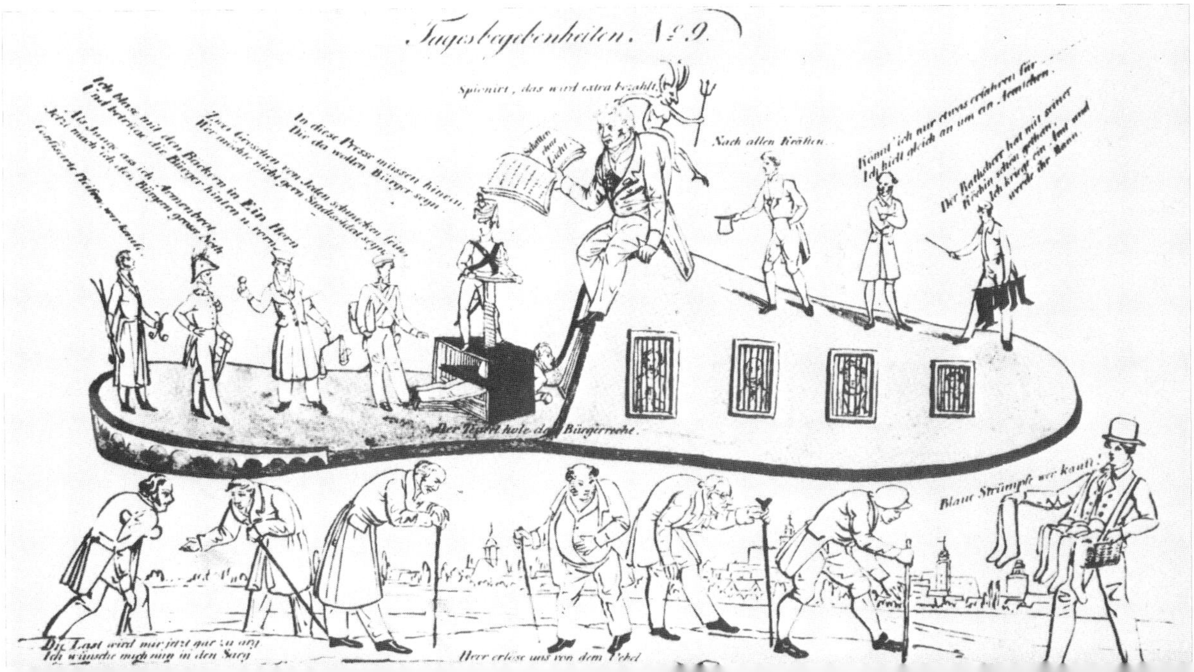

1830–44

Demokratische Verfassung für zwölf Kantone der Schweiz (1830) – Hambacher Fest (1832) – Tod Franz' I., Regentschaftsrat unter Metternich (1835) – Entlassung der sieben Göttinger Professoren (1837) – Friedrich Wilhelm IV. König von Preußen (1840) – Weberunruhen in Schlesien (1844)

Die Kirchhofsruhe in Deutschland wird nach dem demokratischen Happening auf dem Schloß zu Hambach (1832) noch verstärkt durch Versammlungs-, Vereins- und Kundgebungsverbote durch den Bundestag in Frankfurt (*links oben* eine anonyme deutsche Karikatur »Der gefesselte Prometheus« auf die Unterdrückung der von Karl Marx 1843 in Köln redigierten »Rheinischen Zeitung«; *rechts oben* eine Karikatur des Schweizers Disteli, 1843: Der deutsche Michel ruft mit Maulkorb vergebens nach Freiheit für sein unterjochtes Vaterland).

Wird vielleicht die Schaffung eines einheitlichen Zollgebietes im größten Teil Deutschlands durch den Zollverein 1833 eine deutsche Einigung bringen? Oder auch die in diesen Jahrzehnten sich anbahnende rapide Entwicklung der Technik und Industrie (*unten* eine anonyme Karikatur aus dem Jahr 1844 auf diese Entwicklung)? Sichtbarstes Symbol dieser »Vorwärts«-Entwicklung ist die Dampfeisenbahn als neues Verkehrsmittel zwischen den Städten. Ohne Rücksicht auf die deutsche Kleinstaaterei setzt sich Friedrich List als Vorkämpfer für ein Eisenbahnnetz ein.

1844–47

Heinrich Heine veröffentlicht »Deutschland, ein Wintermärchen« (1844) – Friedrich Engels schreibt »Die Lage der arbeitenden Klasse in England« (1845) – Nationale Erregung in Deutschland und Dänemark wegen Schleswig-Holstein (1846) – Steigende Unzufriedenheit in Preußen über den König (1847)

Die Preußen erwarten von ihrem neuen König eine liberale Politik. Aber dieser lehnt jegliche Reformen ab. Er bleibt bei der mittelalterlichen Ständeordnung und übertrifft dabei noch seinen Vorgänger (eine Lithographie von E. Böhme, ein Spottbild auf den Preußenkönig, der als Sektflasche dargestellt ist, weil er immer schäumende Reden führt, mit Pauken und Trompeten ankündigt, was sich in Luftblasen auflöst. Zu seinen wichtigsten Utensilien gehören links und rechts neben ihm: Pauken, Trompete, Narrenkrone, Steckenpferd, Rute, Sektflasche. Unten wendet sich das Volk von ihm ab, während oben links im Bild das von seiner Majestät oft zitierte Auge Gottes zuschaut).

1848

Februar: Revolution in Paris, Sturz des Bürgerkönigs Louis Philippe, Ausrufung der Republik — In Deutschland erste Volksversammlungen in Südwestdeutschland mit Forderungen nach Pressefreiheit und einem deutschen Parlament – Marx und Engels veröffentlichen in London das »Kommunistische Manifest«

Erneut gibt Frankreich den Europäern das Zeichen zum Sturm auf die Bastionen der Ewiggestrigen. Die »Birne« Louis Philippe, der sein Volk betrog und in die eigene Tasche wirtschaftete, wird im Februar 1848 von den Franzosen davongejagt. Honoré Daumier zeichnet in »La Caricature« und »Le Charivari« seine großartigen politischen Karikaturen (*links* sein berühmtes Blatt »Die letzte Sitzung der Minister«: Die Freiheit tritt ein, und die Räte des verhaßten Königs suchen das Weite).

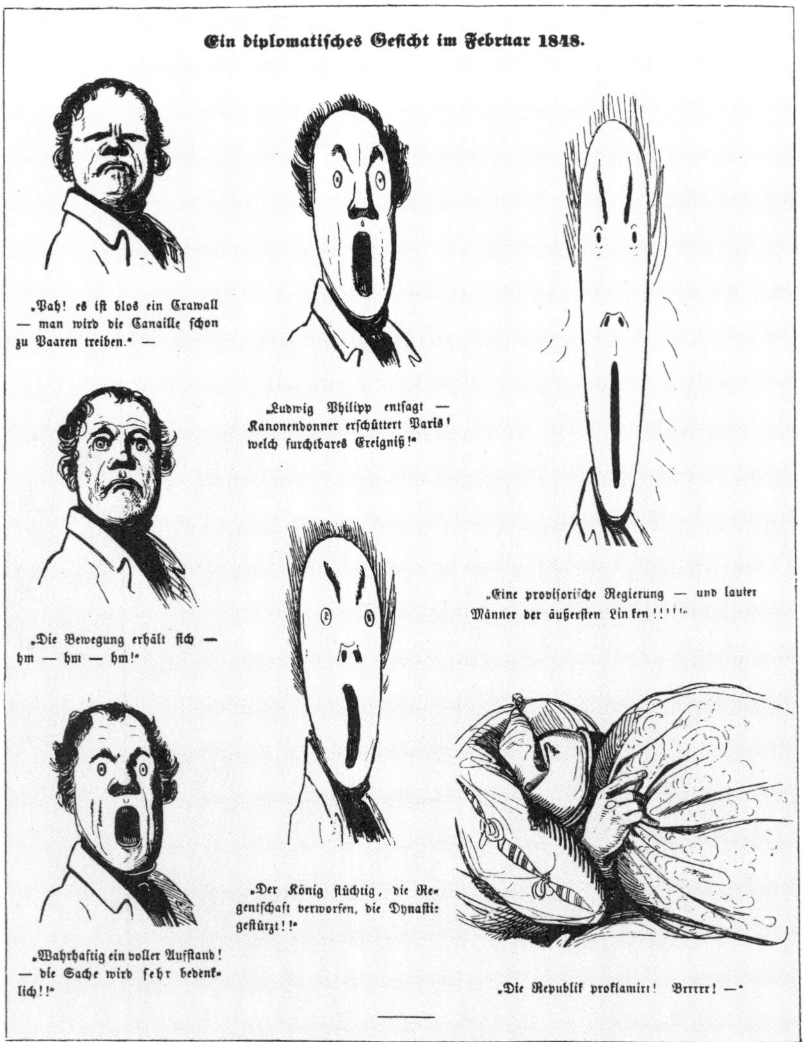

Der Funke revolutionärer Bewegungen springt über den Rhein: Ende Februar kommt es in Mannheim und Heidelberg zu Volksversammlungen, in denen ein gesamtdeutsches Parlament gefordert wird. Im Odenwald und im Schwarzwald kommt es zu Bauernaufständen. In München muß König Ludwig I. seine »spanische Fliege«, die Tänzerin Lola Montez, fortschicken, weil Bürger und Studenten in der Barerstraße das Haus der Königsmätresse stürmen. Der spätere Präsident der Nationalversammlung, Heinrich von Gagern, schreibt am 11. Februar an seinen Bruder: »Also auch der Münchener Pöbel wird energisch, ohne daß es sich um Bier handelt« (*links* zeigt Caspar Braun, Zeichner der »Fliegenden Blätter« in München, wie ein Diplomat alter Schule auf die Ereignisse im Februar 1848 reagiert).

März: Ministerium Gagern in Hessen-Darmstadt, Ministerium Römer in Württemberg, Berliner Versammlungen, Aufstand in Wien und Sturz Metternichs, Unruhen in Berlin – Aufstand in Mailand – Fortschreitende Wirtschaftskrise und Arbeitslosigkeit in Frankreich als Folge der Wirtschaftspolitik Louis Philippes

1848

Der Paradeabsolutist Friedrich Wilhelm IV. von Preußen schreibt am 28. Februar 1848 an Königin Viktoria von England: »Gott hat die Ereignisse zugelassen, die entschieden den Frieden Europas bedrohen ...« Wenige Wochen später hat auch er die Revolution im Lande. Wie Europas Fürsten in dieser Zeit versuchen, ihr bisheriges Spiel weiterzuspielen, zeigt ein anonymes Flugblatt *(rechts)*, das als Einblattdruck-Lithographie in Leipzig gedruckt wird (links hinten im Bild verschwindet Frankreichs Louis Philippe, der bereits ausgespielt hat).

Die Revolution greift im März auf Wien und Berlin über. Der Düsseldorfer Maler Andreas Achenbach zeichnet *(unten links)* Metternich, der die Nachricht vom unrühmlichen Ende Louis Philippes liest, auch das Ende seiner Herrschaft ahnt und – nach dem ersten Schrecken – zu seinem Diener sagt: »Bringen Sie mir ein Paar andere Hosen!« Eine anonyme österreichische Karikatur *(unten rechts)* erklärt Metternichs Flucht nach London damit, daß »jede Constitution (Verfassung) Bewegung erfordert«.

»Held Michel schlug Napoleon, bekam dafür den rechten Lohn: Der weiland große Deutsche Bund sperrt Michel ein wie einen Hund ...« So wird die »Neue deutsche Geschichte« von 1848/49 *(rechte Seite)* von einem Augenzeugen eingeleitet. Die Bewegung weitet sich zum »letzten großen Versuch Westeuropas, politische Ideen zu verwirklichen« (Golo Mann). Und das in einer Zeit, in der Worte wie Demokratie oder Parlament für die meisten Menschen in Europa noch kein Leben haben (die anonyme deutsche Karikatur *oben* verbindet Politik und technische Errungenschaften, sie zeigt Parlamentspräsident von Gagern, wie er politische und wirtschaftliche Wünsche sammelt, während der Redner und Führer der Linken in der Nationalversammlung, Robert Blum, die »Parlaments-Dampf-Maschine« anheizt).

Neue deutsche Geschichte.

In Reime gebracht und mit schönen Bildern verziert von C. L. Kaulbach.

Held Michel schlug Napoleon,
Bekam dafür den rechten Lohn:
Der weiland große deutsche Bund
Sperrt Micheln ein wie einen Hund.

So lag er drei und dreißig Jahr,
Da träumt' ihm von der Freiheit gar,
Die sprach: nicht wälz' Dich auf der Streu!
Auf! deutscher Michel, mach Dich frei."

Held Michel gähnte, reckte sich,
Da brach der Kerker fürchterlich.
O Gott! wer hätte das gewußt,
Der Michel hat zu mehr noch Lust.

In München, Stuttgart und Berlin,
Krähwinkel, Dresden, Weimar, Wien,
In Prag und andern Orten mehr
Petitionirte Michel sehr.

Sein enges Kleid er von sich warf,
Nahm einen Sabel groß und scharf,
Trug eine Fahne schwarz=roth=gold,
Und hatte mehr als er gewollt.

Doch zeigt' er jetzt Genüge nicht,
Es war einmal ein Bösewicht.
Verlangte von den Fürsten baß
Ein Parlament und Russenhaß.

Die Fürsten zeigten viel Gefühl —
Denn Michel hatte Flegel viel
Gestellet frech in Glied und Reih',
Derweil er bei den Fürsten sei.

Die Fürsten sagten: „Lieber Mann,
Was Du verlangst, das sollst Du ha'n.
Ein Parlament und dies und das,
Franzosenfreundschaft, Russenhaß."

Held Michel war befriedigt sehr
Und dachte sich: „Was willst Du mehr?
Die Republik ist doch nur Tand,
Ich geh' mit Fürsten Hand in Hand.

Berathe mich mit ihnen frei,
Was nun vor Allem nöthig sei.
Hör' auch die Geistlichkeit mit an
Und den und jenen reichen Mann."

Er wählte nun zum Parlament —
Das er vom freien England kennt —
Und wählte Männer die gelehrt,
Und Leute, die recht wohl genährt,

Viel Edelleut' von altem Blut,
Und Geistliche die fromm und gut,
Auch manchen Wühler unbedacht —
O Gott! wer hätte das gedacht!

Im Parlamente ging es bunt,
Man schrie sich fast die Hälse wund.
Und half nicht mehr das wilde Schrei'n,
So schlug man mit den Fäusten d'rein.

Held Michel sah mit Ehrfurcht zu
Und dacht': „ich wollt' ich hätte Ruh'!"
Sie schrei'n: „die Freiheit, Einheit hoch! —
Und schmieden neue Ketten doch."

Das Parlament berieth und rieth,
Bis sich's zuletzt dahin entschied:
Daß Michel nur ein Lumpe wär',
D'rum brauch' er einen Kaiser sehr.

Sie wählten jetzt den Kaiser gleich
Und gaben ihm das deutsche Reich.
Doch ward den Fürsten nichts geraubt —
O Gott! wer hätte das geglaubt.

Die Fürsten aber sagten doch:
„Der Kaiser ist und bleibt ein Joch!
Wir müssen freie Fürsten sein,
Sonst können wir nicht mehr gedeih'n.

Will Michel jetzt den Kaiser han,
So hat er Recht, der gute Mann:
Er trägt die Schleppe hinterher,
W i r aber müssen uns ducken sehr."

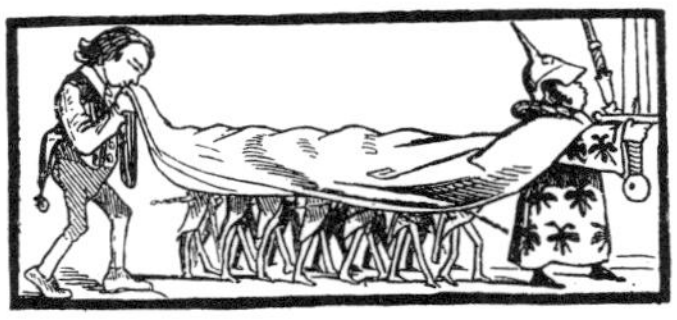

Held Michel ward nun wüthig toll,
Er schwur den Fürsten Haß und Groll.
Denn um das Kaiserkrönungsfest
Er gar nicht gern sich bringen läßt.

Doch weil es ihm verdorben war,
Tanzt er in Pfalz und Baden gar
Um einen Freiheitsbaum wie toll,
So daß den Herrn die Galle schwoll.

Kuriere man jetzt reiten ließ
Nach Petersburg und nach Paris,
Zu Aerzten welche sagten frei:
„Daß Michel ganz von Sinnen sei.

Er fas'le Tollheit, dies und das,
Ihm hälfe nur ein Aderlaß.
Der Narre sei vielleicht kurirt,
Würd' er mit Pillen gut purgirt."

Der Aderlaß ward angewandt,
Und wirkte gut, wie's weltbekannt.
Die Pillen thaten Wunder auch,
Rumorten ihm wie toll im Bauch.

Man fing nun leicht den wilden Mann
Und o c t r o y i r t e ihm sodann —
Was allbekannt zu dieser Frist —
So daß er jetzt beruhigt ist!

1848

März/April: Abdankung König Ludwigs I. von Bayern, Zusammentritt eines Vorparlaments in Frankfurt am Main, Aufruf Heckers und Struves für die republikanische Erhebung in Baden, Unterdrückung durch Bundestruppen – Kossuth löst sich von Österreich und bildet eigene ungarische Regierung

Nach den blutigen Märzunruhen herrscht Ratlosigkeit bei den Fürsten und politisches Chaos bei den Revolutionären. Der Traum von einer deutschen Republik ist damit schon wieder vorbei (*oben links* erklärt L. Reinhardt in den »Fliegenden Blättern« den »Volkswillen«: Republikaner und Royalist rennen sich gegenseitig die Köpfe ein; *oben rechts* eine Karikatur über die gemütliche Bürgermiliz in München: Zwei Milizoffiziere streiten sich darüber, ob sie in die Unruhen eingreifen sollen. Der rechte sagt schließlich: »Ja was, Ordre wäre schon da, aber es is halt so a Sach' dös . . .«).

Am 20. März dankt König Ludwig I. von Bayern zugunsten seines Sohnes Maximilian ab. Nach dem Abenteuer mit der Lola Montez hat er sein Gesicht verloren. Nicht ungestraft bleibt also, daß ihretwegen die Regierung im Februar stürzte und Münchener Bürger schließlich zusammen mit den Studenten auf die Barrikaden gingen, bis die Universität wieder Ruhe hatte und Lola den Laufpaß bekam (eine zeitgenössische erotische Karikatur auf »die Wünsche der verschiedenen Parteien«, denen Lola entgegenhält: »Ihr seid Narren alle vier, was ihr wollt, das find't ihr hier«).

Bis zum März »im Jahre des Heils 1848« (so die Unterschrift zu der *rechts* stehenden Karikatur »Staatswaage« aus dem Berliner »Charivari«) gilt dieses Mißverhältnis: Der niedere Stand wird »durch seine Duldung und Demut niedergehalten«, während der hohe Stand »durch seine Tugend und Hochmuth hochgestellt« bleibt. In vielen Flugblättern wird im Frühjahr 1848 versucht, den trägen deutschen Michel aus seiner Lammsgeduld wachzurütteln (*unten* eine anonyme Lithographie als Flugblatt).

1848

Mai/Juni: Zusammentritt der Nationalversammlung in der Frankfurter Paulskirche. Eröffnung der preußischen Nationalversammlung in Berlin. Gesetz über die provisorische Zentralgewalt – Brutale Niederschlagung eines Arbeiteraufstandes in Paris durch Truppen des bürgerlichen Generals Cavaignac

Das »Erwachen des deutschen Michels« (*links* eine Karikatur aus den »Fliegenden Blättern«) soll mit dem Frankfurter Parlament beginnen. Über 500 in den Kleinstaaten gewählte Abgeordnete sitzen dort. Ein Augenzeuge schreibt: »Hier sah ich zum erstenmal eine Reihe der größten Männer, die unser deutsches Vaterland aufzuweisen hat . . .« Der hessendarmstädtische Staatsminister Heinrich von Gagern will als Präsident eine Verfassung schaffen »für das ganze Reich« (*unten rechts* eine Frankfurter Karikatur auf den gesamtdeutsche Wäsche waschenden Gagern). Bald aber erstickt die Revolution in lähmenden Redeschwallen der Parlamentarier und im Papierkrieg gegensätzlicher Meinungen unter den sich immer mehr aufspaltenden Parteienklubs (*unten links* eine Karikatur aus den Pfennigmagazinen: »Anträge für die Nationalversammlung«).

Deutschland hat jetzt zwei Köpfe: die neue Nationalversammlung mit demokratisch gewählten Abgeordneten und daneben – auch noch in der gleichen Stadt – den Bundestag immer noch als Vertretung der Fürsten und freien Städte. Die Nationalversammlung will deshalb eine Zentralgewalt schaffen. Erzherzog Johann, der Mann der Rechten und Konservativen, die die Mehrheit haben, wird zum Reichsverweser proklamiert – Robert Blum nennt ihn »Reichsvermoderer«. In Berlin und Wien wird das Frankfurter Parlament argwöhnisch belauert (*rechts,* von oben nach unten, drei Titelköpfe satirischer Zeitschriften vom Sommer 1848).

Was wird? fragen sich die deutschen Bürger. Caspar Braun weiß in den »Fliegenden Blättern« eine Antwort (*unten:* »Das sag ich dir, Emanuel, 's wird nich besser in Deutschland, solang noch een eenziger Mensch im erschten Stock wohnt«).

BERLINER CHARIVARI.

Redigirt von Satan.

Bestellungen nehmen alle Buchhandlungen sowie Postämter an; in Berlin die Haupt-Expedition, Spandauerstraße 76.

Monatlich erscheinen 2 Bogen hoch 4. Preis: 2½ Sgr oder 9 kr. Rh., oder 8 kr. C. M. Das Redactionsbureau ist in Berlin Krausenstraße 74.

Den Teufel spürt das Völkchen nie,
Und wenn er sie beim Kragen hätte.

No. 6. 1848.

Diese Zeitschrift erscheint wöchentl. mindestens einmal, und zwar jeden Dienstag, nach Umständen jedoch öfter, einen halben Bogen mit satyrischen Illustrationen.

Abonnement bei allen Königl. Postämtern und Buchhandlungen auf je 13 Nummern 17½ Sgr. Preis der einzelnen Nummern 1¼ Sgr.

TANTE VOSS

mit dem Besen.

Die Laterne.

Zeitung für politische Volksaufklärung.

№ 7. Samstag, den 8. Juli 1848.

Für Freiheit und Licht

Monatlich 24 kr. C. M. Einzelne Nummern 1 kr. C. M. Verlagshandlung: Wittenbecher, Siegel und Kollmann, Wallnerstrasse 263.

Verantwortl. Lampenanzünder: Dr. Pafnuzius Feuerkopf. Lampenputzer: Hofr. Ambrosio Hirschleder.

Frankfurter Einigkeits-Messe am 6. August 1848.

Melodie: Was fang' ich armer Teufel an.

1 Beim heil'gen Paul in Frankfurt soll
Sich Deutschland neu gestalten;
Doch Jeder nimmt das Maul zu voll
Und will's allein verwalten.
O, schütz' uns d'rum, Apostel Paul,
Denn all'weil steht's noch oberfaul!
O Jerum, Jerum, Jerum,
O Jerum, Jerum, Jerum!

2 Der Preuße stehet mit Scandal
An der Krakehler Spitze,
Er bläst zuerst sein Lärmsignal,
Und schreit: „Sind schlechte Witze!"
Wenn ich nicht oben stehen kann,
Was geht mich dann das Aufgehn an?
O Jerum, Jerum, Jerum, u. s. w.

3 Was thust Du Ferd'nand, tapfrer Mann,
Uns an für Schabernacke?
Denn wärst Du hier, wir hätten dann
Ganz Deutschland schon im Sacke;
Doch so klagt Oestreich leidentbrannt:
Wo steckt nur Kaiser Ferdinand?

4 Der Baier bläst ein Hoch mit Klang
Den Bier-Erfindungsfürsten,
Auch Braunschweig will den ersten Rang
Von wegen Mumm' und Würsten,
Ja selbst von Köthen der stimmt ein:
Der Erste muß ein Köther sein!

5 Der Schwabe schreit: mei Köni hat,
Der hatsch Regiren dicke!
De Kronprinsch musch an seine Statt,
An Teitschlands Schpitz ricke:
Stehn wir nit an de Schpitz vom Reich,
Dasch wär a tummer Schwabe-schtreich.

6 Hannover auch schlägt durch den Staat
Den blinden Lärm schon zeitig,
Denn weil es nur ein Auge hat,
Sieht's jedes Ding einseitig,
Und Sachs' und Hesse lärmt mit drein:
Wir wollen Landeskinder sein!

7 Prinzipienritter Lobenstein,
Die Ob'r und Unter-Lippe,
Ein Jeder will für sich nur schrein,
Und steht sich auf der Kippe. —
Das nennen „deutsche Harmonie"
Die deutschen Katzenmusici.

8 Der Reichsverweser stehet bleich
Und hört es an mit Trauern:
Er denkt: es wird das deutsche Reich
Wohl nicht gar lange dauern;
D'rum sing' ich still in mich gewandt:
Wo ist des Deutschen Vaterland?
O Jerum, Jerum, Jerum,
O Jerum, Jerum, Jerum!

Anfang Juli beginnt die Nationalversammlung über Grundrechte zur Vorbereitung einer Verfassung zu beraten. Am 11. Juli trifft der neue Reichsverweser ein. Am 6. August 1848 sollen laut Beschluß des neugebildeten Frankfurter »Reichsministeriums« sämtliche Bundestruppen dem Reichsverweser huldigen. Aber das passiert nur in den kleineren Staaten, in Preußen und Österreich wird der Beschluß ignoriert (ein Spottbild aus dem »Kladderadatsch« zu diesem Tag. Das Volk nimmt den Reichsverweser und die »Zentralgewalt« ernst: »Denn all'weil steht's noch oberfaul! O Jerum, Jerum, Jerum!«).

Juli/August: Auflösung des Bundestages, Bildung eines vorläufigen Reichsministeriums, Dombaufest in Köln in Anwesenheit von Friedrich Wilhelm IV. von Preußen, dem Reichsverweser und Frankfurter Parlamentariern – Reichstagseröffnung in Wien

Beratungen ohne Ergebnis (*rechts* beratende Abgeordnete, von A. v. Boddien gezeichnet), Streit und Zank im Parlament (*oben links:* Karikatur auf den Auszug der Linken, nachdem Polizei randalierende Radikale von der Galerie holte: »Was wird nun die arme Linke ohne uns anfangen?«; *oben rechts* politisierende Frauen im »Damenclub«) diskreditieren die Nationalversammlung und können den wachsenden Einfluß Preußens nicht abwenden (*unten* die »Deutsche Reichs-Wappen-Spinne« aus Preußen fängt immer mehr konservative Abgeordnete in ihrem Netz).

September/Oktober: Frankfurter Septemberaufstand, Proklamation einer deutschen Republik durch Struve in Lörrach, Standrecht in Baden – Aufstand in Wien, Flucht des Kaisers, Machtübernahme durch Nationalgarde, Eintreffen einer Deputation der Frankfurter Linken in Wien (mit Robert Blum)

Die Karikaturen auf die immer wieder durch neue Ereignisse (Schleswig-Holstein-Streit, Septemberaufstand in Frankfurt) unterbrochene Arbeit der Nationalversammlung (*links* eine Karikatur aus den Münchener »Leuchtkugeln« zur Beratung einer deutschen Flotte: »Wenn wir so fortfahren, können wir nächste Woche schon im Wasser exerzieren«) werden immer zahlreicher.

Wien erlebt im Oktober nochmals blutige Unruhen. Die Revolution hat anscheinend gesiegt. Robert Blum kommt mit Parteifreunden nach Wien. Da besetzt General Windischgrätz die Stadt. Robert Blum und seine deutschen und österreichischen Freunde werden erschossen. Am 5. Dezember dankt Kaiser Ferdinand zugunsten seines 18jährigen Neffen Franz Joseph ab (*rechts* eine Karikatur aus der Leipziger »Reichsbremse«: Der folgsame Knabe Franz Joseph mit der zu großen Krone wird von seiner Mama, Prinzessin Sophie, an der Hand genommen: »Seine Majestät geruht, in den Ministerrat gehen zu müssen.«).

Auch in Berlin marschiert im Herbst 1848 wieder die Reaktion. Des Preußenkönigs General von Wrangel beseitigt nach dem Rezept »Gegen Demokraten helfen nur Soldaten« (s. S. 65) jegliche Zweifel an den wahren Machtverhältnissen. Er läßt Berlin besetzen, wenige Tage später wird die preußische Nationalversammlung aufgelöst (*links* karikiert Caspar Braun die »Wrangel'sche Straßenreinigungsmaschine«).

Preußen und Österreich verhindern die Republik in Deutschland. Auch in der Frankfurter Nationalversammlung gewinnt die Reaktion an Boden. Zu den Reaktionären gehört auch der alte Turnvater Jahn. Trotz langjähriger »Polizeiaufsicht« will auch er keine Republik, sondern eine demokratische Monarchie (*unten* eine Lithographie von J. E. Mittenzwey: »Der junge Deutsche und sein alter Vater«; *rechts* eine »Eulenspiegel«-Karikatur: Michel will seine Germania vor der Vergewaltigung durch Preußen und den österreichischen Reichsverweser schützen.).

1849

Januar–Mai: Reichsverfassung in Frankfurt. Ablehnung der Kaiserkrone durch Friedrich Wilhelm IV. von Preußen. Aufstände in Sachsen, Baden und der Rheinpfalz, Niederschlagung durch preußische Truppen – Oktroyierung einer Verfassung für Österreich. Auflösung des Reichstages in Wien

Österreichs neuer Ministerpräsident, Fürst Schwarzenberg, läßt im Februar 1849 die Katze aus dem Sack: Er weist einen deutschen Einheitsstaat zurück und fordert ein 70-Millionen-Reich unter Österreichs Führung. Das muß natürlich die Preußen verschnupfen. Und jetzt kommt auch die im März in Frankfurt verkündete Reichsverfassung zu spät. Vollends sinnlos wird sie, da außerdem beschlossen wird, dem Preußenkönig die Krone eines deutschen Volkskaisers anzubieten (*oben* eine Karikatur aus der »Leipziger Illustrierten« vom März 1849; äußerst pikiert begutachten die europäischen Fürsten das Osterei des Präsidenten der Nationalversammlung, von Gagern).

Was vorauszusehen war, geschieht: Mit der beleidigenden Begründung, daß er eine Kaiserkrone nur von seinen Landesfürsten-Kollegen annähme und »das Vertrauen nicht rechtfertigen könne«, lehnt Friedrich Wilhelm IV. die Kaiserwürde ab (*rechts* karikiert F. Schröder in den »Düsseldorfer Monatsheften« diese Entscheidung sehr treffend: Germania, hinter deren Rücken der Preußenkönig mit dem russischen Bären spielt, fragt Gagern: »Wat heulst'n kleener Hampelmann?« Der antwortet schluchzend: »Ick habe Ihr'n Kleenen 'ne Krone jeschnitzt, nu will er se nich!«).

…will er se nich! —“

Bismarck sagt später: »Das Bewußtsein seiner Einheit war in dem deutschen Volke, wenn auch verhüllt, doch stets lebendig.« Die politische Konstellation für eine Vorherrschaft Preußens bei einer solchen »Einheit« können die Preußen nach dem gescheiterten demokratischen Versuch 1848/49 in Ruhe abwarten (*oben* eine Karikatur »Lieder ohne Worte« aus dem Stuttgarter »Eulenspiegel«, die deutlich machen will, daß Preußen ja gerne wollte: »Es jinge wohl, aber es jeht nich«).

Der Rest des demokratischen Abenteuers von 1848 ist Verzweiflung und Hoffnungslosigkeit: Letzte Versuche von Republikanern in Sachsen, Baden und der Pfalz, die Revolution nochmals anzuheizen, werden von preußischen Soldaten vereitelt. Die Demokratie wird aus dem Feld geschlagen. Die Reaktion hat überall gesiegt (*unten* eine anonyme deutsche Karikatur: »Wie der deutsche Michel alles wieder von sich gibt«, nämlich alle die Errungenschaften, die er vor einem Jahr den absolutistischen Fürsten abgetrotzt hat).

Mai–Dezember: Abberufung der österreichischen und preußischen Abgeordneten aus Frankfurt. Übersiedlung des »Rumpfparlaments« nach Stuttgart und Auflösung. Abdankung Erzherzog Johanns als Reichsverweser – Abdankung und Flucht von Ludwig Kossuth, Ungarn wird österreichische Provinz

Viele unzufriedene und enttäuschte Deutsche sind 1848/49 in die Neue Welt ausgewandert und suchen im »Wilden Westen« ihr Glück *(links* zwei Typen von »Auswanderern«, der Revolutionär Heulmaier, der zum bärtigen Revoluzzer sagt: »Nu, wenn Sie's recht is, do machen mer die Reese miteinander.« Antwort von Wühlhuber: »Das könne se thun von mir aus – aber ich bitte mir's aus, daß Sie uf der Reese kei so reactionäres Zeug doher schwätze«; Zeichnung aus den »Fliegenden Blättern« von Caspar Braun).

Die »gestrenge Mama« Germania ruft 1849 ihre Kinder wieder zur Ordnung *(unten* eine anonyme deutsche Karikatur aus München zum Ende der Revolution: »So Buberln, jetzt habts g'nug mit eure Saberln und Flinterln g'spielt, her mit den Waffen! Wieder mal zum Lernen!«).

Der preußische, österreichische und – inzwischen auch in Frankreich wieder – napoleonische Büttel kehrt aus *(oben* ein »Rundgemälde von Europa im August 1849«; Zeichnung von F. Schröder aus den »Düsseldorfer Monatsheften«). Alexander Petöfi, der ungarische Freiheitsdichter, klagt zur gleichen Zeit Europa an: »Europa ist nun wieder ruhig, des Aufruhrs Flammen sind gedämpft ... O Schmach, es hat sich still ergeben und hat die Freiheit nicht erkämpft!« Am Ende des Jahres 1849 ist alles wieder beim alten. Die von 1848 bis 1849 so fleißigen Karikaturisten überall in Europa haben längst resigniert. In den »Leuchtkugeln« und in dem »Demokratischen ABC« werden für Deutschland *(links unten)* und Österreich *(rechts unten)* neue Wappen vorgeschlagen, die für sich selbst sprechen.

 Das Erfurter Parlament – Wiedereröffnung des Bundestages in Frankfurt – Vertrag von Olmütz (1850) – Wiederherstellung des Deutschen Bundes (1851) – Napoleon III. neuer Kaiser der Franzosen (1852) – Krimkrieg (1854–1856) – Gründung des Deutschen Nationalvereins in Frankfurt (1858)

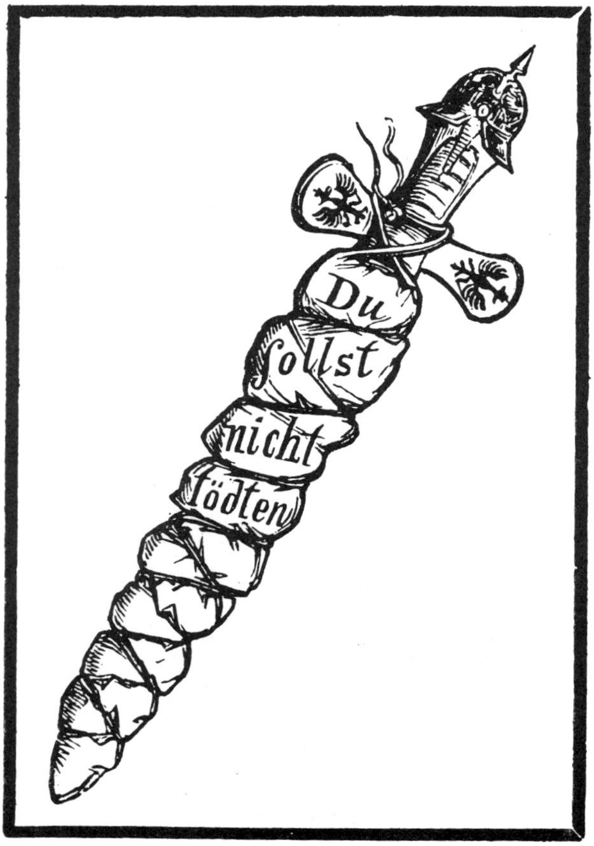

Sozialisten und Kommunisten werden ab 1848 in Deutschland eine politische Kraft. Zwar werden sie nach dem Sieg der Reaktion 1849 in Deutschland verteufelt und verfolgt, doch das Proletariat ist in Bewegung geraten. 1863 gründet Lassalle in Leipzig den Allgemeinen Deutschen Arbeiterverein *(oben* eine Zeichnung aus den »Fliegenden Blättern«, 1856, mit dem Titel »Individuelle Ansicht«: »Sieh, lieber Eduard, welch gemeines Volk! Den ganzen Tag nichts als arbeiten!«).

In der großen Politik verändert der Krimkrieg das Staatensystem in Europa: Zwischen Rußland und Österreich schwelt von nun an die Orientfrage bis zum Ersten Weltkrieg, das unentschlossene Österreich macht es den deutschen Kleinstaaten leichter, sich mehr und mehr nach Preußen zu orientieren. Italien nützt die Schwäche Österreichs und erhebt sich zur Einigung *(links* das stumpfe »deutsche Schwert« in der italienischen Frage, eine Münchener Karikatur von 1859).

1862 ergreift Bismarck in der preußischen Politik offiziell das Ruder. Zuvor war er Gesandter beim Bundestag in Frankfurt und Botschafter in Petersburg und Paris (*unten* eine »Kladderadatsch«-Karikatur von W. Scholz zum Abschied Bismarcks von Napoleon III.: Der »Schüler« trennt sich vom »Lehrer«, um sich »selbständig« zu machen). In Kleindeutschland außerhalb Preußens wird Bismarck zu dieser Zeit noch nicht ernst genommen (*oben links* Bismarck in der »Frankfurter Laterne«, 1863, als »Tausendkünstler in Berlin«; *oben rechts* heulen Wilhelm I. und Bismarck darüber, daß Österreich auf dem Frankfurter Fürstentag den Preußen ihre Machtstellung in Deutschland beschränken will).

1864/65

Krieg Preußens und Österreichs gegen Dänemark. Frieden von Wien – Genfer Konvention (Rotes Kreuz) auf Anregung von Henri Dunant (1864) – Vertrag von Gastein: Schleswig an Preußen, Holstein an Österreich, Lauenburg gegen Geldentschädigung an Preußen – US-Präsident Lincoln ermordet (1865)

1864 treten Preußen und Österreicher gemeinsam gegen das kleine Dänemark an. Der Sturm auf die »Düppeler Schanzen« am 18. April spricht für »Preußens Gloria«. Der darauffolgende Friedensvertrag ist der erste gezielte diplomatische Erfolg des neuen preußischen Heros, Otto von Bismarck, in Richtung einer Einigung Deutschlands unter Preußens Führung (*links unten* eine »Charivari«-Karikatur vom Oktober 1863, also noch vor dem Krieg gegen Dänemark). Der deutsche Bund mit dem Preußenhelm droht dem eine lange Nase machenden Dänemark: »Trennt euch – oder ich trenne Euch!«).

Die Zügel der preußischen Politik für ein neues Deutschland liegen von nun an in den Händen Bismarcks, der zu einem Eroberungszug durch Norddeutschland ansetzt und Land für Land unter das preußische Dach einbringt *(links* eine Karikatur von W. Scholz »frei nach der Victoria auf dem Brandenburger Tor in Berlin« von 1865).

Kriegsgeschrei erfüllt Ende der 60er Jahre Frankreich und Deutschland. Die einen verteufeln die anderen: die Preußen die Franzosen und die Franzosen die Preußen, besonders Bismarck, den »Lehrling« Napoleons III., und natürlich den Preußenkönig, Wilhelm I. *(rechte Seite* ein französisches Flugblatt, das Wilhelm I. als kriegslüsternen Amokläufer darstellt).

1866

Krieg zwischen Preußen und den kleinen norddeutschen Staaten sowie Italien gegen Österreich: österreichische Siege bei Custozza und in der Seeschlacht bei Lissa über die Italiener, preußischer Sieg bei Königgrätz über die Österreicher — Preußen annektiert Hannover, Kurhessen, Nassau und Frankfurt a. M.

Bismarck hat die Frage der Vorherrschaft in Deutschland, Preußen oder Österreich, längst entschieden. Der Bruderkrieg zwischen beiden Mächten ist von ihm eingeplant. 1866 ist es soweit, nachdem er mit Italien ein geheimes Angriffsbündnis gegen Österreich geschlossen hat und eine Reform des Deutschen Bundes unter Ausschluß Österreichs beantragt. Die Entscheidung fällt im Kugelhagel der Schlacht von Königgrätz. Preußens Triumph dokumentiert Moltke so: »Die Schlacht dauerte über zwölf Stunden ... Heute berechnen wir gegen zwanzigtausend Gefangene ... An manchen Stellen war das Feld förmlich bedeckt mit Leichen von Menschen und Pferden ... Es gab schreckliche Verwundungen, niemand konnte helfen ...« (*links oben* eine anonyme Karikatur gegen den Sieg der Preußen: Neben Bismarck lenkt der Tod den Triumphwagen, in dem Wilhelm I. steht). Der Tod kommt 1866 auch zum Deutschen Bund. Preußen schlägt nämlich einzeln auch die deutschen Verbündeten Österreichs, annektiert aber, um eine Verständigung mit Österreich nicht ganz auszuschließen, vorerst nur Hannover, Hessen-Kassel, Nassau, Holstein und die Stadt Frankfurt am Main (*links unten* ein Spottbild auf das Ende des Deutschen Bundes von Felix Mäusle. Der »Leichenzug« wird so erläutert: »Wird der alte Bund begraben, krächzen um den Sarg die Raben: Einmal durft' er auferstehen, zweimal darf das nicht geschehn!«).

Honoré Daumiers künstlerische Potenz ist einmalig. Er überragt haushoch alle anderen Karikaturisten seiner Zeit (*rechts* sein Blatt »Der neue Gulliver«, der den deutsche Kleinstaaten zusammenraffenden Preußen zeigt; *unten* die meisterhafte Darstellung vom politischen »Gleichgewicht« in Europa zu dieser Zeit, das sich nur noch auf Bajonette stützt).

 Bismarcks Beilegung des Konflikts wegen Luxemburg. Abzug preußischer Truppen aus Luxemburg – Richard Wagners »Meistersinger von Nürnberg« vollendet – Johann Strauß Sohn komponiert »An der schönen blauen Donau« – Karl Marx schreibt den ersten Band vom »Kapital« (1867)

König Ludwig II. von Bayern interessiert zwar die Politik nicht sehr, aber wenn er seine königliche Stellung bedroht sieht, ist er hellwach. Seit 1866 hat er deshalb auch Angst um die Selbständigkeit Bayerns. Im Dezember 1867 sagte er: »Vor Preußens Krallen wolle uns Gott bewahren!« (*links* eine Karikatur aus dem »Münchener Punch« vom Jahr 1868: Preußen als der »neue Vertrauensspender«).

Bayerns König ist ein musischer Mensch. Und es gibt auch einen Meister der Töne, der seine besondere Freundschaft genießt: Richard Wagner. Dessen Tonschöpfungen werden aber nicht überall so geschätzt wie bei Ludwig II. (*links* eine Karikatur von dem Franzosen A. Gill aus »L' eclipse« vom April 1869, die klarmacht, welche Tortur Wagners Musik für empfindliche Ohren sein kann).

Die sich anbahnende deutsche Einigung unter dem Zepter Bismarcks beschäftigt und erregt vor allem Frankreich, das verständlicherweise ein starkes Preußen und ein noch stärkeres Deutschland fürchten muß (ein meisterliches Blatt von H. Daumier: Der preußische Wolf bewacht zähnefletschend seine Länder-Schafe, nachdem er Hannover, Kurhessen, Nassau und Frankfurt a. M. bereits 1866 annektiert hat).

1869

Gründung der Sozialdemokratischen Arbeiterpartei in Eisenach durch August Bebel und Wilhelm Liebknecht – Anwachsen der Opposition gegen Napoleon III. in Frankreich – Tolstoi vollendet den Roman »Krieg und Frieden« – Eröffnung der Pazifikeisenbahn zwischen der Ost- und Westküste in Nordamerika

Sorgenvoll und eifersüchtig beobachtet Österreich das Werden des Bismarckschen Reiches (die Karikatur *oben* aus dem »Figaro« in Wien vom März 1870 zeigt Bismarck als Einpeitscher »im norddeutschen Parlament« mit dem Kommentar: »Entschieden ist er und ein gewaltiger Redner, das muß man ihm lassen.«).
Kurz vor dem Kriegsausbruch karikiert der Wiener »Kikeriki« den Franzosen- und den Preußenkönig Arm in Arm (*unten links* »Die zwei Fidelen von Europa«) und geißelt dabei die Unterdrückung der Freiheit in ihrem Machtbereich: »Ja so zwei wie wir zwei, die gibt's nimmermehr, wir plauschen von Ordnung und Freiheit daher! Für d' Freiheit, da hab'n wir die Polizei eh, für d' Ordnung da sorgt unsre große Armee« (*unten rechts* eine Karikatur von A. Gill auf das preußische Militär: »Der preußische Pfau«, Holzschnitt in »L'Eclipse«, 1870).

Napoleons III. Selbstverherrlichung ist tödlich. Er verlangt von Wilhelm I., der in Bad Ems zur Kur ist, eine Verpflichtungserklärung, daß ähnliche Vorkommnisse wie die Kandidatur des Hohenzollernprinzen in Spanien nicht mehr vorkommen sollen. Wilhelm I. unterrichtet in der »Emser Depesche« Bismarck davon. Jetzt hat Bismarck Anlaß genug, gegen Frankreich Krieg zu führen und gleichzeitig auch Süddeutschland auf seine Seite zu bringen. Mit einigen »Korrekturen« verschärft er Wilhelms Depesche, läßt sie veröffentlichen. Womit er gerechnet hat, tritt nun ein: Napoleon III. erklärt Preußen den Krieg (eine Zeichnung aus »Der Telegraph«: »Krieg . . . Krieg . . . nichts als Krieg«, von Cham aus dem »Charivari«).

Kein Zweifel: Die Preußen und mit ihnen ganz Germania, also auch die süddeutschen Staaten, wollen den Franzosen zeigen, wer Herr im Hause Mitteleuropas ist. Das »ganze Deutschland« will den französischen Mops »über die Klinge« springen lassen (eine anonyme deutsche Karikatur vom Sommer 1870).

Kein Zweifel aber auch: Die Mehrheit der nüchtern denkenden Franzosen ahnt, was ihr bevorsteht. Vor allem, welche Chancen ihr Mini-Napoleon gegenüber einem »ganzen Deutschland« hat (»Der eiserne Kanzler, gerüstet zum Mahle!«, gezeichnet von Cham im »Charivari«, Juli 1870).

1870

Deutsch-Französischer Krieg: Gefecht bei Saarbrücken (2. 8.). Treffen von Weißenburg (4. 8.). Schlachten bei Wörth und Spichern (6. 8.). Rückzug von Marschall MacMahon nach Chalons-sur-Marne (7.–20. 8.). Rückzug der französischen Hauptarmee auf Metz (7.–12. 8.) . . .

1. „Jetzt kommen die Franzosen — die Preußen kriegen Schläge."

2. „Haha! Saarbrücken! Gelt, der kleine Lulu!"

3. Weißenburg — —! Wer's glaubt!

4. Pah! Der Max Mahon zeigt's ihnen schon!

5. Wörth! Wörth! Hm, sonderbar!!

6. Mars la Tours. Siehst Du wohl!

7. Aber der Max Mahon fangt's fein an. H — u — iii!!

8. Sedan. Pfui Teufel!

9. Gefangen! Was — gefangen — Er?

10. „O Straßburg, o Straßburg, Du wunderschöne Stadt!"

11. Sie: „Metz, Metz, Metz!" — Er: „Verrrrath!"

12. „Und das Victoria-Geschieß auch noch!"

Ein frisch-fröhlicher Krieg scheint es zu werden – so jedenfalls sehen die Karikaturisten die Ereignisse in den ersten Wochen. Wilhelm Busch zeichnet seine satirische Bildserie »Der Partikularist« auf die hannoverschen Welfen, die immer noch nicht preußisch denken wollen *(linke Seite).*

Im Wiener »Kikeriki« erscheint im August 1870 ein »Vorschlag« zur Kriegführung *(rechts),* wie ihn sich zu allen Zeiten diejenigen wünschen, auf deren Rücken Kriege ausgetragen werden: nämlich daß sich die beiden gegnerischen Hauptstreithähne, in diesem Fall Napoleon III. und Bismarck, gegenseitig so lange verdreschen, bis wieder Ruhe ist und die Völker »sich des Lebens freuen« können.

1870 *Deutsch-französischer Krieg:* Ausfallversuch Marschall Bazaines aus Metz scheitert (31. 8.) – Entscheidender deutscher Sieg bei Sedan: Gefangennahme Napoleons III., Marschall Mac-Mahons und von über 100 000 Mann (2. 9.) – Léon Gambetta ruft die Republik aus (4. 9.); Paris eingeschlossen (19. 9.) . . .

Mit dem deutschen Sieg bei Sedan ändert sich für Franzosen und Deutsche das Bild des Krieges: Die Deutschen sind in Hochstimmung, und »Preußens Gloria« wird in allen deutschen Staaten anerkannt; für die Franzosen ist jetzt leider ein Preuße, nämlich Generalstabschef von Moltke, der »Mann des Tages« (*links*).

Der Kaiser der Franzosen ist geschnappt worden. Die Schmach ist aber erträglicher, weil Frankreich ihn ohnehin loswerden wollte. Man weint dem letzten Napoleon deshalb nicht nach *(unten* die großartige Karikatur von Pepin »Der letzte Vorbeimarsch«: Auf einem Esel nimmt die Attrappe eines Napoleon das traurige Defilee seiner geschlagenen Grande Armee ab).

...Kapitulation der Festungen Toul und Strasbourg (23. u. 28. 9.) – Gambettas Ballonausflug aus dem belagerten Paris (7. 10.) – Orleans besetzt (11. 10.) – Kapitulation von Metz (27. 10.) – Niederlage der französischen Nordarmee durch die 1. deutsche Armee (27. 11.) – Beschießung von Paris (27. 12.)

Das republikanische Frankreich kämpft weiter gegen die deutschen Eindringlinge. In Paris wird die Karikatur als Waffe gebraucht. Die »Actualités«-Flugblätter werden gedruckt: Der verlorene Kaiser wird verhöhnt, die Sieger verspottet (*oben links* wünscht Leeman Napoleon III. eine »Gute Reise« für den Weg »ab nach Kassel«; *oben rechts* läßt Pilotell Wilhelm I. das tote Frankreich hochzerren und ihm befehlen: »Marschiere!«). Die Engländer sympathisieren mit der République Française im deutschen Würgegriff (*rechts* eine anonyme englische Karikatur auf den Preußenkönig, der mit dem preußischen und deutschen Adler die junge französische Republik bedroht).

Deutsch-Französischer Krieg: Scheitern eines französischen Ausfalls aus Paris (19. 1.). Paris kapituliert (28. 1.). Ende der französischen Südarmee mit Übertritt auf schweizerischen Boden (30. 1.–2. 2.). Präliminarfrieden in Versailles (26. 2.). Einzug der Deutschen in Paris (1. 3.)

In Deutschland singt man im Frühjahr 1871: »Mein Volk, mein Volk, du hast's errungen, du stehst in Heldengröße da, das starke Volk der Nibelungen, wie es der alte Erdkreis sah ...« In Paris aber geht das Volk auf die Straße und will sich selbst regieren (eine französische Karikatur vom Einzug Wilhelms I. und Bismarcks in Paris, der von einem riesigen Schwarm unheilvoller Krähen überschattet wird; auf dem Schild links im Bild steht: »Geschlossen wegen öffentlicher Trauer«).

4.

»Deutsch allein ist wahre Sitte, deutsch nur wirkliche Kultur«

Das zweite deutsche Kaiserreich: Das Zeitalter Bismarcks und die Wilhelminische Ära

1871 bis 1918

Bismarck ist in seinem Reich der Größte. Sein Kaiser sagt: »Es ist nicht leicht, unter einem solchen Kanzler Kaiser zu sein.« Scholz zeichnet Bismarcks Haarlocke im »Kladderadatsch« als Barometer: »Schön«, »Veränderlich«, »Sturm«.

Bismarck hält sein Versprechen, das er als preußischer Ministerpräsident der liberalen Opposition gab, nämlich die deutsche Einheit mit »Blut und Eisen« zu lösen. Der gescheiterten liberalen Bürgerrevolution von unten im Jahre 1848 folgt 1871 die Bismarcksche Revolution von oben: das zweite deutsche Kaiserreich. Dieses Reich, das nur durch und mit Bismarck entstehen konnte, hat eine bedenkliche preußische Schlagseite. Wilhelm I. ist ehrlich genug zuzugeben, daß er nur ein »verlängertes Preußen« haben will. Die preußische Schlagseite ist verantwortlich für die konservativen Tendenzen der Verfassung des neuen Staates, für die Gesinnung seiner Militärs und Beamten, für die Aussperrung der Österreicher aus diesem Staat, für die feudale Grundstruktur seiner Gesellschaft und für den Untertanengeist seiner Bürger. Der sozialistische Historiker und Zeitgenosse Bismarcks Franz Mehring nennt das Bismarck-Reich »kein Reich der Freiheit«, sondern ein »Reich der Bourgeoisie«. Tatsächlich zeichnet sich das Kaiserreich besonders dadurch aus, daß seine Repräsentanten schnell nach der Polizei rufen, wenn ihnen Kritik zu unbequem wird. Majestätsbeleidigung ist immer noch ein fast todeswürdiges Verbrechen. Die Obrigkeit unterdrückt nach wie vor das Volk und ist taub und blind gegenüber dem fortschrittlichen Geist der Zeit, der sich im wissenschaftlichen und kulturellen Leben dokumentiert und nicht zuletzt in den Redaktionen der satirischen Zeitschriften herrscht. Blätter wie der »Kladderadatsch«, die »Jugend« und vor allem der »Simplicissimus« sind ohne die Konfrontation zu Gesellschaft und Staat des Kaiserreichs nicht denkbar. Dort ist man denn auch so frei und schreibt und zeichnet, was man denkt – auch wenn Polizeiaktionen mit Verhaftung und Gefängnis drohen. Diese Blätter geben das Salz in die reichseinheitliche Suppe aus preußischen Gulaschkanonen und ergänzen das schiefe Preußenbild dieses Kaiserreichs von Süden her.

Dabei begann seine Geschichte 1871 so stolz und gewaltig: »Nord und Süd verbrüdert, stürmten deinem Schwerte jauchzend nach; von Germanias wunder Stirne sank der Dornenkranz der Schmach. Frei und stolz im Rat der Völker, schlägt sie nun das Aug' empor. Kaiser Wilhelm, Deutschlands Ehre strahlt, ein Stern, wie nie zuvor!« (Ludwig Auerbach, 1871.) Fast droht das eben gezimmerte Reich in einer Flut von patriotischem Hurragetöse zu versinken. Vor allem gepriesen wird der Ruhm deutscher Waffenbrüderschaft über die Franzosen. Er steigt den Deutschen in den Kopf und vernebelt vielen Zeitgenossen das Hirn: »Dieses Heer stellt dem bewundernden Auge sich dar als die hoch und stolz aufgegangene Männersaat, welche unsere Kulturhelden, unsere großen Denker und Dichter, gesät, gepflegt, gejätet und gezeitigt haben . . .« (Johannes Scherr.) Dabei hat unser anerkannt größter Kulturheld, Goethe, zu Beginn dieses so stolz endenden 19. Jahrhunderts noch gemäkelt: »Wir Deutschen sind von gestern. Wir haben zwar seit einem Jahrhundert ganz tüchtig kultiviert; allein es können noch ein paar Jahrhunderte hingehen, ehe bei unseren Landsleuten so viel Geist und höhere Kultur eindringe und allgemein werde,

1890 schickt Wilhelm II. Bismarck nach Hause, weil er keinen anderen Gott neben sich duldet. Der Italiener U. Tirelli sieht 1917 Wilhelm II. besonders scharf.

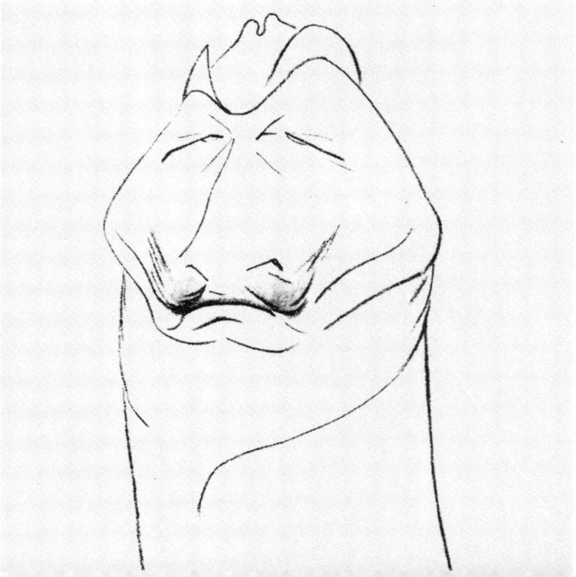

daß sie gleich den Griechen der Schönheit huldigen, daß sie sich für ein hübsches Lied begeistern und daß man von ihnen wird sagen können, es sei lange her, daß sie Barbaren gewesen.« (Gespräche mit Eckermann, 1827.)

Jedenfalls singt man nun in Deutschland »Es braust ein Ruf wie Donnerhall ...«, und Bismarck tut bis zu seiner Entlassung alles, damit das republikanische Frankreich schwach bleibt. Nicht ungestraft darf dieses Frankreich im Gegensatz zu fast allen anderen europäischen Staaten keiner Herrscherdynastie mehr huldigen. Und möglichst ganz Europa soll auch nach Bismarcks Pfeife tanzen, denn »wir Deutsche fürchten Gott, aber sonst nichts in der Welt« (1888). Das geht so lange gut, solange Bismarcks Außenpolitik vernünftig genug ist mitzuhelfen, Krisen zu überwinden und Frieden zu halten. Allerdings werden dabei die Europa beunruhigenden Fragen nicht gelöst, sondern nur vertagt. Erst als Bismarcks Bündnissystem von Wilhelm II. ad acta gelegt wird und Europa mit seinem letzten Höhenflug in der Alten Welt, der imperialistischen Epoche, dem Verhängnis des Ersten Weltkriegs entgegentreibt, überschwemmen die vertagten Probleme schnell alle künstlichen Dämme der Diplomatie. Wie eine Gewitterwolke verdunkeln sie immer mehr den Horizont. Schließlich gehen im Sommer 1914 »in Europa die Lichter aus« (E. Grey), und die alte Ordnung und die abbruchreifen Monarchien werden nach vier erneut in »Blut und Eisen« durchstandenen Jahren hinweggefegt.

Lange noch rufen die Deutschen nach einem neuen Bismarck. Sie überschätzen dessen politische Vernunft in seiner Zeit, in der er übrigens innenpolitisch viel weniger Vernunft zeigt. Seine Auseinandersetzung mit der Kirche und die Feindschaft zu den Sozialdemokraten enden unentschieden beziehungsweise mit dem Anwachsen der verhaßten »Roten« zur stärksten Reichstagsfraktion. Da das Parlament im Kaiserreich aber praktisch keine politische Macht hat, weil Kaiser und Kanzler vom Reichstag unabhängig handeln, können oppositionelle Kräfte keinen Boden unter die Füße bekommen. Auch Wilhelms II. kurze Anbiederung bei den Arbeitern um 1890 schlägt schnell wieder ins Gegenteil um. Schon 1895 schreibt er an den russischen Zaren, dessen Tage auch gezählt sind: »Mein Reichstag zeigt eine verflucht üble Führung, indem er zwischen den Sozialisten, die von den Juden unterstützt werden, und den ultramontanen Katholiken hin und her schwankt. Meiner Ansicht nach müßten beide Parteien einzeln gehenkt werden.« Auch dieser Wilhelmsche Hochmut kommt vor dem Fall im Jahre 1918. Bis zu seinem Fall allerdings gilt im deutschen Kaiserreich eine Politik, wie sie satirisch in einer neuen Nationalhymne vom sozialistischen Witzblatt »Der Wahre Jacob« so aufgespießt wird:

Deutsch allein ist wahre Sitte,
deutsch nur wirkliche Kultur;
alle anderen Nationen
sind ja doch Barbaren nur.
Englishman, Franzos und Russe,
Jingo — falsch und wetterwend'sch,
gierig, grausam — mit dem Deutschen
erst beginnt der wahre Mensch.

Diese Politik des deutschen Ungeistes macht zwar 1918 bankrott. Einige Münzen dieser unheilvollen Währung bleiben aber trotzdem in Umlauf. Nach Jahren gewinnen sie wieder an Wert, und der verbrecherischen Falschmünzerbande im Braunhemd gelingt der Coup: Sie zeigen noch mal der Welt, was es heißt, sie am deutschen Wesen genesen zu lassen.

Im April 1917 greift die Neue Welt in den Bruderkrieg auf der Alten Welt ein. Das bedeutet die Wende im Ersten Weltkrieg und eine Wende in der künftigen Weltpolitik. E. Schilling kommentiert das Ereignis im »Simplicissimus« mit einem »Wunder der Technik«, das mit »unbegrenzten Möglichkeiten« Kriegsmaterial ausspuckt.

»Weeste – man darf jar nich drüber nachdenken ...«, philosophiert der Kriegskrüppel mit seinem Kameraden in dieser Zeichnung von Heinrich Zille aus dem Jahr 1918.

Österreich ist im Deutsch-Französischen Krieg neutral. Bismarcks Diplomatie verhindert, daß Franz Joseph I. an die Seite Frankreichs tritt. Nach dem Sieg Preußens und der Errichtung des zweiten Kaiserreiches in Deutschland sorgt man sich in Österreich um »Deutschlands Zukunft« (ein Holzschnitt aus dem Wiener »Kikeriki« von A. E. von Brunn: »Kein Wunder, wenn es nun in Deutschland finster werden sollte; sind doch dem preußischen Adler die Flügel ungemein gewachsen.«).

1870/71

November bis Mai: Die süddeutschen Länder schließen mit dem Norddeutschen Bund Verträge für einen Zusammenschluß – Von Bismarck verlangter Brief Ludwigs II. von Bayern an Wilhelm I. von Preußen – Kaiserproklamation in Versailles (18. 1.) – Friede von Frankfurt – Kommuneaufstand in Paris

Der deutsche Triumph bei Sedan schafft auch in Süddeutschland die gesamtdeutsche Stimmung, die Bismarck für sein Reich braucht. Den Bayernkönig kauft sich Bismarck mit Geld und Sondervereinbarungen (*oben links* eine Münchener Karikatur auf die Einigung mit dem Titel »Kein Zwang«). Bismarck sucht auch die Aussöhnung mit Österreich. Aber Österreichs Ministerpräsident Beust kann Königgrätz nicht verwinden und tritt noch 1871 zurück (*oben rechts* eine »Kikeriki«-Karikatur über »Die neueste Freundschaft, die wir erst kriegt haben«).

Bismarck bringt den Deutschen Elsaß und Lothringen unter einem kaiserlichen Statthalter zurück (*unten* der »Kladderadatsch«: »Liebster Reichstag, nun haben wir die beiden Jungen wieder, aber jetzt raten Sie mir, wie und wo wir sie unterbringen sollen.«).

Die Schrecken des Krieges hat Faustin zu Beginn des Jahres 1871 in seinem Blatt »Der Karneval des Jahres 1971« eingefangen: »... Sie lassen mich alles allein trinken, das ist nicht nett«, beschwert sich Marianne in der Maske des Todes und trinkt Blut anstatt Champagner.

Die französische Republik ist schwach, der preußisch-deutsche Militarismus übermächtig, solange Bismarck regiert. Die Ohnmacht der Franzosen mündet in eine Hoffnung auf Revanche. Die Stunde der Rache beschwört A. Gill in der Zeichnung »Remember!« (aus »Eclipse«, 1871).

1872

Beginn des »Kulturkampfes« (Konflikt Preußens mit der katholischen Kirche): Schulaufsichtsgesetz und Verbot des Jesuitenordens im Deutschen Reich. Deutsches Strafgesetzbuch tritt in Kraft – Treffen der Kaiser von Rußland und Österreich-Ungarn bei Wilhelm I.

Frankreich muß an Deutschland eine Kriegsentschädigung von fünf Milliarden Franc bezahlen. Eine weniger harte Folge von 1871 karikiert dieses deutsche Flugblatt von 1872 (*oben*): »Ein Jahr nach der Einquartierung« präsentieren Französinnen »kleine Neuauflagen vom preußischen Infanteristen bis zum sächsischen Gardereiter.«

Auch Österreich hat eine Auseinandersetzung mit der Allmacht des Klerikalismus, nachdem 1870 das Konkordat aufgehoben wurde. Gegen die Feinde der Freiheit und des Fortschritts, nämlich das mittelalterliche Priesterregiment, zielt die Zeichnung »Die Schulmonarchen« von A. Schmidhammer (*links* im »Scherer«, Innsbruck).

»Maigesetze« in Deutschland (Vorschriften für Ausbildung von Geistlichen und über kirchliche Disziplinargewalt). Maß-, Gewichts- und Münzgesetze – »Dreikaiserbündnis« zwischen Deutschland, Österreich-Ungarn und Rußland – Attentat auf Bismarck in Bad Kissingen – Konjunktur der »Gründerjahre«

1873/74

Im »Kulturkampf« will Preußen den kirchenpolitischen Einfluß des Katholizismus brechen. Schon nach wenigen Jahren sucht Bismarck einen Ausgleich, der unter Papst Leo XIII. ab 1879 zustande kommt. Rom bleibt aber auch später noch mißtrauisch gegen das überwiegend protestantische Deutsche Reich (*oben* eine Zeichnung aus den »Berliner Wespen« vom 21. 6. 1872 zum Verbot des Jesuitenordens; *unten* eine englische Karikatur aus »Harp and Southern Cross« vom 6. 3. 1874: Bismarck will in drei oder vier Jahren die Kirche einreißen. Wilhelm I. hält ihm als »Majestät des Teufels« entgegen: »Ich habe das achtzehn Jahrhunderte hindurch nicht erreicht, was Du in vier Jahren schaffen willst.«).

1874–76

Zivilehegesetz in Preußen (1874) und im Reich (1875). Vereinigung der Eisenacher und Lassalleaner zur »Sozialistischen Arbeiterpartei Deutschlands« (1875) – »Krieg in Sicht«-Krise zwischen Deutschland und Frankreich (1875) – Russisch-Türkischer Krieg (1876/77)

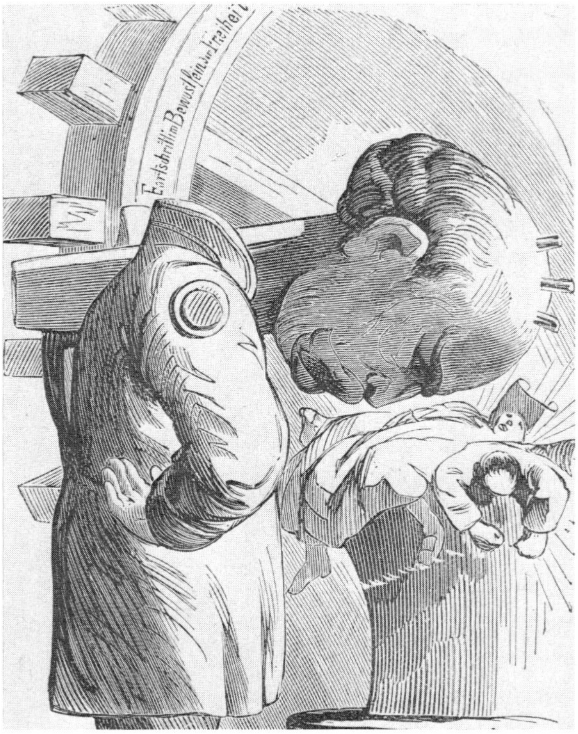

August Bebel (*oben links* von K. Klic in den Wiener »Humoristischen Blättern« 1877 als Brandstifter karikiert) bekennt sich 1871 im Reichstag zur Solidarität mit dem Pariser Kommune-Aufstand. 1872 wird er mit Liebknecht wegen Hochverrats zu zwei Jahren Festungshaft verurteilt. Zur gleichen Zeit kommt aus Amerika die Stimme eines Bürgerrevolutionärs von 1848 (*oben rechts* illustriert der »Kladderadatsch« den Ausspruch des ehemaligen Revolutionärs Hecker, Bismarck sei ein »Pfaffenhammer«).

Sowohl bei der Politik als auch bei der Kunst greifen die Spötter mit der Feder im Kaiserreich häufig auf die Mythologie zurück. Als der englische Schriftsteller Carlyle 1876 Bismarck zum Schiedsrichter im orientalischen Streit zwischen Rußland, Österreich-Ungarn und Großbritannien vorschlägt, zeichnet Scholz im »Kladderadatsch« sein Bild vom »neuen Paris«, der den türkischen Zankapfel verteilen soll *(unten)*. Und die Eröffnung der Bayreuther Festspiele 1876 wird in einer Zeichnung des »Ulk« zu »Wagners Gottwerdung in Bayreuth« *(rechts)*.

Um 1875 kommen in Deutschland futteralenge Kleider mit langgezogenen Taillen und verlängerten Schleppen in Mode (*linke Seite unten* der »Vorschlag zu einer neuen und billigeren Straßenreinigungs-Kratzbürste« aus dem »Kladderadatsch« vom 14. 5. 1876).

1876/77

Auflösung der I. Internationale auf dem Kongreß von Philadelphia (1876) – Wilhelm I. beantwortet ein Entlassungsgesuch Bismarcks mit »Niemals« – Proklamierung der Königin Victoria zur Kaiserin von Indien – Russen und Serben stehen vor Konstantinopel – Edison erfindet den Walzenphonographen (1877)

Bismarck laboriert an einem rheumatischen Fußleiden, das ihn immer wieder zur Unterbrechung seiner Amtsgeschäfte zwingt. Seine Kuraufenthalte ziehen sich oft, wie im Sommer 1876, über Monate hin und nähren Gerüchte über ein frühzeitiges Abtreten des Kanzler (*links oben* spottet Scholz im »Kladderadatsch« über Bismarck: »Auf der Durchreise«: »Warten Sie einen Augenblick hier, lieber Doktor, ich will nur schnell die inneren Reichsangelegenheiten ordnen. Ich bin sofort wieder bei Ihnen«; *links unten* zeigt der »Kladderadatsch« was passiert, wenn der Löwe Bismarck für längere Zeit dem Amt fernbleibt).

1878

Attentat auf Kaiser Wilhelm I. – Auflösung des Reichstages – »Sozialistengesetz«: Beginn der Verfolgung der Sozialdemokraten in Deutschland – Berliner Kongreß und Friede von Berlin nach dem Russisch-Türkischen Krieg – Leo XIII. neuer Papst

Die zwei erfolglosen Attentate von Anarchisten auf Wilhelm I. schiebt man in Deutschland den Sozialdemokraten in die Schuhe. Bismarck begründet sein »Gesetz gegen die gemeingefährlichen Bestrebungen der Sozialdemokratie« damit, daß er die sozialdemokratische Gefahr schon vor sieben Jahren plötzlich wie ein »Lichtstrahl« erkannt habe, als Bebel 1871 im Reichstag ausrief: »Ehe wenige Jahrzehnte vergehen, wird der Schlachtruf des Pariser Proletariats ›Krieg den Palästen, Friede den Hütten‹ der Schlachtruf des gesamten europäischen Proletariats werden!« (eine »Punch«-Karikatur vom 28. September 1878: Bismarck bemüht sich, den sozialdemokratischen Schachterlteufel niederzuhalten).

1879

Vertrag zwischen Deutschland und den Samoainseln – Ende des »Kulturkampfes« – Einheitliche Rechtspflege und Gerichtsorganisation für Deutschland (Reichsgericht in Leipzig) – Steuer- und Zollgesetze – Zweibund Deutschland mit Österreich-Ungarn – Erste elektrische Eisenbahn von Siemens in Berlin

Der Berliner Kongreß sieht Bismarck erstmals in der Rolle des Schiedsrichters in Europa (*oben* die »Hufeisentafelrunde« im Tagungsort Palais Radziwill mit dem Russen Gortschakow, dem Engländer Disraeli, dem österreichischen Ungarn Graf Andrassy, Bismarck, dem Franzosen Waddington, dem Italiener Graf Corti und dem Türken Mehemed Ali Pascha, Zeichnung aus dem »Kladderadatsch«). Aber Bismarcks »ehrliche Makler«-Geschäfte berücksichtigen zuwenig die Interessen der russischen Panslawisten (*links* eine Karikatur aus den Wiener »Humoristischen Blättern« mit den beiden Kampfhähnen Gortschakow und Bismarck, über deren Streit sich der französische Hahn im Hintergrund freut).

Verschärfung des Nationalitätenstreits in Österreich wegen Gleichberechtigung der tschechischen Sprache mit der deutschen im Behördenverkehr (1880) – Geheimer Neutralitätsvertrag zwischen Deutschland, Österreich-Ungarn und Rußland – Dreibund Deutschland, Österreich-Ungarn und Italien (1882)

1880–82

1872 am Anfang des »Kulturkampfes« sagt Bismarck: »Seien Sie außer Sorge, nach Canossa gehn wir nicht!« 1879 sucht er mit dem neuen preußischen Kultusminister von Puttkamer doch den Ausgleich mit Rom (*links* schickt im »Kladderadatsch« Bismarck von Puttkamer mit der stumpfgemachten »Kulturkampf«-Lanze und den Worten los: »Sohn, geh nach Canossa du, ich bin schon zu alt dazu«).

Der Dreibund ist von vornherein durch italienische Ansprüche auf österreichisches Gebiet (Südtirol und die Küstenländer an der Adria) belastet. Bismarck hat immer Probleme mit diesen Verbündeten, solange er Kanzler ist (*rechts* eine Karikatur von Fastarella aus dem schweizerischen »Nebelspalter« vom 26. Oktober 1889: Bismarck als »besorgte Erzieherin«, die ihre Töchter Österreich und Italien vor den zudringlichen Blicken der Franzosen und Russen warnt: »Nur keine Zerstreuungen und vor allem keine Seitenblicke, wenn ich bitten darf!«).

1883 – 85

Bismarcks »Staatssozialismus«: Unfall- und Krankenversicherung (1884), Alters- und Invalidenversicherung (1889) – Erste Koloniengründung des Deutschen Reiches: Südwestafrika, Kamerun, Togo, Ostafrika, Neuguinea, Bismarckarchipel, Marshallinseln (1884/85) – Kongokonferenz in Berlin (1884/85)

Der vielgerühmte deutsche Heros staatsmännischer Kunst hat mehrere Seiten: einerseits die scheinbaren Erfolge in der Außenpolitik mit seinem komplizierten Bündnissystem, andererseits seinen Despotismus und seine konservative Haltung in der Innenpolitik. Bismarck steigt einerseits auch mit ein ins imperialistische Kolonialgeschäft und schlichtet andererseits den Streit anderer Kolonialmächte auf der Berliner Kongokonferenz. Scheinheilig verkündet er 1880 im Reichstag: »Gegen die Regierung mit allen Mitteln zu kämpfen ist ja ein Grundrecht und Sport eines jeden Deutschen.« Aber wer dies tut, wird mit Verhaftung, Verfolgung oder Ausweisung bedroht (die Zeichnung von E. Spott im »Kladderadatsch« mit dem Titel »Wie stehen wir nun in der Welt da?« zeigt den Glanz der Pfauenfedern außenpolitischer Erfolge, vergißt aber auch nicht die Stiefel als Symbol der Innenpolitik Bismarcks).

Verlängerung des Sozialistengesetzes (1886) – Heeresverstärkung in Deutschland – Rückversicherungsvertrag mit Rußland – Erneuerung des Dreibundes (1887) – Französisch-Indochina errichtet, Entstehung von Britisch-Ostafrika in Kenia und Uganda (1887) – Gründung des Deutschen Kolonialvereins (1887)

1886/87

Bismarck sieht in Frankreich nach wie vor den Erzfeind. Sein Bündnissystem ist darauf ausgerichtet, die französische Republik zu isolieren (*rechts oben* eine Karikatur von Scholz im »Kladderadatsch«, die verschiedene Stufen seines Verhältnisses zu Frankreich zeigen soll: 1872 betrachtet er es mit Wohlwollen, 1882 mit Vorsicht, 1887 mit Mißtrauen – und wann wieder mit Kanonen?). Aber die Franzosen bleiben ihm nichts schuldig (*rechts* eine Karikatur des Republikaners A. Willette »Die Gottesgeißeln«: Bismarck wird in eine Reihe mit den großen Blutvergießern der Weltgeschichte gestellt: mit Napoleon I., mit Attila und einem geisteskranken Schäfer namens Vacher, der zu dieser Zeit in einem französischen Dorf als Massenmörder entlarvt wird).

Am Ende des »Dreikaiserjahres« vom Großvater zum Enkel übernimmt in Deutschland der Kaiser aller deutschen Kaiser die Macht: Wilhelm II. Mit ihm beginnt eine neue Ära, in der in Deutschland so lange mit dem Säbel gerasselt wird, bis seine Majestät schließlich auch die anderen Säbelraßler in Europa so verrückt gemacht hat, daß irgendein Vorwand genügt, um ihre Soldaten aufeinander losgehen zu lassen, die Welt an fast allen Ecken in Brand zu setzen und einen globalen Weltkrieg zu inszenieren (eine »Punch«-Karikatur vom Oktober 1888: Bismarck als Vater Dädalus warnt Sohn Ikarus, alias Wilhelm II., vor den Gefahren des Höhenflugs zu der Sonne Kaiserherrschaft).

1888

Wehrvorlage Bismarcks im Reichstag genehmigt – Verlängerung des Sozialistengesetzes – Tod Kaiser Wilhelms I.; Friedrich III., der 99-Tage-Kaiser – Tod Kaiser Friedrichs III.; Thronbesteigung Kaiser Wilhelms II. – Vincent van Gogh malt seine »Sonnenblumen« in Arles

Der 29jährige Kaiser hat von Anfang an nicht nur Schwierigkeiten mit dem alten Bismarck, der für ihn »ein Greis aus sagenhafter Vorzeit« (Golo Mann) ist, er hat es auch nicht einfach, alle seine Neigungen und Talente mit dem Geschäft des Regierens zu vereinen (*links* eine 1896 im »Simplicissimus« veröffentlichte Karikatur von Th. Th. Heine, die Wilhelms Dilemma ganz klar offenbart: »Der Pöbel ahnt ja gar nicht, wie schwer das Regieren ist. Jeden Tag die Sorge, soll ich heute malen oder dichten oder komponieren oder die soziale Frage lösen!«).

Rechts Wilhelm II. als Maler und Sänger, gezeichnet von d'Ostoya in »L'Assiette au Beurre«, 1902.

1889/90

Bergarbeiterstreik im Ruhrgebiet – Gerhart Hauptmann »Vor Sonnenaufgang« – Weltausstellung in Paris (Eiffelturm) – Selbstmord von Kronprinz Rudolf von Habsburg – II. Internationale in Paris (1889) – Aufhebung des Sozialistengesetzes von 1878 – Entlassung Bismarcks. Neuer Kanzler: Leo von Caprivi

Die Elektrifizierung Berlins (*oben* ein Blatt von G. Brandt aus dem »Kladderadatsch«, 17. März 1889) fällt mit dem Beginn der Wilhelminischen Ära zusammen. Bismarck hat den Ehrgeiz und das Selbstbewußtsein des jungen Kaisers unterschätzt, der sich anfangs gern mit der neuen Zeit und dem Fortschritt identifiziert. Am 18. März 1890 wird Bismarck gegangen (*rechte Seite* die berühmte »Punch«-Karikatur »Der Lotse verläßt das Schiff«, gezeichnet hat sie der englische Karikaturist John Tenniel).

1890–93

Kein neuer Rückversicherungsvertrag mit Rußland – Helgoland für Sansibar an Deutschland (1890) – Gründung des Alldeutschen Verbandes (1891) – Französischer Flottenbesuch in Kronstadt: Annäherung Frankreich-Rußland (1891) – Russisch-französische Militärkonvention (1892)

Kurz vor Bismarcks Entlassung soll Wilhelm II. jemand ins Ohr geflüstert haben: »Friedrich der Große wäre nie der Große geworden, wenn er bei seinem Regierungsantritt einen Bismarck vorgefunden hätte.« Wilhelm will also auch ein Großer werden. Beim Abgang Bismarcks sagt er: »Das Amt des wachhabenden Offiziers auf dem Staatsschiff ist mir zugefallen. Der Kurs bleibt der alte, und nun Volldampf voraus!« Aber der Kurs bleibt nicht der alte. Bismarcks Bündnissystem zerfällt. Wilhelm II. läßt den Rückversicherungsvertrag mit Rußland nicht mehr erneuern. Rußland sucht und findet andere Verbündete. Der entlassene Bismarck warnt durch die »Hamburger Nachrichten« vergebens vor der beginnenden Isolierung Deutschlands (*links unten* eine »Punch«-Karikatur »Dort bläst er« vom 23. 7. 1892; *links oben* eine Zeichnung von G. Brandt im »Kladderadatsch«: Siegfried Bismarck beobachtet Mime Caprivi, wie dieser 1894 vergeblich versucht, wenigstens einen Handelsvertrag noch zusammenzubekommen).

Die »soziale Frage« überläßt Wilhelm II. in erster Linie der Polizei, die ihm helfen muß, den »Retter der gottgewollten Ordnung« spielen zu können. Er erneuert zwar 1890 nicht mehr das Sozialistengesetz Bismarcks und gibt den Sozialdemokraten dadurch die Möglichkeit, sich zu organisieren. Fürchten muß er sie ja nicht, weil der Reichstag in seinem Reich ja keine politische Macht hat (*rechte Seite* die von Bruno Paul 1897 im »Simplicissimus« gezeichnete »gottgewollte« Klassenordnung in Deutschland unter Wilhelm II.).

Der — Die — Das

Der Pöbel

Die Menge

Das Volk

1

In welchen Staatsformen der Pöbel, die Menge oder das Volk (s. S. 125) leben können, zeigen diese vier Möglichkeiten eines anonymen sozialistischen Karikaturisten aus dem Jahr 1895: Man beachte die feinen Unterschiede der Schweinehaltung in einer absoluten Monarchie (1), einer konstitutionellen Monarchie (2), einer bürgerlichen Republik (3) oder schließlich in einem sozialistischen Zukunftsstaat (4).

2

3

4

Als bereitwillig nach oben katzbuckelnd verurteilt Heine im »Simplicissimus« die deutsche Justiz (*rechte Seite unten* »Vor Gericht«: Der Zwergpinscher erhält wegen Majestätsbeleidigung sechs Monate Vivisektion, weil er den Landesfürsten angebellt hat).

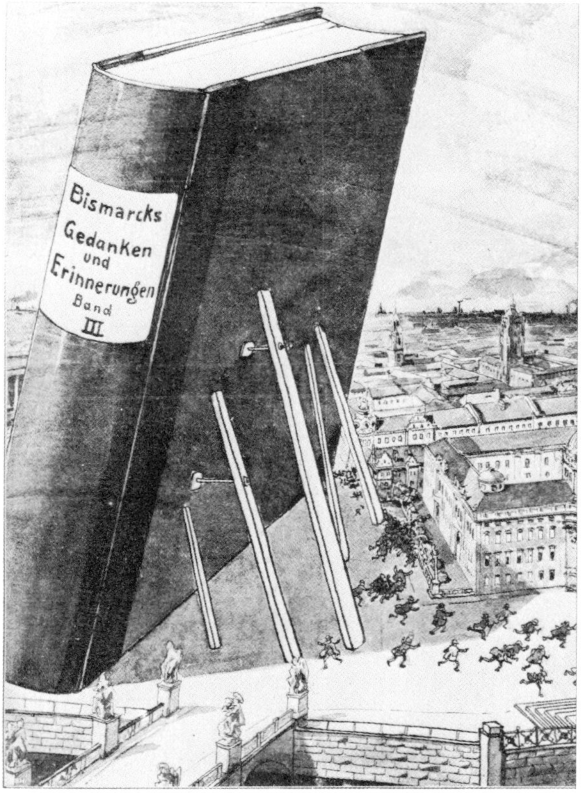

Die preußische Polizeigewalt beherrscht auch das kulturelle Leben in Deutschland. Was unterhält, wird gefördert, was kritisch untersucht, wird verboten (*oben links* eine Karikatur aus dem »Süddeutschen Postillon«, 1896: Die Künste »unter dem Schutz der Waffen«: »Ick stehe hier niemand zuliebe, niemand zuleide; wenn aber det Zivil dort unten sich mausig macht, kann ick ooch sehr unanjenehm werden.«).

Zwischen 1896 und 1898 erscheinen die ersten zwei Bände der Erinnerungen von Bismarck. Der dritte Band, in dem der Konflikt mit Wilhelm II. im Vordergrund steht, »bedroht« jahrelang den Reichstag (*oben rechts* eine Zeichnung von L. Stutz). Er erscheint schließlich erst nach dem Zusammenbruch des Kaiserreiches 1918.

1897/98

Erste Flottenvorlage vor dem Reichstag – Gründung des Verbandes katholischer Arbeitervereine Nord- und Ostdeutschlands – Einigung für den Status quo auf dem Balkan zwischen Rußland und Österreich-Ungarn (1897) – Kiautschou-Vertrag mit China – Gründung des Deutschen Flottenvereins (1898)

In der deutschen Außenpolitik hält man an der Formel »freie Hand« fest, obwohl die deutsche Diplomatie überspielt wird. 1897 treffen sich Nikolaus II. und Franz Joseph in Petersburg und einigen sich vorläufig über die Balkanfrage (*links* zwei Karikaturen aus dem »Süddeutschen Postillon« zum Petersburger neuen »Friedensbund« der zweiköpfigen Adler Rußland und Österreich-Ungarn, zu denen sich der einköpfige deutsche Adler gerne gesellen möchte, aber von den zweiköpfigen als nicht »ebenbürtig« abgelehnt wird).

Mit Großbritannien hat es Wilhelm II. seit dem Glückwunschtelegramm an den Buren Ohm Krüger und wegen seiner provokanten Kolonialpolitik verdorben (*unten* eine Karikatur aus dem »Süddeutschen Postillon« zum Kiautschou-Vertrag mit China: »Der Militarismus als Vorreiter der Zivilisation«).

1898/99 schlagen die Deutschen ein Bündnisangebot der Engländer aus, die mit Europas größter Armee (der deutschen) und Europas größter Flotte (der englischen) zusammen Ordnung halten wollen. Aber der neue Marinestaatssekretär von Tirpitz und Wilhelm II. wollen ihre eigene Flotte, denn sie sehen Deutschlands »Zukunft auf dem Wasser« liegen. Der deutsche Flottenverein bringt das neue kostspielige Flottengefühl unter die Leute, Mutter und Kind tragen eine Matrosenuniform (*oben* karikiert Heine 1898 im »Simplicissimus« die Kostenseite der ersten Flottenvorlage: »Alle zwei, Heer und Flotte, werde ich nicht lange halten können«; *unten* kommentiert Heine die zweite Flottenvorlage zwei Jahre später noch deutlicher: Der Reichsadler ist nackt, von den Marineforderungen total gerupft. Er muß verhaftet werden, da sein Anblick »ohne unzüchtig zu sein, das Schamgefühl gröblich verletzt«).

Bismarck stirbt am 30. Juli 1898. Auf seinen Tod reagiert das Ausland unterschiedlich: Während die republikanischen Franzosen seinen Totenschädel durch Charon auf Geheiß der »Menschlichkeit« am liebsten »auf den Haufen« in »die Ecke der anderen Ungeheuer«, wie Cäsar, Borgia, Napoleon u. a., werfen lassen (*links* die Karikatur von Pepin aus »Le Grelot«, Paris), gestatten die Engländer Bismarck den feierlichen Einzug in die germanische Totengruft Walhall (*unten* eine »Punch«-Karikatur vom 13. 8. 1898).

Bismarcks Tod – Palästinareise des deutschen Kaiserpaares – Ermordung der Kaiserin Elisabeth von Österreich in Genf – Niederschlagung des Mahdi-Aufstandes im Sudan durch die Engländer – Marie Curie entdeckt das Radium, K. F. Braun konstruiert die Braunsche Röhre

1898

Exakt ins Bild von Wilhelms II. imperialistischem Sendungsbewußtsein paßt seine lächerliche Palästinareise Ende 1898. Baronin von Spitzemberg notiert kurz vorher: »Da kann es einem wohl grauen vor Taktlosigkeiten aller Art! Es muß gutgehen, wenn es ohne Stuß abgeht ...« Für die Karikaturisten in aller Welt wird die Reise ein Fressen (*rechts* eine »Punch«-Karikatur vom 15. 10. 1898: Der »Kreuzritter« Wilhelm II. mit Cooks-Reisebüro zeigt sich gegenüber Saladin empört über ein britisches Ultimatum; *oben* eine französische Karikatur aus »Le Rire«: Wilhelm II. als Haremstourist, hinter dem sich verneigenden Kaiser steht Abdul Hamid als Zuhälter). Eine harmlose deutsche »Simplicissimus«-Karikatur zum gleichen Ereignis, garniert mit einem satirischen Gedicht, führt zu einem Majestätsbeleidigungsprozeß: Der Zeichner Heine und der Dichter Wedekind erhalten Festungshaft, der Verleger Albert Langen muß ins Ausland fliehen.

Trotz anhaltender Verteufelung der Lage der Arbeiter und unnachgiebiger »Herr im Haus«-Einstellung der meisten Unternehmer gegen sie organisieren sich ab 1890 die Massen der Arbeiter in Gewerkschaften und Konsumvereinen. Auch die parlamentarische Stellung der Arbeiterpartei, der SPD, als Massenpartei im Klassenkampf wächst ständig, bleibt aber ohne direkten politischen Einfluß (*links* eine Zeichnung Thönys: »Der Arbeiter im Klubzimmer der regierenden Oberschicht«).

Ihre liebe Not hat schon um die Jahrhundertwende die neutrale Schweiz mit Exilpolitikern aller Schattierungen, mit Sozialdemokraten, Sozialisten, radikalen Extremisten und mit der »Anarchistenbrut« (*rechts* eine so betitelte Karikatur aus dem »Nebelspalter«: Helvetia beschwert sich nach dem Genfer Mord an Österreichs »Sissy«-Kaiserin durch einen italienischen Anarchisten: »O diese Läus', diese Läus'! Gekriegt hat man sie bald! Aber sie hinauszubringen ist schwer! – Das hat man von der vornehmen Nachbarschaft!«).

Ankauf der Karolinen, Marianen und der Palau-Inseln von Spanien – Teilung der Samoa-Inseln mit den USA – Erste internationale Friedenskonferenz im Haag – Beginn des Burenkrieges in Südafrika (bis 1902) – Europäische Truppen in Peking zum Schutz der Gesandtschaften

1899

Die deutschen Sozialisten fordern im Erfurter Programm 1891 mehr Demokratisierung von Staat und Gesellschaft und wirksame Arbeiterschutzgesetzgebung. Sie wollen die Lage der Arbeiter verbessern und ein menschenwürdiges Leben führen. Obwohl mit der voranschreitenden industriellen Entwicklung auch der Einfluß der Gewerkschaften wächst, herrscht unter den Arbeitern dennoch große Not und Armut (eine Heine-Karikatur aus dem »Simplicissimus« vom Winter 1898: »Bitt schön, lieber Herr Teufel, holen Sie doch auch mein Mutterl, bei euch ist so schön eingeheizt.«).

Argwöhnisch belauern sich die Regierungen in Europa. Jede diplomatische Tätigkeit wird registriert *(links* eine italienische Karikatur von Laronte aus »Il Fischietto«, 1899, zu deutsch-französischen Gesprächen: »Oh, die Tugend gewisser Vestalinnen!«).

Europa und Amerika sind über Deutschlands forsches Vorgehen in China beunruhigt. Säbelrassler Wilhelm II. macht sich unbeliebt (*rechts* eine Karikatur aus »Judge«, New York, 1899: »Er steckt seine Nase in alles!«).

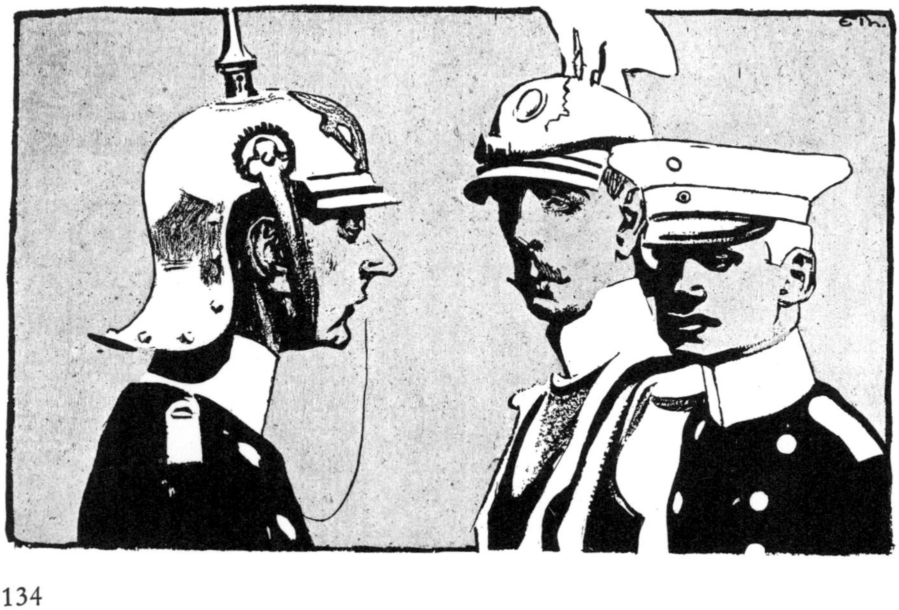

Gemeinsam schlagen Engländer, Deutsche, Franzosen, Russen, Amerikaner und Japaner 1900/1901 den Aufstand des fremdenfeindlichen »Boxer«-Geheimbundes in China nieder. Wilhelm II. gibt für die beteiligten Deutschen die Parole aus: »Pardon wird nicht gegeben!« (*links* Thönys »Moderne Hunnen«: »Hätte die Herren beinahe nich jesehen, Pardon« – »Pardon wird nich mehr jejeben«).

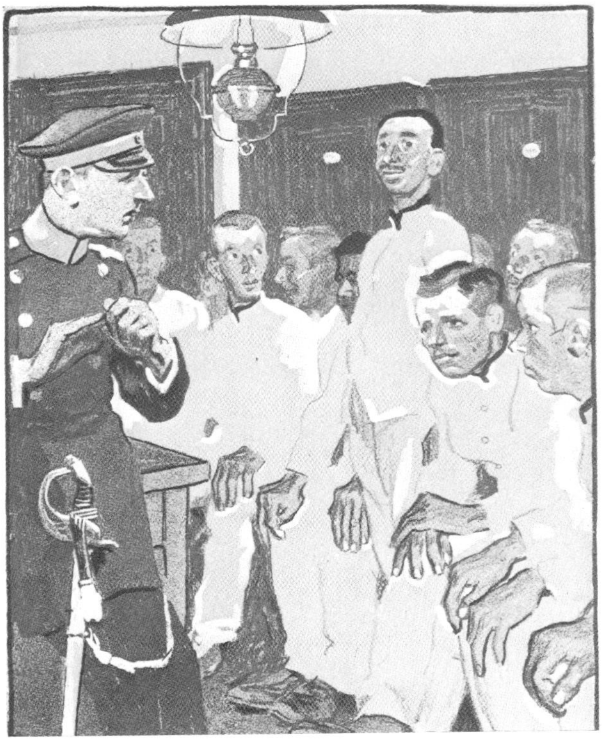

»Die Armee ist nicht mehr, was sie war, sie geht zurück; äußerlich ist sie so glänzend wie je, an dem inneren Wert hat sie verloren«, urteilt Wilhelms ehemaliger Generalstabschef Graf Waldersee über dessen geliebte »schimmernde Wehr« (*oben links* Thönys »Instruktionsstunde« aus dem »Simplicissimus«: Der fingernägelputzende Leutnant fragt einen jüdischen Rekruten: »Sagen Sie mir, Bacharach, warum soll der Soldat sein Leben freudig opfern für den König?« Antwort: »Sie haben recht, Herr Leutnant, warum soll er's opfern!«, *oben rechts* Thönys »Veteranen«: »Kriegskameraden! Heute hat der Erbprinz den ersten Zahn bekommen. Mit Freuden hat der Kriegerbund die Gelegenheit ergriffen, seine Fahne zu entrollen und zu zeigen, daß der markige, schlachtenergraute, sturmerprobte Krieger überall dabei ist . . .«).
Selten sieht man den Kaiser in Zivil. Er mag keine Zivilisten. Sie passen nicht in sein militärisches Weltbild (*rechts* eine Karikatur von W. A. Wellner aus den »Lustigen Blättern«, Nr. 15/1900, zur Überlegung der »Reaktion«, die zweite Strophe der Kaiserhymne zu beseitigen, weil darin der »freie Mann«, der Zivilist, vorkommt).

1900/01

BGB in Deutschland in Kraft – Thomas Mann veröffentlicht »Buddenbrooks« – Max Planck begründet die Quantenphysik der Atome – Zeppelins erster Flug mit Luftschiff – Sun Yat-sen gründet revolutionäre chinesische Partei (1900) – Tod von Königin Viktoria, neuer englischer König Eduard VII.

Die »Boxer«, die »Gesellschaft der Freiwilligen der geschlossenen Faust«, wollen keine Fremden in China: »Fremde Teufel sind gekommen und haben durch ihre Lehre viele zu ihrem römischen oder protestantischen Glauben verleitet. Ihre Kirchen stehen außerhalb menschlicher Beziehungen ...« – Wilhelm II. spielt den Elefanten im Porzellanladen, während die anderen europäischen Staaten es mit diplomatischem »Pingpong« versuchen (*oben* eine Karikatur von Caran d'Ache auf Wilhelms »gelbe Gefahr«: »Nach Osten: Posten! ... Achtung!«; *unten* eine »Punch«-Karikatur vom 24. 4. 1901).

Diese Karikatur von Caran d'Ache (1900) zeigt »Die Methoden der Kriegführung« von der ältesten bis auf die neueste Zeit: die Zweikämpfe in der vorgeschichtlichen Zeit, im alten Griechenland, im Mittelalter, zur Zeit des Dreißigjährigen Krieges, zur Zeit Napoleons I.; schließlich der getarnte Feind heute.

Dreibund erneuert – Zolltarif im Reichstag angenommen – Bündnis zwischen Großbritannien und Japan – Italiens Sonderpolitik mit Frankreich (1902) – Parteitag der SPD in Dresden – Baubeginn der Bagdad-Bahn mit deutschem Kapital – Erste Flugversuche der Brüder Wright mit Motorflugzeug (1903)

Endgültig gescheitert sind Englands Bemühungen, mit Deutschland sich zu arrangieren. Wilhelm II. schreibt Eduard VII., daß dessen Minister »grenzenlose Idioten« wären (*links* verkehren Deutsche und Engländer in Heines Karikatur nur noch auf Hundeebene: »Deutsche Dogge und englische Bulldogge«).

»Der Deutsche beherrscht, als Aristokrat, bereits Europa; und er beherrscht als Demokrat auch Amerika; es wird vielleicht nicht lange dauern, bis er als Mensch die Welt beherrscht«, schreibt der nationalistische Schriftsteller Julius Langbein. Wilhelm II. lebt danach (*unten links* Wilhelm II. als »Kreuzritter«, gezeichnet von d'Ostoya, ebenso *rechte Seite oben* die Kaiserfamilie; *rechte Seite unten* Wilhelms II. »Hymne an den Frieden« von Caran d'Ache).

CARAN D'ACHE

Zweierlei Kasernenhofdisziplin oder Wunsch und Wirklichkeit im Verhältnis Militarismus zu Kunst und Wissenschaft. Die »Erziehung zur Kunst« der Zeit (*links oben,* Zeichnung von Paul Rieth, »Jugend«, 24. 3. 1902) verlangt: »Nich so unjeschickt, nich so plump, ihr Hammels! Mehr Schwung, mehr Elejans, mehr Jugendstil!« Heimtückischer ist noch die Demonstration der »Freiheit der Wissenschaft« auf dem Kasernenhof (*links unten,* Zeichnung von Th. Th. Heine, »Simplicissimus«, 1900). Der Feldwebel brüllt: »Euch Professorenbande will ich schleifen, bis ihr mich nicht mehr von einem Kultusminister unterscheiden könnt!«

Als Rußland Anfang 1904 gegen Japan losschlägt, möchte der deutsche Kaiser am liebsten mitmachen. Zur gleichen Zeit zerschlägt in Südwestafrika der deutsche General von Trotha den Aufstand der Hereros, eines Bantustammes mit uralter Ahnenreligion, indem er nach dem militärischen Sieg am Waterberg im August 1904 die Masse der Hereros mit rund 80.000 Mann in die wasserlose Omahekesteppe treibt, wo der größte Teil von ihnen elend umkommt (Heine überträgt mit bitterem Hohn die »afrikanische Gefahr« nach Deutschland: »Es ist höchste Zeit, daß die Regierung mit aller Macht gegen die Hereros vorgeht, sonst kommen die schwarzen Bestien schließlich noch nach Deutschland und heben bei uns die Sklaverei auf.«).

Für gesundes Volksempfinden haben die Satiriker im alten »Simplicissimus« immer etwas übrig gehabt (*oben* berichtet W. Schulz von der Meinung eines Bayern zum »Kaisergeburtstag in München«: »Entschuldigen Sie, was is denn heut für'n Feiertag?« – »A protestantischer.«; *links* demonstriert R. Wilke ein »Naturspiel«: »Sehn Sie nur den Studenten an! So 'n Gesicht gehört doch in die Hose«; *unten* gibt Thöny einen »Guten Rat« für eine Bäuerin: »Du, Jakl, mei Kuah is mir niedergfallen, und i bring s' net in d' Höh.« – »Gehst halt zum Bezirksamtmo und bittst 'n, daß er a Hoch ausbringt. Da steht jeds Rindvieh auf«).

Noch ein Zitat zum besseren Verständnis der Fähigkeiten deutscher Volkskraft: »Die deutsche Volkskraft – sei sie von geistiger, seelischer oder körperlicher Art – verleugnet sich nie. Bei den alten Deutschen gab es Kämpfer, welche mit einem Schwertschlag ihrem Freunde die Augenbrauen kürzen konnten; so sichere Hände können das Zepter der Welt wohl führen« (J. Langbehn). Für Skeptiker hier *(unten)* eine Zeichnung von R. Wilke »Völkische Erinnerung«: »Beim Betreten eines Schwimmbades denken wir unwillkürlich an die Schlacht von Arausio, wo unsere tapferen Vorfahren durch den bloßen Anblick ihrer Leiber den Schrecken der Römer erregten.«

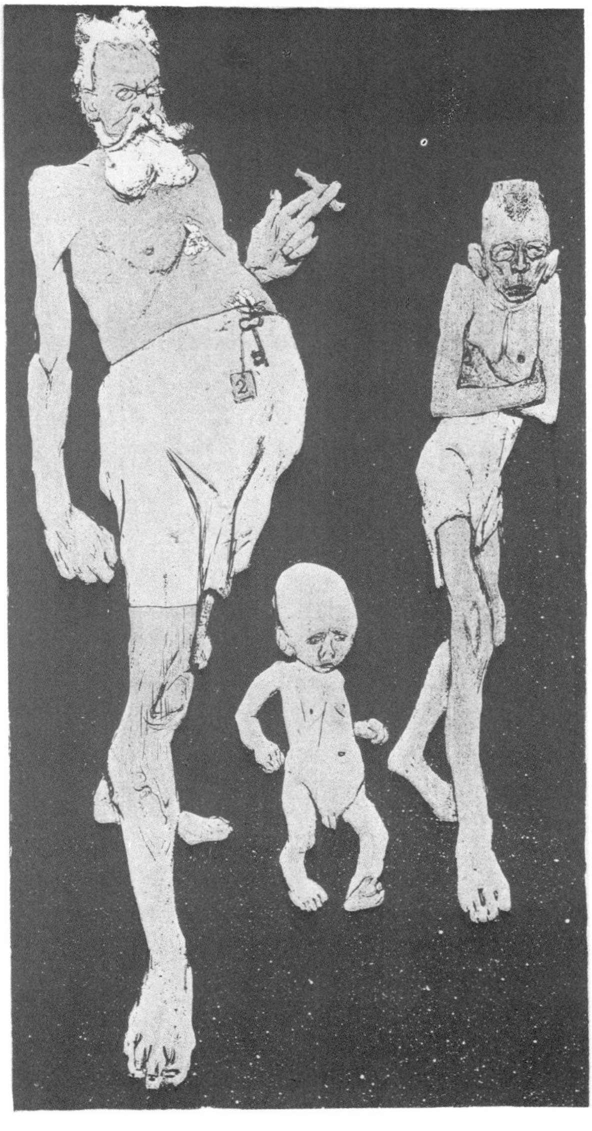

Von Nietzsche stammt der Satz: »Wir gehören einer Kultur an, deren Kultur in Gefahr ist, an den Mitteln der Kultur zugrunde zu gehen.« Was ist da zu tun? Wer einkalkuliert, daß die deutschen Kulturträger meist einen starken Hang zur Mystik ganz allgemein haben, findet die Überlegung des »genialen Jünglings«, den Henry Bing in der »Jugend« vorstellt (*oben*, Nr. 35/1906), ganz überzeugend: »Ein Kulturblatt fehlt den Deutschen – nischt weiter. So 'n Mittelding zwischen Buddha und Scherl!«

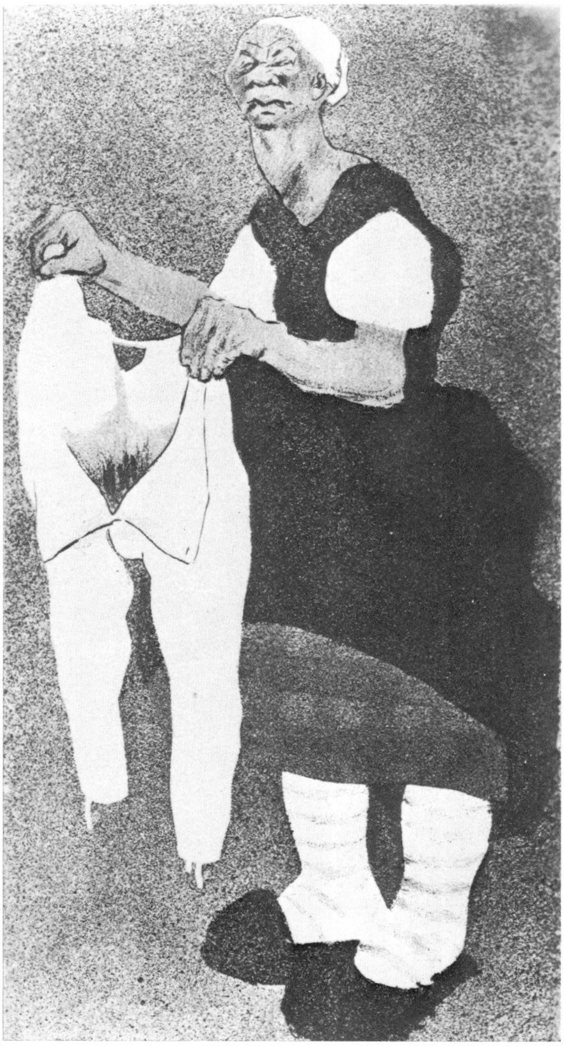

Die Tücken des politischen Alltags verlangen höchste Aufmerksamkeit (*links* die Haushälterin eines Abgeordneten: »Aha, der gnädige Herr hat gegen die Regierung Opposition machen müssen!«, Zeichnung von R. Wilke im »Simplicissimus«; *oben* Erkenntnis eines »Sozialpolitikers«, gezeichnet von E. Wilke in »Jugend«: »Meine Herren! Ich habe die Not studiert und gefunden, daß dieselbe nur in den untersten Schichten des Volkes vorkommt!«).

Seine Majestät sieht es gar nicht gern, wenn die »Roten« in Berlin die meisten Stimmen bekommen. Welche Strafe er sich dafür vorbehält, hat O. Gulbransson 1904 im »Simplicissimus« nachempfunden (*rechts:* »Nein, meine Herren, solange Berlin sozialdemokratisch wählt, ist nicht daran zu denken, daß mit der Errichtung von Denkmälern innegehalten wird.«

Beginn der ersten Marokkokrise: Wilhelm II. in Tanger – Begegnung Wilhelms II. mit Zar Nikolaus II. in Bjoerkoe – Sturz des französischen Außenministers Delcassé auf diplomatischen Druck von seiten Deutschlands – Revolution in Rußland, Manifest des Zaren für ein Parlament (Duma)

1905

Wilhelm II. tritt mit seinem Besuch in Tanger wieder gewaltig ins Fettnäpfchen. Sein Kanzler Bülow redet ihm ein, daß Deutschland die Entente zwischen England und Frankreich sprengen soll. Der Kaiser soll deshalb persönlich in Marokko das deutsche Mitspracherecht anmelden. Provozierend zieht Wilhelm II. mit dem Pomp eines Operettengenerals in Tanger ein (*rechts* eine polnische Karikatur mit dem Titel »Die Deutschen sind da!«).

Bei der Einweihung eines Kaiser-Friedrich-Denkmals in Bremen spricht der Kaiser von einem »deutschen Weltreich«, einer »Hohenzollern-Weltherrschaft«: »Wir sind das Salz der Erde ...« (*rechts* »S. M.«, gezeichnet von A. Durrer im »Simplicissimus« 1906, nachdem ein kritisches Kaiser-Buch konfisziert worden ist und der »Simplicissimus« zu dieser Karikatur dichtet: »Ein Tintenmensch, ein Bürokrat, sieht darin eine Heldentat. Wir finden es nur frisch und froh. Was ist am Ende auch dabei? So hoch ragt keiner, daß Humor auf ihn sein gutes Recht verlor«).

Konferenz von Algeciras – Allgemeines, gleiches, direktes und geheimes Wahlrecht in Österreich – Gründung der Labour Party in England – Niederwerfung der Revolution in Rußland, Auflösung der Duma – Albert Einstein findet das Gesetz der Gleichwertigkeit von Masse und Energie

»Bülow soll mein Bismarck werden«, tönt Wilhelm II. Anno 1900. Aber dieser Bülow-Bismarck und andere Berater, wie Holstein und von Kühlmann, sind dafür verantwortlich, daß die erste Marokkokrise wesentlich zur weiteren »Einkreisung« Deutschlands beiträgt. Die Konferenz von Algeciras macht klar: Das Kaiserreich steht allein und isoliert, nur noch von Österreich-Ungarn gestützt. Die deutsche »Einmischung« wird in Algeciras zurückgewiesen. Im Reichstag attackiert am 5. April der Führer der Sozialdemokraten, August Bebel, den Kanzler Bülow so nachhaltig, daß dieser einen Ohnmachtsanfall erleidet (*unten links* August Bebel, *unten rechts* Bernhard von Bülow, beide gezeichnet von G. Brandt im »Kladderadatsch«).

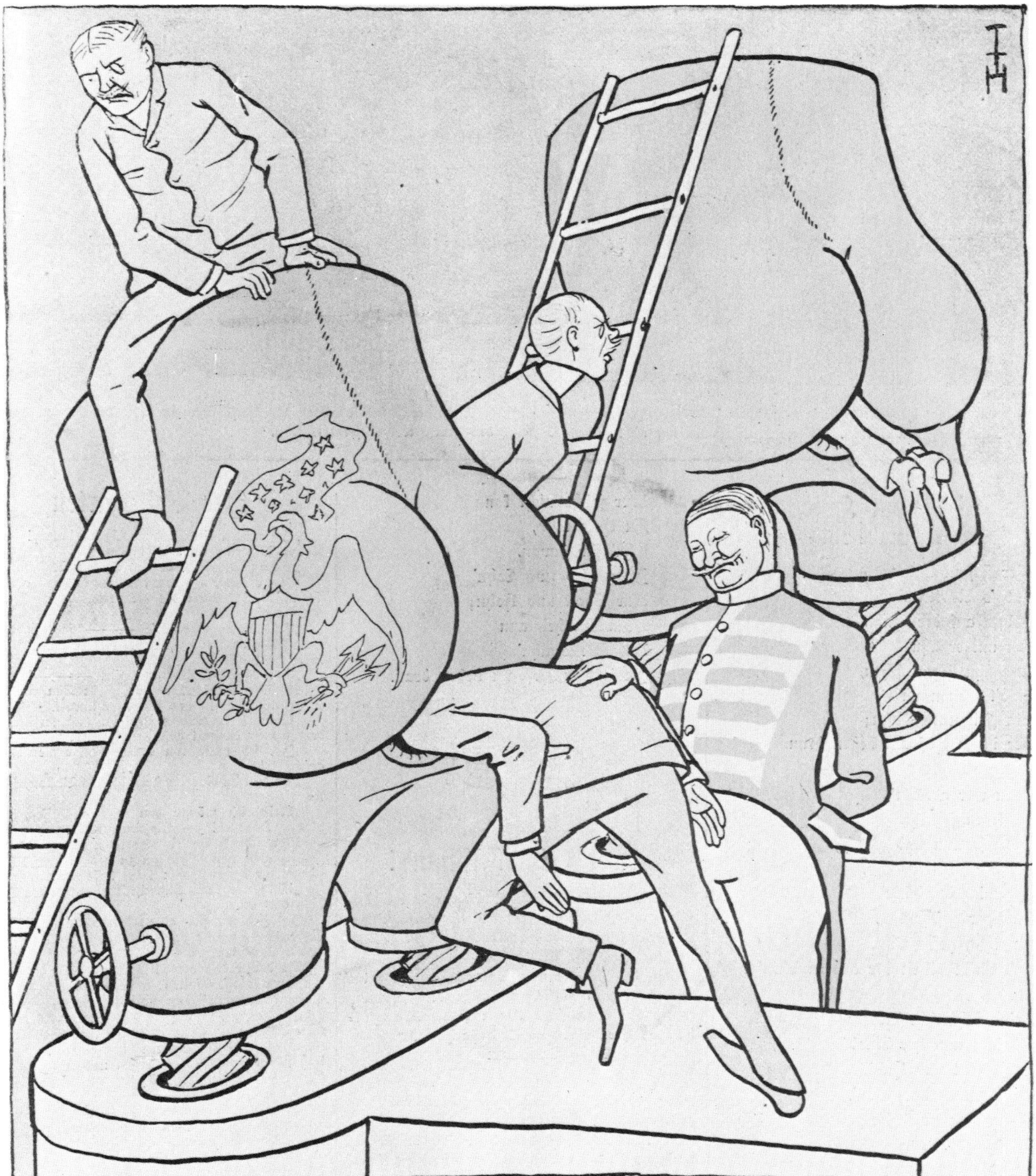

Nietzsche sieht Deutschlands Staatsbeamte so: »In Deutschland hat es immer an Geist gefehlt, und die mittelmäßigen Köpfe kommen dort schon zu den höchsten Ehren, weil sie schon selten sind ...« (greift Th. Th. Heine die »Gesandten-Erziehung« unter Bülow im »Simplicissimus« 1904 an: »Es dürfte nicht allgemein bekannt sein, daß in Berlin ein Institut besteht, das sich ausschließlich mit der Heranbildung junger Diplomaten befaßt. Nur wer diese Schule mit Erfolg absolviert hat, besitzt die Fähigkeiten, die zur Bekleidung eines auswärtigen Gesandtschaftspostens unbedingt nötig sind. Durch systematische Schulung ist es gelungen, die letzten Spuren Bismarckischen Dilettantentums aus unserer auswärtigen Politik zu tilgen.« Das Ergebnis solcher »Schulung« sind die typischen Arschkriecher-Beamten in Sachen Politik).

1907

Reichstagswahlen, Blockbildung gegen Zentrum und Sozialdemokraten – Zweite Haager Friedenskonferenz: Deutschland ist gegen Behandlung der Frage der Rüstungsbeschränkung – Sozialistenkongreß in Stuttgart – »Triple-Entente« zwischen Großbritannien, Frankreich und Rußland

Der von Bülow erhoffte »Platz an der Sonne« für das Deutsche Reich ist allenfalls ein bescheidener Anteil an der imperialistischen Kolonialpolitik der europäischen Großmächte. Und daran orientiert sich nach 1900 das feindliche Bündnissystem. Geblieben ist in Deutschland die arg strapazierte »Nibelungentreue« zu Österreich und das verzerrende Übergewicht Preußens im Reich (eine Bildergeschichte von W. Schulz »Preußische Weltgeschichte« aus Nr. 29 des »Simplicissimus« vom 14. Oktober 1907).

Der Kurs der deutschen Politik wird von den Ministern seiner Majestät und vom Kaiser selbst bestimmt. Die zweitrangige Bedeutung des Reichstages, für Wilhelm II. eine »Schwatzbude«, kommt u. a. vom Widerspruch zwischen dem Reichstags- und dem preußischen Landtagswahlrecht. Gegen das unmenschliche Dreiklassenwahlrecht in Preußen kämpfen die Sozialdemokraten mit Demonstrationen und Streiks bis 1918 vergeblich an (*rechts oben* verspottet Heine Reichsadler und Volk als Mutter und Kind »zu den Wahlrechtskrawallen«: »Das Kind ist ruhig. Es braucht nichts.« – »Das Kind schreit. Es kriegt nichts.«). Soziale Reformen werden vom Herrschaftssystem im Kaiserreich nicht geduldet (*rechts unten* »im christlichen Gewerkverein«, gezeichnet von O. Gulbransson: »Ihr solltet wieder arbeiten, denn es steht geschrieben: Im Schweiße deines Angesichts sollst du dein Brot essen.« – »Ja, Hochwürden, aber die Zechenbesitzer tun das doch auch nicht.« – »Die sind nicht gemeint. Denn nicht mal der liebe Gott würde sich getrauen, Herrn Stinnes oder Herrn Thyssen mit Du anzureden«; *links unten* verkündet ein Kapitalist seinen Arbeitern: »Ich kann euer Elend nicht länger aushalten – ich kündige euch!«, gezeichnet von Th. Th. Heine im »Simplicissimus«).

König Eduard VII. von England in Deutschland – Wilhelm II. lehnt Absprache über Flottenbauprogramm mit England ab – »Daily Telegraph«-Affäre – Eduard VII. bei Nikolaus II. – Spannungen in Südosteuropa – Der Kongo wird belgische Kolonie

Wilhelm II. hat ein neues Abenteuer zu bestehen: die »Daily Telegraph«-Affäre. Die englische Zeitung veröffentlicht seine Ansichten zum deutsch-britischen Verhältnis. Baronin von Spitzemberg klagt: »Man faßt sich an den Kopf, ungewiß, ob man nicht in einem Narrenhaus ist.« In England und Deutschland ist man entrüstet, und der mitschuldige Bülow muß ein halbes Jahr später gehen (eine Bildergeschichte aus dem »Kladderadatsch«, die sich auf einen Briefwechsel mit Eduard VII., wenige Monate vor dem kompromittierenden »Daily Telegraph«-Interview des deutschen Kaisers, bezieht).

In Wien spottet man über Wilhelms Eskapaden freundlicher als in München (*oben links* eine Karikatur von Fritz Schönpflug aus »Die Muskete«, Nr. 137/1908, mit dem Titel »Beneidenswert«: »Die deutschen Fürscht'n hab'n 's gut. Die brauchen überhaupt nöt regieren. Das macht alles ihner Kaiser allanig«; *oben rechts* Thönys Meinung zum Reichsgründungstag im »Simplicissimus«: »Eminenz, noch zehn Jahre Wilhelm, und wir haben wieder das Heilige Römische Reich Deutscher Nation!«).

Die russischen Revolutionäre um Lenin machen zur gleichen Zeit Europa und Schwabing unsicher (*rechts* karikiert ein Zeichner der »Jugend« unter dem Pseudonym R. Genin den Aufenthalt Lenins in München unter dem Titel »Jung-Rußland«: »Wir russischen Revolutionäre sind großartig organisiert: ein Teil wird in Petersburg gehängt, ein anderer klärt Schwabing sexuell auf«).

1909

Ende der Bosnienannexionskrise und Anerkennung Bulgariens durch die Türkei, Deutschland veranlaßt Österreich zu Zugeständnissen an die Türkei und Rußland – Rücktritt Bülows, Theobald von Bethmann-Hollweg neuer Kanzler – Generaloberst von der Goltz baut die türkische Armee auf

Die Spannungen in Südosteuropa können Anfang 1909 noch einmal ohne Krieg bereinigt werden. Serbien hatte schon mobilisiert, nachdem Österreich-Ungarn ein Ultimatum stellte. Rußland gibt vorläufig die Rückendeckung für Serbien auf, und die Türken werden von Österreich-Ungarn mit Geld beschwichtigt (*links* eine Karikatur von Fritz Schönpflug aus »Die Muskete«, Wien, Nr. 185/1909, zum neuen »Frieden«: »Laß gut sein. Aufgeschoben ist nicht aufgehoben«, sagt der Russe zum Serben, während der Österreicher und der Deutsche gegen die Absicht des österreichischen Generalstabschefs noch für den Frieden sind.).

Nach Bülows Abgang ist auch Wilhelms »glänzendste« Zeit vorbei. Der Krieg kommt langsam in Sicht, sagen sich nicht nur die Diplomaten unter sich (die Philosophen Kant und Häckel läßt E. Wilke in der »Jugend«, Nr. 8/1910, *rechts*, beim neuen Kanzler Bethmann-Hollweg einen Antrittsbesuch machen: »Wenn Sie lange am Ruder bleiben, dann klettern wir Preußen am Ende wieder als Orang-Utans auf den Bäumen herum!«).

Der internationale diplomatische Status quo ist wackeliger denn je. Eine Veränderung bahnt sich an (*links oben* »Der Status quo«, gezeichnet von G. Brandt im »Kladderadatsch«). Vergeblich versucht Wilhelm II. den Zaren umzustimmen (*rechts oben* läßt O. Gulbransson bei dem Konzert in Potsdam den Zaren die erste Geige spielen, während Wilhelm II. nur auf der Posaune begleiten darf). Auch die zweite Marokkokrise, 1911, bringt den Deutschen eine Schlappe ein beim letzten Versuch, noch einmal gegen Frankreichs Marokkopolitik anzugehen (*rechts* das deutsche Kanonenboot vor Agadir, gezeichnet von O. Gulbransson: »Onkel Bull, bitte, laß den bösen Buben nicht mitspielen«, ruft der Franzose.).

1912

Die SPD wird stärkste Fraktion im Reichstag – Erfolglose Flottenverhandlungen mit England – Poincaré wird fanzösischer Ministerpräsident – Schweden, Norwegen und Dänemark vereinbaren Regeln für die Neutralität – Erster Balkankrieg – Erneuerung des Dreibundes

Den Sozialdemokraten gelingt bei der Reichstagswahl 1912 der große Durchbruch: Sie gewinnen 4,5 Millionen Stimmen und stellen mit 110 Abgeordneten im Reichstag die stärkste Fraktion (*oben* eine Zeichnung aus dem »Ulk«, Nr. 6/1912: »Sie gestatten doch, daß wir uns den Sonnenaufgang ansehen!«; *links* zeigt E. Wilke in der »Jugend« die Reaktion des Kaisers auf die Wahl: »Zum Glück ist's wenigstens hier in Berlin besser als in Potsdam gegangen, sonst hätte ich am Geburtstag Meines höchsten Ahnen in lauter roten Wahlkreisen schlafen müssen!«).

Im Frühjahr 1912 sucht der britische Kriegsminister Lord Haldane in Berlin nochmals nach einem Ausgleich mit den Deutschen. Aber dort will man die Flottennovelle, die ein drittes Hochseegeschwader vorsieht, nur gegen die Neutralität Englands fallenlassen. Doch England ist an Frankreich und Rußland gebunden. Treffend karikiert W. Schulz die Situation von »Deutschland und England« (*rechts:* »Wie sollen wir uns die Hand geben?!«, »Simplicissimus«, 1912).

In der »forschnassen Art« preußischer Offiziere setzt der Leutnant von Forstner im Oktober 1913 den taktlosen Provokationen von deutscher Seite die Krone auf. Er gibt in Zabern im Elsaß seinen Rekruten den Rat, bei Schlägereien mit Zivilisten »die Wackes mit der Waffe niederzumachen«. (Th. Th. Heine nennt das im »Simplicissimus«, *rechts,* »kolonisieren« und karikiert das mißverstandene preußische Militär: »Lieben sollt ihr mich, ihr Wackes!«).

»Es ist erreicht!«, heißt der Kampfruf des deutschen Bürgertums im Kaiserreich. Sichtbarer Ausdruck sind die aufgezwirbelten Bartspitzen à la Wilhelm II. (*oben* die »Alldeutschen« bei den Großindustriellen: »Bitt' schön um ein kleines Trinkgeld! Wir lassen auch mit dem Kriegsgeschrei nicht nach!«, Zeichnung von W. Schulz im »Simplicissimus«, 1911).

Der Kadergehorsam und der Untertanengeist sitzen auch tief im deutschen Bürgertum. Wie tief demonstriert Schuster Voigt am 16. Oktober 1906 in Köpenick: In Hauptmannsuniform »beschlagnahmt« er Soldaten und verhaftet den Bürgermeister. Er macht das preußische Militär lächerlich, und die Welt lacht mit (*rechte Seite* eine dänische Karikatur).

1913/14

Jugendtreffen auf dem Hohen Meißner – Einweihung des Völkerschlachtdenkmals in Leipzig durch Wilhelm II. (1913) – Deutsch-britische Verständigung über die Bagdad-Bahn – Georg V. in Paris – Eröffnung des Panamakanals – Heinrich Mann veröffentlicht sein Werk »Der Untertan« (1914)

»Ich führe Euch herrlichen Zeiten entgegen!« hat Wilhelm II. seinen Untertanen versprochen. Im Sommer 1913, als es in Europa zwischen den beiden Balkankriegen für kurze Zeit ruhig war, zeichnete G. Brandt im »Kladderadatsch« seinen Kommentar zu diesem Kaiserspruch (*links,* der kleine, vorlaute Märker fragt den Kaiser: »Ist es noch weit, Papa?«).

Die Festlichkeiten zum 25jährigen Regierungsjubiläum Wilhelms II. werden zur letzten großen Schaustellung der Wilhelminischen Ära. Zu diesem Anlaß »gratuliert« die »Jugend« auf ihre Art (*links,* Zeichnung von G. Pfeil: Die deutschen Witzblätter »Simplicissimus«, »Jugend« und »Kladderadatsch« bedanken sich bei Seiner Majestät für den bisher gelieferten Stoff).

Im Tangoschritt, der ab 1914 aufkommt, schliddert die Welt in einen Krieg hinein, der an Ausmaß und Materialaufwand alle bisherigen Kriege in den Schatten stellen wird (Zeichnung: H. Kley).

1914

Kriegsausbruch: Mord von Sarajewo (28. 6.) – Frankreichs Präsident Poincaré in Petersburg (20. 7.) – Österreichisches Ultimatum an Serbien (23. 7.) – Österreich erklärt trotz deutscher und britischer Vermittlungsversuche Serbien den Krieg (28. 7.) – Mobilmachung in Rußland (30. 7.)

Nach dem Mord von Sarajewo hält die Welt den Atem an. Fast vier Wochen vergehen, bis Österreich den Serben ein Ultimatum stellt, das diese nicht annehmen können (*links* schaltet der »Kladderadatsch« am 12. Juli auf »Bismarck-Kurs« und läßt den »Mann am Steuer«, Bethmann-Hollweg, schwitzen: »Also nun soll endgültig Bismarck-Kurs gesteuert werden! Na, wollen mal sehen, was sich machen läßt.«).

Wilhelm II. sagt bei der Einweihung des Völkerschlachtdenkmals in Leipzig im Oktober 1913 zum österreichisch-ungarischen Generalstabschef von Hötzendorff: »Ich habe viel über den Krieg gelesen und weiß, was er bedeutet. Aber endlich kommt die Lage, in der eine Großmacht nicht länger zusehen kann, sondern zum Schwert greifen muß.« Nach neun Monaten ist diese Lage da, das Schwert wird gezogen, und der Topf fällt um (*unten* eine Kitschpostkarte von 1914).

Ermordung von Jean Jaurès in Paris – Kriegserklärung Deutschlands an Rußland – Mobilmachung in Frankreich (1. 8.) – Türkisch-deutsches Geheimbündnis (2. 8.) – Kriegserklärung Deutschlands an Frankreich (3. 8.), Einmarsch in Belgien – Ultimatum und Kriegserklärung Großbritanniens (4. 8.)

Der Blutzoll der toten Soldaten im Ersten Weltkrieg ist, wie Emil Ludwig später schreibt, »keiner ›tragischen Notwendigkeit‹, ›keiner Verkettung der Schicksale‹, sondern nur dem Treiben von Europas Führern zu verdanken ... Die Völker, friedlich gesinnt, wurden erst durch Lügen von allen Seiten aufgehetzt ...« (*oben* eine Revanchekarikatur aus Frankreich vom Sommer 1914: »Endlich!« kann der gallische Hahn gegen Deutschland losgehen.).

»O mein Vaterland, heiliges Heimatland, wer denn rief das Wetter dir herein, daß des fahlen Hasses gelber Schein dich umzucket wie ein Weltenbrand?« dichtet Gerhart Hauptmann zum Kriegsbeginn. Das Wetter war lange genug drohend sichtbar. Jetzt heißt es wieder für die Soldaten in ganz Europa »zur Schlachtbank« (*rechts* eine französische Karikatur von A. Roubille aus dem Jahr 1870 über die »gleiche Bestimmung« von Soldaten- und Schafherden).

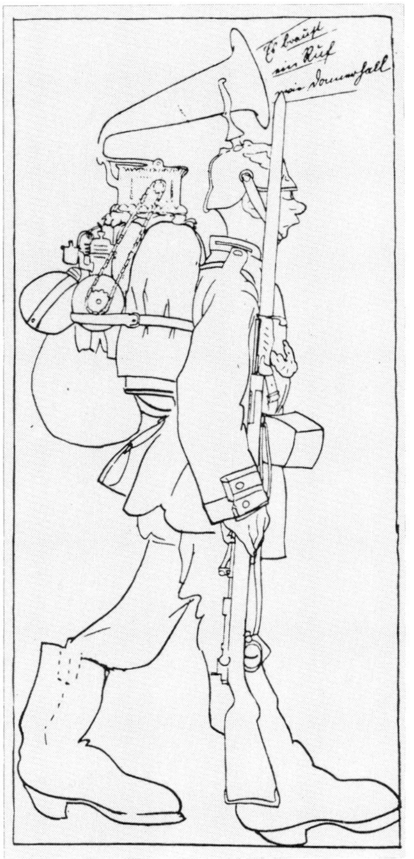

Wieder will man in Deutschland wie Anno 1870 den Franzosen den Hintern verklopfen und spätestens bis zum Herbst, »wenn das Laub fällt«, wieder zu Hause sein (*oben links* ein französischer Soldat »komplett gerüstet«, aus »La Vie Parisienne«, 1914; *oben rechts* eine Zeichnung von R. Wilke: »Um die Begeisterung der Soldaten anzufachen, erhält jeder Soldat einen Phonographen mit in den Krieg«; *links unten* der Abschied eines in den Krieg ziehenden Bauernsohnes aus den »Fliegenden Blättern«: »Pfüat di' Gott, Sepp, kimm guat wieder hoam und fang mir koa Rauferei an!«).

Dem Aufbruch der Nation verschließen sich auch die Sozialdemokraten nicht, nachdem der Kaiser verkündet: »Ich kenne keine Parteien mehr, ich kenne nur Deutsche!« Der Sozialdemokrat Hugo Haase gibt am 4. August im Namen seiner Partei die Zustimmung für Kriegskredite mit den Worten: »Wir lassen in der Stunde der Gefahr das Vaterland nicht im Stich.« Burgfrieden herrscht im Reichstag (Th. Th. Heine stellt sich die Begegnung von »zwei Deutschen« im Himmel vor, *rechts oben:* »Na, Bebel, jetzt lernen wir uns doch noch richtig kennen!«; in der satirischen Zeitschrift der Sozialdemokraten, dem »Wahren Jacob«, findet sich, *rechts unten*, diese eindeutige Karikatur: »Nun, Kinder, drauf los! Jetzt hilft nur noch das Dreschen!«).

Westfront: Deutscher Vormarsch bis zur Marne (9. 9.), dann Stellungskrieg – *Ostfront:* Hindenburg-Sieg bei Tannenberg (31. 8.), deutsch-österreichischer Vorstoß zur Weichsel (Sept./Okt.), Rückzug aus Polen und russische Offensive (»russische Dampfwalze«) (November), Stellungskrieg im Osten (Dezember)

Den Alldeutschen ist kurz vor dem Krieg die Haltung Wilhelms II. nicht kriegerisch genug. Sie wollen den schneidigen Kronprinzen (*links* eine Zeichnung von O. Gulbransson »Der Kronprinz und seine Barden«).

Singe, Oberlehrer, singe einher!
Auf dem wollbekleideten Plattfuß tritt
Männlich einher und singe dem
Friederich,
Künftigem Willem singe dein schallend
Lied!

Laß am Waldstrom rauschen den lauten Sang,
Wenn zum Fürstensohne die Liebe glüht,
Daß am Fuße die teutsche Hornhaut schmilzt
Und zerweichend schwitzet auf dem Kothurn!

Singe, Hermanns Enkel, dem Kaisersohn
In des Thuiskon Sprache dein Speichlertum!
Daß dein Getöne dringe zu seinem Ohr
Und der Zukunft Winde dir günstig weh'n!

Krampfe die kühnere Faust um das Lineal,
Enkel Teuts, und singe das Nornenlied,
Wie zum neuen Winfeld einst Friederich
Todgeweihte Helden führet, der Zollernsohn.

Ha!
Willkommen däucht dir die Männerschlacht,
Oberlehrer, wenn du das Sauerkraut
Laut hinstreichen lassend verdaust und
Hinter dem wärmespendenden Ofen hockst.

Friedrich Gottlieb Klopstock,
bahnbrechender Dichter aus Quedlinburg

Hysterische Phrasendrescher schüren überall in Europa die Kriegsbegeisterung. Ludwig Ganghofer verlangt: »Laßt, was französisch klingt, verschwinden, verdeutscht, was sich verdeutschen läßt!« Sogar der Spötter und Kritiker Alfred Kerr läßt sich benebeln vom Kriegsrausch und schreibt: »Allen Führern bei der Deutschlandhetze/Wünsch' ich Bandwurm, Hühneraugen, Krätze,/Zur Ernährung schimmelfeuchtes Stroh –/Und noch Rheumatismus im Popo.« Die deutsche Sache stimmt auch den »Simplicissimus« heroisch (*links* eine Zeichnung von Th. Th. Heine »Im Sturm«: »Bismarck mag ruhig schlafen! Das Schwert, das er geschmiedet hat, schützt Deutschland und sein Grab!«).

Die Karikatur wird im Krieg zur Waffe der psychologischen Kriegführung (als im Oktober 1914 die Festung Antwerpen fällt, erscheint, *rechts oben,* P. de Jongs Karikatur »Der Unwiderstehliche«, in der der Holländer einen schweren deutschen Mörser zeigt, der die Jungfrau Antwerpen mit eisernen Klammern am Boden festhält; *rechts Mitte* eine Hindenburg-Karikatur aus dem »Evening Sun«, New York, von Robert Carter, der Hindenburg als Bärenfänger sieht; *rechts unten* schließlich eine russische Karikatur aus »Nowoje Wremja«, Petersburg, »Die Zentralmächte und Rußland«: Der Deutsche versteckt sich vor dem russischen Bären hinter dem ängstlichen Österreicher). Zu Beginn des Krieges spielen angebliche Falschmeldungen und Lügen der deutschen Propaganda eine große Rolle *(links unten* eine »Punch«-Karikatur vom 16. September 1914: Da der deutsche Kaiser keine militärischen Erfolge hat, produziert er mit der Feder Lügen »Made in Germany«).

Kolonialkrieg: Togo und Samoa gehen an Großbritannien, Kiautschou, die deutschen Stützpunkte in der Südsee an Japan, Deutsch-Neuguinea an Australien verloren – Deutscher Erfolg in der Seeschlacht bei Coronel, deutsche Niederlage in der Seeschlacht bei den Falklandinseln

Etwa drei Monate halten sich die Deutschen in Kiautschou gegen die Japaner (*oben links* eine heroische Gulbransson-Zeichnung aus dem »Simplicissimus« vom Oktober 1914, »Deutsche Wacht in Kiautschou«). Langsam weicht die Begeisterung einer nüchternen Beurteilung der realen Lage an den Fronten (*oben rechts* eine spanische Karikatur aus »Campana de Gracia«, Barcelona, mit Napoleon, Moltke und Bismarck als Beobachter der »Großen Schlachten«); *links* beklagt sich der Frühling 1915, von Th. Th. Heine gezeichnet: »Keiner will meine Blumen haben – allen soll ich Munition bringen . . .!«).

Über die ersten Lebensmittelschwierigkeiten lacht man anfangs noch in der Heimat. Erst später macht niemand mehr darüber Witze (*rechte Seite* eine Bildergeschichte von O. Gulbransson, »Fleischlose Tage in München«, aus dem Jahr 1915).

Versenkung des amerikanischen Passagierdampfers »Lusitania« durch ein deutsches U-Boot – Beginn der Spannungen mit den USA – Deutsch-bulgarisches Bündnis, Bulgarien erklärt Serbien den Krieg, Kriegserklärung der Alliierten an Serbien – A. Briand wird französischer Ministerpräsident

1915

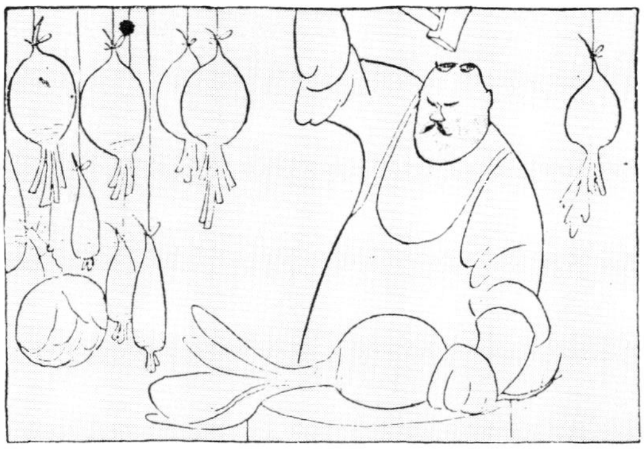

Metzgermeister Schinagel schlachtet die erste Rübe.

Frau Bachmair hüllt das Gemüse in Wursthäute ein, um ihren Gatten über das Schreckliche hinwegzutäuschen.

In der Narkose kann man ein Gericht Tomaten allenfalls aushalten.

Die Gasthausköchin: „Jetzt sollt' ma' halt g'lernt hamm, wie m'r a G'müas' kocht!"

„An an fleischlosen Tag sollt'n d' Fliagn im Bier sei aa verbot'n sein!"

„G'müas' und Bleameln — des hat ma bloß a so g'habt. Auf a mal san s' Nahrungsmittel!"

Nachmittags begibt sich der Münchner zum Wiederkäuen in sein Stammkaffee.

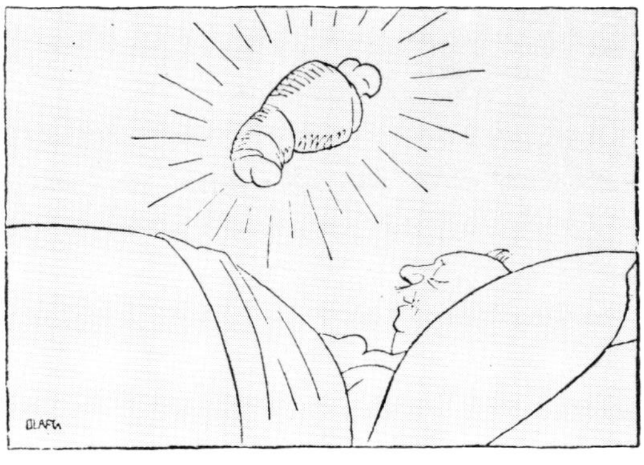

Die Schweinshaxe oder der Traum vom verlornen Glück.

Italien kündigt den Dreibund und erklärt Österreich-Ungarn den Krieg (Isonzo-Front) – Vertrag zwischen Bulgarien und der Türkei – *Westfront:* Schlacht in der Champagne, bei Ypern (Giftgaseinsatz) – *Ostfront:* Bewegungskrieg (Warschau, Galizien); auf dem Balkan (Serbien)

Auf dem Hauptkriegsschauplatz im Westen beginnen der sinnlose Grabenkrieg und die sinnlose Ein-Schritt-vor-und-zwei-zurück-Taktik auf beiden Seiten (*links* eine Karikatur von R. Rost in der »Jugend« auf den französischen Oberbefehlshaber Joffre: »Noch immer will mir kein Mensch glauben, daß ich direkt nach Berlin reite.«).

Über den »Verrat« Italiens an den Dreibund-Verbündeten regen sich Deutsche und Österreicher gleichermaßen auf (*rechts unten* eine Postkarte im Stil der Zeit zu diesem Ereignis: Die beiden Nibelungen-Walküren werden von dem Messerhelden Italien aus dem Hinterhalt bedroht).

Jetzt heißt es für die beiden Kaiser in Berlin und Wien noch mehr zusammenstehen. Der berühmte französische Dichter Sacha Guitry macht sich mit einer eigenen Karikatur über beide lustig (*oben* »Die beiden Kaiser«, aus »Le Journal«, Paris).

Über ganz Mitteleuropa herrschen ist das Kriegsziel des deutschen Kanzlers. Ende 1915 reicht das Besatzungsgebiet der Mittelmächte von der Ostsee bis zur griechischen Grenze, von der Westfront bis zur Weichsel. Es gibt schon Pläne zur Annexion bestimmter besetzter Gebiete, so zum Beispiel von Belgien (*rechts* eine amerikanische Karikatur von A. M. Cay von Anfang 1916: Bethmann Hollweg zeigt auf der Europakarte die Ausdehnung der Herrschaft der Mittelmächte, während sich die alliierten Staatsmänner mit verbundenen Augen abwenden: »Keiner ist so blind wie diejenigen, die nicht sehen wollen.«).

Krieg kostet Geld. Ab 1915 werden in Deutschland »Eiserne Hindenburgs« genagelt. Jeder goldene Nagel zum Nageln kostet fünf Mark, jeder silberne eine Mark und jeder eiserne Nagel 50 Pfennig. Mit solchen Hilfsaktionen soll die Kriegskasse aufgebessert werden (*rechts* eine japanische Karikatur aus Osaka: »Wessen Börse wird zuerst leer?« Die Rücklagen des Deutschen sind bei diesem Pokerspiel schon fast verspielt).

Kapitulation der deutschen Schutztruppe in Deutsch-Südwestafrika (Deutsch-Ostafrika kämpft bis 1918) – Antikriegsdemonstration in Berlin – Friedensaufruf von Papst Benedikt XV. – Bildung des deutschen Generalgouvernements Warschau – Einstein veröffentlicht »Allgemeine Relativitätstheorie«

Der Berliner Publizist Theodor Wolff schreibt 1915 in einem Zeitungsartikel über die Auswirkungen des Krieges in der Heimat: »Man winkt mit den zweifelhaften Glanzseiten des Krieges, der Beute und dem Ruhm. Aber die Mütter gehören auch dazu.« Er meint die Mütter und Frauen in den kriegführenden Ländern, die immer häufiger Todesanzeigen von gefallenen Söhnen und Männern zugeschickt bekommen (in den »Fliegenden Blättern« erscheint, *links*, zur gleichen Zeit eine Zeichnung von einer erbeuteten Feldhaubitze, »Vor dem Schloß«: »Die Unschuld liebkost die Vernichtung . . .«).

Die Frauen müssen überall ihren Mann stehen. Dadurch erhält die Emanzipationsbewegung in den kriegführenden Ländern starken Auftrieb (eine weibliche Demonstration eigener Art zeigt die Zeichnung »Die Patriotin« in den »Fliegenden Blättern«, *rechts:* »Nachfüllen, Schorsch, 's ist für den Feldgrauen – noch a bissel, 's Eiserne Kreuz hat er auch!«).

Wenn die Männer an der Front sind, haben gewisse Frauen in gewissen Kreisen zuviel Langeweile. Wehe dem Unvorsichtigen, der sich dem Liebeshunger dieser Frauen aussetzt (*rechts* ein unter diesen Umständen unverhofft »Umworbener«, Karikatur aus der Wiener »Muskete«, 1915).

Bereits vor Kriegsausbruch deckt der Expressionismus in der Kunst die Abgründe menschlicher Sehnsüchte und Ängste auf. Die Wirklichkeit des Krieges bringen Maler wie Otto Dix so abschreckend und grausam, wie der Tod im Schützengraben ist, auf die Leinwand (*rechts* ein von Gulbransson gezeichneter Bauernknecht auf Genesungsurlaub vor dem Bild eines der damals bekannt werdenden »Futuristen«: »Den ›Krieg‹ hoaßt er dös Bildl? Naa, gar aso schlimm is er do net!«).

1916

Deutscher Angriff auf Verdun. Erstürmung von Douaumont und Vaux. Nach französischer Gegenoffensive wieder Rückkehr in die alte Frontlinie – Britisch-französischer Durchbruchsversuch an der Somme ohne entscheidenden Erfolg – Drei vergebliche russische Offensiven im Osten

Der Krieg entwickelt sich zu einem gigantischen Materialverschleiß und zu einer apokalyptischen Menschenschlächterei in einer Landschaft des Wahnsinns. Todesspeiende Waffen sind im Einsatz, wie sie noch in keinem Krieg vorher bekannt waren (*rechts* eine holländische Karikatur von Albert Hahn aus »De Notenkraker«: »Der moderne Tod«).

Die »Hölle von Verdun« ist Wahnsinn. Alle geopferten Soldaten sind umsonst gefallen, denn wenige Monate später holen die Franzosen im Gegenangriff den verlorenen Boden wieder zurück (Kaiser und Kronprinz dämmert es in der Karikatur von L. Reamaeckers, 1916, *links:* »So ein frisch-fröhlicher Krieg ist das nicht: den hätt' ich mir doch fröhlicher gedacht, mein Junge!«).

Trommelfeuer verwandeln Frankreichs Boden in eine Wüste der Zerstörung (*oben* eine »Simplicissimus«-Zeichnung von E. Schilling, »Ein Mißverständnis«: »O Gott, auch dieses Jahr haben die dummen Menschen für uns Osterhasen wieder so viele blödsinnig große Nester gebaut!«).

Ein deutscher Generalstabsoffizier notiert: »Wollte Gott, daß diese die letzte große Menschenschlächterei des großen Krieges sein möge ...« Mit Recht machen die Soldaten auf beiden Seiten die Führer dafür verantwortlich (*rechts* eine französische Karikatur von Wilhelm II. als »Le Moissonneur« – »der Massenmörder«).

Handelskrieg deutscher U-Boote an der Küste der USA – Kapitulation der deutschen Schutztruppe in Kamerun – Wehrpflicht in Großbritannien – Demonstrationen und Streiks in Deutschland gegen den Krieg — Tod Kaiser Franz Josephs, neuer Kaiser Karl I. — Lloyd George britischer Premier

Auch der jahrelange Streit zwischen England und Deutschland um die bessere Flotte ist jetzt bedeutungslos geworden. Die Schlachtflotten treffen nur einmal im Skagerrak aufeinander (1916). Der Seekrieg findet nur noch unter Wasser statt. Ab Februar 1917 eröffnen die Deutschen einen uneingeschränkten U-Boot-Krieg als die »letzte Karte« (Kanzler Bethmann Hollweg). Das führt zum kriegsentscheidenden Schritt der USA (*links oben* eine deutsche Karikatur zum U-Boot-Krieg von Th. Th. Heine, »Der deutsche und der englische Neptun«: »Goddam, was erlauben Sie sich eigentlich?! Ich habe doch in hundert Friedensjahren als unbesiegbar gegolten!«; *links unten* das Titelblatt der Sondernummer der satirischen französischen Wochenzeitung »La Baionnette«, die gegen die deutschen »Piraten« protestiert).

Stimmung gegen und für den Krieg gibt es in den Vereinigten Staaten von Anfang an (*oben* eine Karikatur von H. G. Dart aus »Life« über die angeblich mangelhaften Kriegsvorbereitungen der USA: »Das wohlgerüstete Amerika«. Mit verbogenem Kongreß-Schwert, hinter sich eine Spielzeugarmee, erwartet Uncle Sam die deutschen Angriffe mit Schlachtschiffen und Zeppelinen).

Als französische »Hetzblätter«, die Deutschlands totale Vernichtung anzeigen sollen, bringt die »Leipziger Illustrierte Zeitung« noch kurz vor Kriegsschluß 1918 französische Antikriegskarikaturen (*unten* eine Zeichnung aus »La Baionnette« von 1916: »Nach dem Krieg ... das Elend!« Der Zeichnung kann man eine gewisse Vorausahnung sicher nicht absprechen).

Die wenigsten Völker, die in diesen Krieg verwickelt sind, können die Menschenverluste so leichthin »verkraften«, wie das der russische Kriegsminister Suchomlinow im Sommer 1915 anscheinend noch kann. Als ein englischer General ihm sein Bedauern über die großen Verluste ausspricht, schaut dieser ihn verständnislos an: »Menschen? Aber das ist doch das einzige, woran wir Überfluß haben.« Nicht so Frankreich und Deutschland (*rechts* zwei Karikaturen im Dienste der psychologischen Kriegführung: *oben* eine deutsche Karikatur, »Frankreichs letztes Aufgebot«: Babys hinter den Gewehren im Schützengraben, gezeichnet von A. Johnson im »Kladderadatsch«; *unten* eine englische Karikatur von 1916 zu »Willis letztem Aufgebot«, nämlich Kindern und Greisen).

Mars überschüttet die Welt mit Blut: Th.-Th.-Heine-Karikatur aus dem »Simplicissimus« im August 1914 (*linke Seite*).

1917

US-Präsident Wilson fordert im Senat einen »Frieden ohne Sieg« – Deutschland erklärt den uneingeschränkten U-Boot-Krieg – Kriegseintritt der USA – Griechenland an alliierter Seite – Balfour-Deklaration für Palästina als Heimstätte jüdischer Siedler

Ausgerechnet das dritte Kriegsjahr, in dem die kriegführenden Völker lautstark nach Frieden rufen, bringt die entscheidende Wende des Krieges. Amerikas Kriegseintritt bedeutet letztlich später die Entscheidung auf dem Schlachtfeld. Bis dahin jedoch hält der Tod weiterhin reiche Ernte (eine »Simplicissimus«-Karikatur von Blix, »Der Tod von Flandern«: »Ihr Menschen hört auf – ich kann nicht mehr!«).

1917

Rücknahme der deutschen Front in die »Siegfried«-Stellung – Meuterei in der französischen Armee bleibt geheim – Erfolglose Schlachten in der Champagne, im Artois und in Flandern – Durchbruch ohne Entscheidung gegen die Italiener an der Piave – Beginn amerikanischer Transporte nach Frankreich

Im Sommer 1917 kommen die ersten US-Truppen in Frankreich an die Front. Für die erschöpften Franzosen und Engländer bedeuten sie »eine magische Bluttransfusion«. Nachhaltiger in der Wirkung ist aber noch das rasche Anwachsen des Kriegsmaterials dank der amerikanischen Hilfe (A. Schmidhammer: »Der müde Schnitter«: »Ich kann nicht mehr!« – »Du mußt! Ich zahle die Überstunden!«).

Die Sozialisten und radikalen Linken in Deutschland machen schon 1916 die Kriegspolitik der SPD nicht mehr mit. Damit beginnen für sie der Rufmord und die Verfolgung (*links* eine Karikatur des Spartakus-Führers Karl Liebknecht, dem schon 1917 das Kains-Zeichen für die späteren Mörder aufgebrannt wird). Die Revolution in Rußland dagegen kommt der deutschen Führung gerade recht (*unten* verulkt der »Kladderadatsch« die Oktoberrevolution: »Der russischen Detektivfirma Lenin, Trotzki & Co. ist es gelungen, die Häupter einer internationalen Räuberbande zu entlarven und an den Pranger zu stellen«, Zeichnung A. Johnson, 9. 12. 1917).

Die Alliierten verlieren durch die Russische Revolution einen Bundesgenossen, Deutschland bekommt den Rücken frei für die Westfront, und Frankreich trägt nun die Hauptlast des Krieges (*rechts* eine Thöny-Karikatur, »Häusliche Szene« zwischen Frankreich und Rußland: »Scheiden? Sofort, mein Herr, wenn Sie mir mein Geld zurückgeben! Oder glauben Sie, man legt sich mit einem Zaren zu Bett, um mit einem Moskauer Droschkenkutscher aufzuwachen?«).

Die Russische Revolution läßt die Proletarier in aller Welt hoffen. Auch das ist eine Weltwende 1917. In Deutschland streiken die Munitionsarbeiter in Massen (*rechts* eine Heine-Karikatur, »Streik und Frieden«, vom Februar 1918: »Kinder, so finde ich den Weg schon gar nicht!«).

1918

Friedensvertrag von Brest-Litowsk zwischen Rußland und den Mittelmächten – Bürgerkrieg in Rußland beginnt – Friede von Bukarest zwischen den Mittelmächten und Rumänien – US-Präsident Wilsons 14-Punkte-Friedensprogramm – Massenstreiks in Deutschland und Österreich

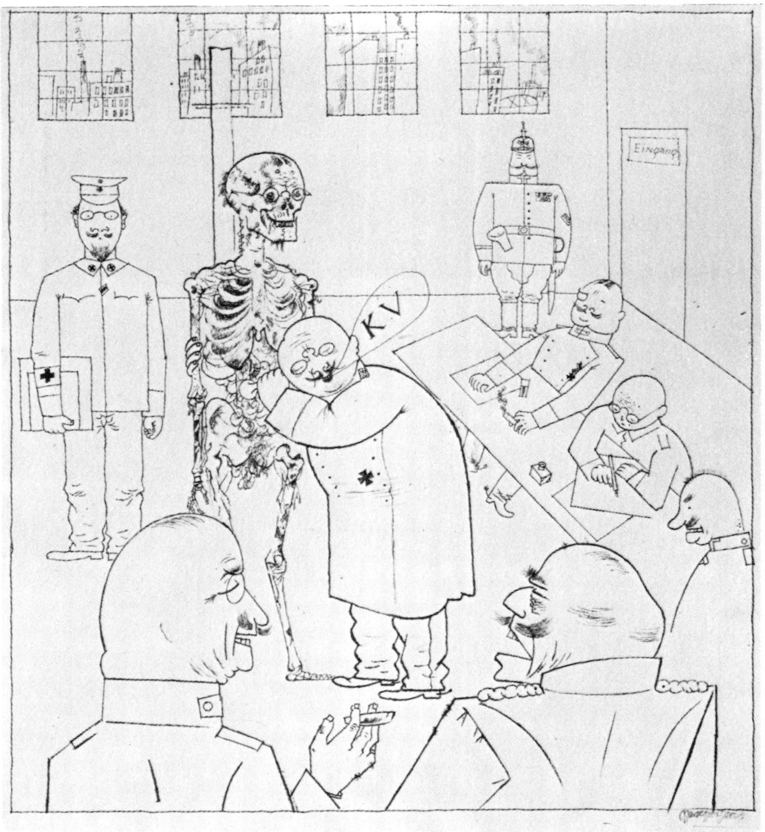

Der russische Admiral Altvater erzählt dem deutschen Generalmajor Hoffmann bei den Friedensverhandlungen von der großen Wirkung der bolschewistischen Propaganda auf die russischen Soldaten: »Ich warne Sie, wenn diese Propaganda zu wirken anfängt, wird es dem deutschen Heer nicht anders gehen.« Der deutsche General ist amüsiert und lacht. Nach der Frühjahrsoffensive im Westen sind auch die deutschen Soldaten kriegsmüde, und die Friedensagitation der Sozialisten beginnt zu wirken (*links oben* eine Zeichnung von G. Grosz, 1918, zu dem gefürchteten Befund »Kriegsverwendungsfähig«; *links unten* eine Zeichnung von E. Thöny zu der Stimmung bei den deutschen und englischen Arbeitern, 1918: »In Deutschland streiken sie . . . da wollen wir Engländer doppelt soviel arbeiten – dann haben wir gewonnen!«).

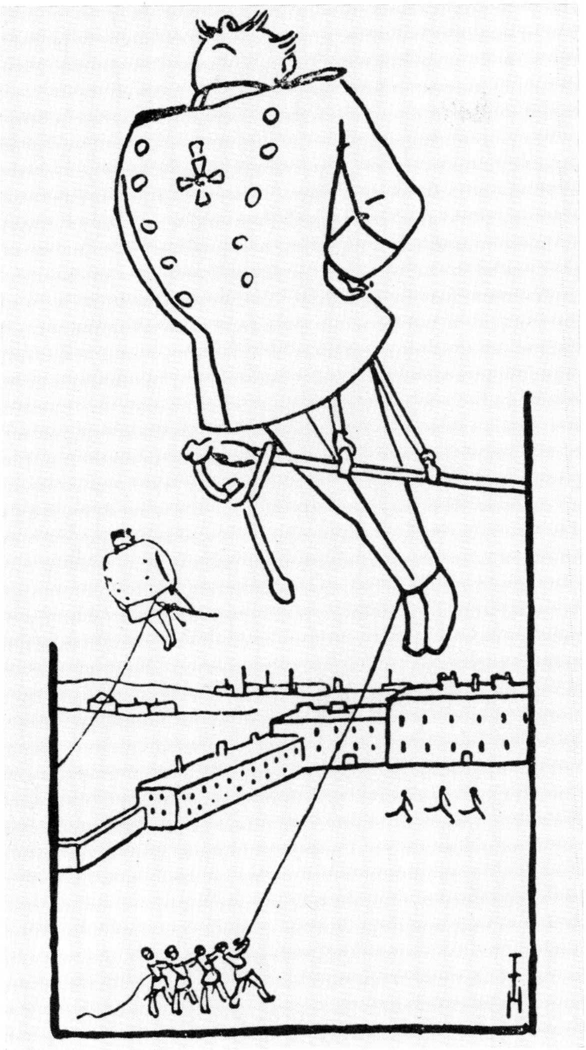

Das Ende des Krieges ist abzusehen. Was danach wird, darüber gehen die Ansichten weit auseinander. Heine hat im »Simplicissimus« die Vorstellungen des Militärs für den Fall eines Sieges sich ausgedacht (*links:* »Wenn Deutschland siegen würde – dann würden die Leutnants so aufgeblasen, daß sie nur noch als Fesselballons verwendet werden könnten.«). Heines Befürchtung erfüllt sich jedoch nicht, auch wenn die Anfangserfolge der deutschen Frühjahrsoffensive vielleicht falsche Vorstellungen über den Ausgang des Krieges erwecken können. Die Alliierten lassen die Deutschen zuerst kommen, schlagen dann aber um so härter zurück. Die deutschen Leutnants müssen sich wie die ganze Armee nach rückwärts orientieren.

Die Entscheidung des Krieges fällt an der Westfront auf dem Lande (*rechts* eine Gulbransson-Karikatur vom Frühjahr 1918: »Die englische Großkampfflotte steht zwar im Hafen, aber sie wird alle Wochen gut abgestäubt, damit sie sich wie neu hält.«). Aber auch die deutsche Hochseeflotte heftet keinen Ruhm mehr an ihre Fahnen. Im April 1918 will sie im Kanal den Nachschubtransport der Engländer und Amerikaner nach Frankreich stören. Aber der Panzerkreuzer »Moltke« erleidet unterwegs Turbinenschaden, ein Minensuchboot läuft auf eine Mine und sinkt. So fällt diese letzte Aktion der stolzen Hochseeflotte buchstäblich ins Wasser.

Das Kräfteverhältnis der sich gegenüberstehenden Truppen spricht eindeutig für eine alliierte Überlegenheit. Trotzdem stehen die Deutschen im Juni 1918 nochmals nur noch 85 km vor Paris (im Mai 1918 beruhigen deshalb die »Lustigen Blätter«, *linke Seite,* mit einer Zeichnung von L. Ehrenberger ihre Leser in der Heimat: »Lieb Vaterland, du kannst ruhig schlafen – deine Dioskuren wachen!«). Dieser letzten Kraftanstrengung folgt aber die totale Erschöpfung bei den Deutschen. Jetzt kommen die Alliierten, und der Krieg brandet ein letztes Mal mit tödlicher Gewalt und unter Einsatz gewaltigen Kriegsmaterials durch ganz Nordfrankreich (*unten* die »Simplicissimus«-Karikatur von O. Gulbransson: »Wie Simplicius Simplicissimus die Schlachtfelder in Flandern besucht: Welch ein erstaunlicher Fortschritt der Kultur! In vier Jahren haben sie es fürwahr ebensoweit gebracht wie wir in dreißig!«).

1918

Alliierte Gegenoffensive mit amerikanischen Truppen (ab Juli) – »Schwarzer Tag« der Deutschen bei Amiens (8. August) – Deutscher Rückzug zur »Siegfried«-Stellung, später in die Antwerpen-Maas-Stellung (September/Oktober) – Waffenstillstand in Compiègne

Nochmal peitschen die Generäle im ersten Halbjahr 1918 ihre Soldaten nach vorn: zuerst die Deutschen (*linke Seite* eine »Punch«-Karikatur »Der Pan-Germanische Moloch«, dem Wilhelm II. bedenkenlos Soldaten und Politiker opfert), dann in der Gegenrichtung die Alliierten, die mit Übermacht die Entscheidung erzwingen.

Mitte September greifen die Amerikaner mit zwölf Divisionen und rund dreitausend Geschützen an. Tausende von Deutschen marschieren in die Gefangenschaft. Rund 42 Millionen Soldaten waren im Ersten Weltkrieg bei den Alliierten, rund 23 Millionen bei den Mittelmächten unter Waffen. Davon haben die Alliierten rund 5 Millionen Tote, die Mittelmächte 3,3 Millionen zu verzeichnen (*rechts oben* eine »Jugend«-Durchhalte-Zeichnung von A. Schmidhammer nach dem ersten Rückzug der Deutschen in die »Siegfriedstellung«: »Bis hierher und nicht weiter!«; *rechts unten* eine Karikatur von R. Kirby aus »New York World«, die die Überlegenheit der Amerikaner feiert).

Der Erste Weltkrieg zerstört endgültig das alte Europa. Die europäischen Staaten müssen erkennen, daß sie künftig nicht mehr allein Weltpolitik machen können. Ihre Vormachtstellung ist vorbei, und die Kronen der Kaiser von Rußland, Deutschland, Österreich-Ungarn und anderer Kleinstaaten werden hinweggespült (*unten* eine Zeichnung von W. Schulz im »Simplicissimus« am 3. 12. 1918 mit dem passenden Titel »Strandgut«). Amerika und das sowjetische Rußland melden ihre Vorherrschaft für die Zukunft an. Europa entwickelt sich zu einem »politischen, sozialen und kulturellen Experimentierfeld« (J. R. von Salis). Die »Kindliche Frage« (*links* von Gulbransson zum Kriegsende 1918 gezeichnet) ist gar nicht so kindlich: »Mutter, sag mal, gelten nach dem Krieg die Zehn Gebote wieder?«

5.

»Das Taschentüchel schwarzweißrot, doch sonst neutral bis in den Tod«

Die erste deutsche Demokratie:

Die Weimarer Republik

1918 bis 1933

Vor der Revolution haben die Deutschen Angst, was Demokratie ist, wissen sie noch nicht. Der ersten deutschen Republik und ihren Führern mißtrauen sie von Anfang an (links Reichspräsident Friedrich Ebert als »Frédéric le Gros«, der »Dicke«, gezeichnet von Garvens im »Kladderadatsch«, 1919; rechts »Im Zeichen der Zeit: Die Berlinerin auf dem Wege zum Einkauf«, gezeichnet von G. Brandt während der Spartakusunruhen 1919).

Das erste demokratische Experiment der Deutschen dauert nur vierzehn Jahre. Diese Jahre der Weimarer Republik sind aber keine Epoche »der Schmach«, die die Hitler-Buben später aus dem »Buch der deutschen Geschichte« auslöschen wollten. Diese Jahre der Weimarer Republik sind die ersten Lehrjahre der Deutschen in Sachen Demokratie. Noch heute sind sie dabei zu lernen. Und daß diese ersten Lehrjahre so schnell zu Ende gegangen sind, hat Gründe, die heute sogar die Fachleute, die Historiker, noch nicht endgültig eingeordnet haben.

Die Weimarer Republik sei »keine lebensunfähige Sache« gewesen, schreibt heute zum Beispiel Golo Mann und fährt fort: »Sie hätte leben können, wenn der Friedensvertrag von Versailles weniger rachsüchtigen, feindseligen Geistes gewesen wäre, wenn jene Gruppen, die die Nutznießer der monarchischen Einrichtungen gewesen waren, sich mit dem neuen Stand der Dinge versöhnt hätten, wenn nicht seit 1930 die schlimmste Weltwirtschaftskrise moderner Zeiten eingesetzt hätte; vor allem aber: wenn Deutschland sich mit seinem neuen, bescheideneren, aber immer noch beträchtlichen Platz in Europa und der weiten Welt abgefunden hätte.«

Wilhelms hochfliegende Weltherrschaftsträume werden 1918 in alle Winde geblasen. Die Deutschen müssen erstmals in ihrer Geschichte in eigener Verantwortung durch gewählte Volksvertreter ihr Schicksal selbst bestimmen. Sie müssen lernen, was es heißt, demokratisch zu denken. Das ist nach jahrhundertelang eingedrilltem Untertanengeist schwer genug, und ihre Bemühungen müssen ja scheitern, wenn im Lande sich keiner an die neuen Spielregeln halten will und außerdem den Lernwilligen von außen her große Steinbrocken in den Weg gelegt werden. Die junge Republik und ihre demokratischen Politiker haben es wirklich schwer: Die ganzen Jahre hindurch sollen sie Umsturzversuche von links und rechts abwehren, wobei sie sich auf eine Reichswehr stützen müssen, der diese Republik mehr als suspekt ist; sie müssen sich bis in das Parlament hinein mit der Borniertheit und der Intoleranz undemokratischer, ja feindseliger Umtriebe herumschlagen, die obendrein in für uns heute unvorstellbare persönliche Schmähungen ausarten; und diese Republik und ihre Führer sollen in einem Staat haushalten, dessen finanzielle Mittel von überhöhten Reparationsforderungen der Sieger aufgefressen werden und dessen Währung in einer allgemeinen Krisenzeit ständig rotiert, also auch Armut und Not mit sich bringt.

Erich Kästner schreibt 1920 in einem Gedicht diese Zeilen:

Wenn wir den Krieg gewonnen hätten,
Mit Wogenprall und Sturmgebraus,
Dann wäre Deutschland nicht zu retten
Und gliche einem Irrenhaus.

Deutschland wird zu einem Irrenhaus – auch nachdem die Deutschen den Krieg verloren haben. Vieles ist widersinnig und schizophren in diesen Jahren: denken wir nur an die blutigen Auseinandersetzungen um die Frage der Staatsform auf der einen und an den Hunger und das Elend der Mehrheit der Bürger auf der anderen Seite; denken wir an die bis an die Zähne bewaffneten Freischärler aller Schattierungen in einem Land, das kraft Gesetz auf Geheiß der Sieger seine Bevölkerung entwaffnen mußte; denken wir schließlich an viele die Wirklichkeit durchaus richtig wiedergebenden Schlagworte, wie etwa das von der Republik ohne Republikaner und das von der Demokratie ohne Demokraten. Die deutsche Schizophrenie dieser Jahre hat Kästners Kollege Klabund (1890–1928) mit diesem Vers eines neugefaßten »Volksliedes« gut getroffen:

Es braust ein Ruf wie Donnerhall,
Daß ich so traurig bin.
Und Friede, Friede überall,
Das kommt mir nicht aus dem Sinn.

Kein Wunder, daß Kabarettisten und Satiriker, die leider selbst der ungeliebten Republik oft zu fern stehen, alles durch den Kakao ziehen, was ihnen mit Recht für unausgegoren oder schlecht an der Republik auffällt. Auch Erich Weinert tut das in seinem »Faschingszug der Republik«, zu singen nach »Die Musik kommt« von Detlev von Liliencron:

Tschingtsching! Bumbum! Tatütata!
Voran marschiert der Großpapa,
Das Taschentüchel schwarzweißrot,
Doch sonst neutral bis in den Tod . . .

Den politischen Nutzen von der Schonungslosigkeit, mit der die Geburtswehen und ersten Schritte der Demokratie in Deutschland von allen Seiten analysiert, kritisiert und attackiert werden, haben schließlich die braunen Raubaffen Hitlers. Diese Spezies Mensch aus der Familie der Deutschen hat nämlich vor, ihre »Volksgenossen« wieder auf Vordermann zu bringen. Und wie! Ausgerechnet von Goebbels, ihrem gefährlichsten Einpeitscher, von dem später Legionen von Propagandisten aller Richtungen lernen, stammen diese »einsichtigen« Sätze: »Wir Deutschen denken zuviel. Der Typ des deutschen Bildungsphilisters hat uns den Instinkt für die Politik genommen. Wir sind das intelligenteste, aber leider auch das dümmste Volk der Welt.«

Wegen der Bürger von gestern ist die Weimarer Republik eine Republik ohne Republikaner, eine Demokratie ohne Demokraten (eine Karikatur von K. Arnold aus dem »Simplicissimus«, Nr. 43/1923: »Unter uns, meine Herren: Seine Majestät der Kaiser lebe hoch – pst – hoch – leise – hoch!«).

»Der Feind steht rechts!« stellt Reichskanzler Wirth im Reichstag schon 1922 fest. Aber noch 1930 nehmen die Demokraten ihren gefährlichsten Feind nicht ernst. Vor dem Reichsgericht spricht Wirth davon, daß »Köpfe rollen« werden (Hitler als »Häuptling vom Stamm der wilden Kopfjäger«, Zeichnung von Geis im »Ulk«).

1918

November: Revolution in Deutschland, Abdankung der Landesfürsten – Reichskanzler Prinz Max von Baden verkündet die Ausrufung der Republik – Friedrich Ebert Reichskanzler – Regierung der Volksbeauftragten (bis Februar 1919)

»Die Fürsten sind fort ... In zwei Tagen sind sie alle verschwunden. Was für ein unerhörter Vorgang wäre das in weniger unerhörten Zeiten ... Was so leicht stirbt, kann keine Lebenskraft mehr gehabt haben«, schreibt der Historiker Golo Mann (eine Karikatur von H. Kley aus dem »Simplicissimus« zum plötzlichen Ende des Feudalismus in Deutschland, bei dem »die Quadratur des Zirkels« durch den Sieg der Zylinder über die Kronen »gelöst« wird). Die Zeit der Monarchie in Deutschland ist vorbei. Europa und die Welt hat mit dem Ende des großen Krieges ihr Gesicht verändert. Der neue Mann in Deutschland, der Sozialdemokrat Friedrich Ebert, sagt: »Die neue Regierung wird eine Volksregierung sein ...«

Während am 9. November in Berlin die erste deutsche Republik ausgerufen wird und den Offizieren auf den Straßen von revolutionären Soldaten die Achselklappen und Kokarden abgerissen werden, will zur gleichen Zeit Wilhelm II. im Hauptquartier in Spa alles nicht wahrhaben. Nachmittags endlich sagt ihm General Groener ins Gesicht, daß das Heer nicht mehr hinter ihm stehe und der Fahneneid zur »Fiktion« geworden sei (*rechts* Wilhelm II., von C. Léandre am 16. November 1918 in »Le Rire«).

Die Waffenstillstandsbedingungen (*rechts* eine Heine-Karikatur aus dem »Simplicissimus« über die Bedingungen: »Der deutsche Militarismus ist aus dem Sattel gehoben, die Machtgier der Entente schwingt sich aufs Roß«) sind zu hart, und der spätere Friedensvertrag wird zum »Friedensdiktat« für die Deutschen. Keine guten Vorzeichen für den Frieden in Europa.

München, 7. November: König Ludwig III. kehrt München den Rücken, auf der »Wies'n« wird demonstriert, im Mathäserbräu bildet sich ein Arbeiter- und Soldatenrat. Einen Tag später ist Kurt Eisner, der Führer der Unabhängigen Sozialdemokraten, Regierungschef in Bayern *(links* eine Münchener Karikatur zum 8. November: Die Frauentürme haben die Ballonmützen der »Roten« aufgesetzt).

Zu den bestehenden Parteien kommen im November/Dezember 1918 neue Parteien, vor allem im bürgerlichen Raum. In Berlin und in Deutschland gewöhnt man sich an neue Gesichter. O. Gulbransson karikiert einige »neue Männer« am 12. November im »Simplicissimus« *(links):* die Sozialdemokraten Scheidemann, David und Bauer, die Zentrumspolitiker Gröber, Erzberger und Trimborn, Haussmann von der neuen DDP, den christlichen Gewerkschafter Gisberts und den Staatssekretär des Äußeren, Solf.

Dezember: Gründung der linksliberalen Deutschen Demokratischen Partei, der rechtsliberalen Deutschen Volkspartei und der konservativen Deutschnationalen Volkspartei – Gründung der KPD – Gründung des »Stahlhelm«-Bundes – Gesetzlicher 8-Stunden-Arbeitstag in Deutschland

Regierung und Räte streiten sich um die Macht und um die Form des neuen Staates. Die Alternative heißt »Diktatur des Proletariats« (Räteregierung nach sowjetischem Muster) oder »Parlamentarische Demokratie«. Auf dem Reichskongreß der Arbeiter- und Soldatenräte stimmen am 19. Dezember 400 gegen 50 Mitglieder für die am 19. Januar 1919 angesetzten Wahlen zur verfassunggebenden Nationalversammlung, also für die parlamentarische Demokratie *(rechts* kommentiert der »Kladderadatsch« die Entscheidung für die Nationalversammlung mit »Verdammt und zugenäht!«, Zeichnung F. Bahr, Dezember 1918).

Die Linksradikalen wollen es wissen. Der politische Kampf wird auf die Straße getragen. Im Dezember kämpft die Volksmarinedivision um Schloß und Marstall in Berlin. Ebert muß die alten Gardesoldaten zu Hilfe holen. Es kommt zu Eberts »Blutweihnacht« (»Rote Fahne«). Das ist die erste Krise der jungen Republik *(links* eine Zeichnung aus der »Jugend« von C. O. Petersen über die Aussichten ab 1919: »Kleine Menschenseele, spürst du nicht deine unendliche Freiheit – spürst du nicht die große gewaltige Herrschaft der neuen Zeit?!« – »Doch – es ist nur alles so gewaltig, daß ich das Ziel nicht ersehe.«).

Die Linken von der USPD verlassen Eberts Regierung. Zwei weitere Sozialdemokraten, Wissell und Noske, kommen an ihre Stelle. Gleichzeitig löst sich der Spartakusbund von der USPD, und die Kommunistische Partei Deutschlands (KPD) entsteht. Bewaffnete radikale Arbeiter, Spartakisten, wollen die Ebert-Regierung stürzen. Noske muß zu den Berliner regulären Truppen noch Freiwillige in Freikorps anwerben lassen. Die Freischärler mißbrauchen ihren Auftrag: Sie schlagen den Spartakusaufstand brutal nieder und ermorden deren Führer, Rosa Luxemburg und Karl Liebknecht (*oben rechts* eine Kraska-Karikatur aus dem »Kladderadatsch« über Liebknecht: »Guter deutscher Michel, wie lange noch wirst du dir von der Spartakusgöre auf der Nase herumtanzen lassen?«). Der Kommunismus wird als Schreckgespenst angeprangert. Viele mißachten die Streikaufrufe der Linken (*oben links* eine Zeichnung von W. Schulz aus der »Jugend«: »I arbeit – und wenn s' mi fürn Gegenrevolutionär haltn!«; *links unten* läßt Heine den kommunistischen »Ideologen« dem einfachen Volk predigen: »Der Kommunismus ist nur möglich, wenn alle ideale Menschen sind. Ich glaube von euch, daß ihr diese Voraussetzung erfüllt.«).

Januar: Spartakusaufstand in Berlin – Mord an Rosa Luxemburg und Karl Liebknecht – Beginn der Friedenskonferenz in Paris – Wahl zur Nationalversammlung: Mehrheit für demokratische Parteien (Sozialdemokraten, Zentrum und Demokraten, auch »Weimarer Koalition« genannt)

Die Parole der Kommunisten lautet »Du sollst nicht wählen!«, obwohl Liebknecht und Rosa Luxemburg für die Nationalversammlung waren. Die Wahl zur Nationalversammlung bringt eine Mehrheit für die demokratischen Parteien mit der SPD, dem Zentrum und der DDP. Einberufen wird sie nicht in das unruhige Berlin, sondern nach Weimar, der Stadt Goethes und Schillers. Die radikale Linke wartet zu dieser Zeit noch ab, bereitet sich vor und hofft weiter auf die Weltrevolution (eine Karikatur von K. Arnold aus dem »Simplicissimus«: »Halb sechs – sie muß kommen, die Weltrevolution!«).

1919

Kommunistische Streiks und Aufstände in Berlin, im Ruhrgebiet und in Mitteldeutschland – Räterepublik in München und Niederwerfung durch Freikorpsverbände – Kanzler Scheidemann, Kanzler Bauer (beide SPD) – Versailler Vertrag – Weimarer Reichsverfassung – Friedensvertrag für Österreich

In Berlin, in Sachsen, im Ruhrgebiet und vor allem in München proben die Kommunisten den Umsturz. Roter und weißer Terror wechseln sich ab. Die Deutschen beginnen mit zweierlei Maß zu messen (*links* eine Zeichnung aus der »Leipziger Illustrierten« zu den Spartakus-Unruhen 1919; *unten* die Umkehrung des »Friedens«, gezeichnet von E. Thöny im »Simplicissimus«: »Jetzt is's wieder so weit, daß d' Viecher öffentli und d' Menschen bloß no hoamli umbringa derfst«).

In der Zeitschrift »Querschnitt« veröffentlicht der Karikaturist George Grosz eine Federzeichnung (*rechts*), die einer Röntgenaufnahme des politischen und gesellschaftlichen Lebens in Deutschland in den ersten Nachkriegsjahren gleichkommt.

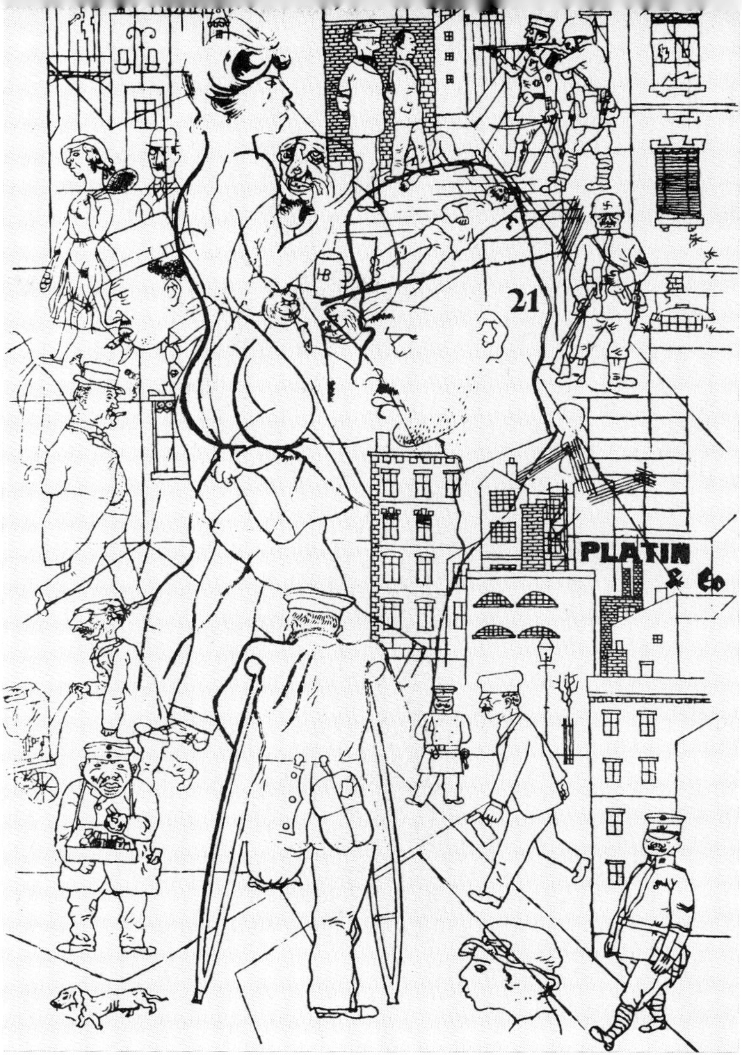

Im Sommer 1919 beherrscht der »Schandvertrag« von Versailles die deutsche Szene. Europa werden seine Auswirkungen noch Jahrzehnte beunruhigen (*rechts* eine prophetische Karikatur von Dyson aus dem »Daily Herald«: die alliierten Staatsmänner nach dem Friedensschluß mit dem weinenden Kind des »Schuljahrganges 1940«). Empört ruft Kanzler Scheidemann vor der Unterzeichnung des Vertrages: »Welche Hand müßte nicht verdorren, die sich und uns in diese Fesseln legt?«, und tritt zurück. Vor allem Frankreichs Politiker sind für den »rachsüchtigen Geist« des Vertrages verantwortlich. Es interessiert sie nicht, daß jenseits des Rheins um ein demokratisches Deutschland gekämpft wird und dieser jungen Demokratie von innen und außen der Atem abgewürgt wird.

Nach der Revolution von links kommt 1920 die Rechte zum Zug. Der Mitbegründer der Vaterlandspartei von 1917, Generallandschaftsdirektor Kapp, putscht mit Reichswehrsoldaten. Berlin wird besetzt, die Regierung flieht nach Stuttgart. Seeckt in Berlin sagt: »Die Reichswehr schießt nicht auf Reichswehr.« Erst ein von den Gewerkschaften ausgerufener Generalstreik nimmt den Putschisten die Luft (*links* karikiert E. Thöny den Hintergrund des Putsches: Ein Offizier in Zivil erklärt »Sein ·Ideal« beim Tango: »Jnädigste wirken auf mich wie ein Putsch von rechts.«).

Den Generalstreik nutzen im Ruhrgebiet die Kommunisten zu einem neuen Aufstand. Eine deutsche »Rote Armee« mit rund 60 000 Mann zwingt die Reichsregierung zu neuem Reichswehreinsatz. Die Alliierten drängen auf eine Kontrolle der illegalen bewaffneten Verbände, in denen auch viele schräge Vögel Unterschlupf gefunden haben. Das Gesetz vom 7. August 1920 über die Entwaffnung der Bevölkerung wird aber häufig mißachtet (*links* die »Theorie und Praxis« der Auslegung dieses Gesetzes, gezeichnet von Thöny: »Eigentlich wollte ich mit meinem Maschinengewehr das Kapital abschaffen helfen; aber dann hab' ich's doch abgeliefert für tausend Mark.«).

Gustav Noske muß nach dem Kapp-Putsch gehen. Die SPD will ihn nicht mehr. Sie findet auch keinen anderen Sozialdemokraten, der die Reichswehr in die Republik eingliedern kann. Geßler, ein Demokrat von der DDP, wird neuer Wehrminister. Von nun an sieht die Reichswehr unter Seeckt die Republik als nichts Endgültiges an. Hinzu kommen das Mißtrauen und die Forderungen der Sieger gegenüber der Republik (*rechts* eine Karikatur von Schilling »Im Storchenteich«: »Du Boche bist auch am Weltkrieg schuld, wenn du erst mal geboren bist!«).

Auch im Innern können die Weimarer Parteien die Zersplitterung der politischen Kräfte nicht verhindern. Nach dem Militarismus Wilhelms treibt der Bürokratismus einer nicht funktionierenden Demokratie seine Blüten (*rechts* eine Heine-Karikatur aus dem »Simplicissimus«, Nr. 30/1920, mit der Überschrift »Der Militarismus ist tot, es lebe der Bürokratismus!: Bis jetzt trifft auf fünfzehn Deutsche ein Beamter. Wir werden erst glücklich sein, wenn auf fünfzehn Beamte ein Deutscher trifft«).

Bunt und turbulent präsentiert sich auch das gesellschaftliche und kulturelle Leben in Deutschland. Allerdings haben dafür nur wenige Leute das nötige Kleingeld. Die schleichende Inflation nützen Schwarzhändler und Schieber für ihre dunklen Geschäfte (*links* eine Zeichnung von E. Kelen aus der »Jugend« von dem Schieberkasino »Zum Blutegel«). Im kulturellen Leben tritt ein neues Medium seinen Siegeszug an: der Film. Noch ohne Ton entstehen 1920 in Deutschland die berühmten Filme »Das Kabinett des Dr. Caligari«, »Der Golem« und »Kohlhiesl's Töchter« mit Henny Porten (*links unten* einige weibliche Stars von 1919, karikiert von O. Gulbransson im »Simplicissimus«).

Einen Blick in »Berliner Kabaretts« von 1921 riskiert K. Arnold in dieser Bilderfolge aus dem »Simplicissimus« (*rechte Seite*). Oben links: »Nehm' Se Orchester-Platz, meine Herren; im Parkett sehn Se bloß bis zum Nabel.« Oben rechts: »Wir Deutschen sinn nu mal etwas langsam im Fortschritt – diese Schose hab' ick schon vor'n Krieg in Paris jesehn.« Unten links: »Als zweites bringt Ihnen Fräulein Lora Laura ›Wanderers Nachtlied‹, Worte von Johann Wolfgang von Goethe, Musik von Jona Jonast, Kostüm von Mandelbaum und Schmidt, Schuhe von Herzfelder & Co.« Unten rechts: »Kieck mal, Dicker, da werden ooch Jedichte von Joethe vorjetragen.« – »Na, bei den Weinpreisen kannste auch was Erstklassiges verlangen.«

Max Liebermann Präsident der Preußischen Akademie der Künste – Eröffnung des Ufa-Palastes am Zoo mit »Madame Dubarry« (Regie: E. Lubitsch) mit Pola Negri und Emil Jannings – Ernst Jünger veröffentlicht »In Stahlgewittern« (1920) – Physik-Nobelpreis an Albert Einstein (1921)

1920/21

Der Versailler Vertrag verlangt noch keine konkrete Gesamtsumme von den Deutschen. Man will erst die Kriegsschäden genau feststellen. Im Januar 1921 hat man in Paris 226 Milliarden Goldmark, zahlbar in 42 Jahresraten, aufgerechnet. Das lehnen die Deutschen ab. Daraufhin besetzen die Franzosen, wie angedroht, Düsseldorf, Duisburg und Ruhrort (*links oben* eine Karikatur von E. Wilke aus der »Jugend« zu Übergriffen schwarzer Besatzungssoldaten: »Schau, du armer amerikanischer Nigger, was mir mein französischer Herr erlaubt!«; *links unten* eine »Kladderadatsch«-Karikatur von W. Hahmann, »Auf der Lauer«: Clemenceau wartet auf die ersten Reparationszahlungen aus Deutschland.).

Neben dem Ruhrgebiet geht es auch um das zweite deutsche Industrierevier: um Oberschlesien. Polen will es ganz haben. Polnische Freischärler terrorisieren, deutsche Freikorps antworten im gleichen Stil (*oben rechts* eine Kraska-Karikatur aus dem »Ulk« vom September 1920 zeigt den polnischen Führer Korfanty, der flucht: »Psiakrew, dacht' ich, is es Kuchen – beiß' ich auf Granit!«). Eine Abstimmung im März ergibt zwar eine 61%ige Mehrheit für Deutschland, aber nach einem neuen Bürgerkrieg teilen die Alliierten im Oktober 1921 das oberschlesische Industriegebiet auf: Polen erhält nicht alles, Deutschland behält zuwenig.

1921

Die Deutschen müssen die etwas zurückgeschraubten finanziellen und wirtschaftlichen Reparationsforderungen der Sieger, das Londoner Ultimatum, annehmen. Jetzt beschimpfen die immer frecher sich gebärdenden Nationalisten die Reichsregierung als »Erfüllungspolitiker«, als »Bezahlte Handlanger der Alliierten«. Matthias Erzberger wird erstes Opfer einer langen Reihe von »Fememorden«. Wie soll das gutgehen? (Eine Satire von Thöny auf die wandernden Jugendverbände in Deutschland: »Kinder, singt, eh' wir den Franzosen die Stimmbänder abliefern müssen.«)

Der deutsch-russische Vertrag von Rapallo – Ermordung Rathenaus – Gesetz zum Schutz der Republik – Inflation in Deutschland – Kanzler Cuno (parteilos) – Mussolinis Marsch auf Rom – Poincaré wieder französischer Ministerpräsident

Im Januar 1922 sind sich in Cannes die Alliierten einig geworden, daß die Reparationsfrage eigentlich ein gesamteuropäisches Wirtschaftsproblem geworden ist. Eine Wirtschaftskonferenz in Genua im April 1922 soll alles klären. Unter den 28 eingeladenen Staaten ist auch eine russische und eine deutsche Delegation. Am Rand der Wirtschaftskonferenz einigen sich diese beiden Delegationen in Rapallo, dem Quartier der Russen, in einem Sonderabkommen, dem Vertrag von Rapallo. Deutschland hat damit verhindert, daß die Russen mit den Westmächten zusammengehen (*links* eine Karikatur von E. Schilling aus dem »Simplicissimus« zum Rapallo-Vertrag: »Ein Anfang«).

Reichskanzler Wirth ist ein gemütlicher Badenser (*links unten* eine Gulbransson-Karikatur »Im Reichskanzlerpalais«: »Da isch der Bismarck gelege – und jetzt lieg' i do!«). Er ist sicher kein Staatsmann (Graf Kessler nennt ihn den »Hausknecht als Reichskanzler«), und das hat er mit den meisten Kanzlern der Weimarer Republik gemeinsam. Trotzdem: Er hat den Mut, im Reichstag klar auszusprechen: »Der Feind steht rechts!«

Schon 1918 hat der erste Band Furore gemacht: jetzt erscheint im Herbst 1922 der zweite Band von Oswald Spenglers »Untergang des Abendlandes« (*rechte Seite unten* ein unkomplizierter Kommentar Gulbranssons zu dem Buch: »Herr Spengler! Ich glaube, Sie wollen in Deutschland nur wieder die Harems einführen!«).

Das »Gesetz zum Schutz der Republik«, eine Notverordnung nach dem Mord an Außenminister Rathenau, ist gegen antirepublikanische Umtriebe gerichtet. Aber diese Zeitgenossen scheren sich nicht um den Staat und dessen Ordnung, in dem sie selbst leben (*oben* eine Heine-Prognose vom Juli 1922 zum Thema »Ausnahmegesetze«: links: Durch Bismarcks kurzsichtige Politik wurde die Sozialdemokratie groß; rechts: Durch Dr. Wirths weitsichtige Politik wird ...).

1923

Januar bis August: Reparationskommission stellt gegen die britische Stimme Vernachlässigung der deutschen Lieferungen fest: Besetzung des Ruhrgebietes – Deutsche Regierung proklamiert »passiven Widerstand« – Reichskanzler Stresemann (DVP) – Orientfrieden von Lausanne: Unabhängigkeit für die Türkei

Schon nach dem Mord an Rathenau stürzte der Kurs der deutschen Mark. Die Inflation galoppiert und macht der deutschen Regierung und ganz Europa schwer zu schaffen. Für einige Industrielle bringt das aber gute Geschäfte (*links oben* eine Karikatur von G. Grosz auf den Inflationsgewinnler Hugo Stinnes, in dessen Händen der Reichspräsident Ebert ein Hampelmann ist).

Der Finanzfachmann Cuno, Generaldirektor von HAPAG, soll als neuer Kanzler die Wirtschaftskrise meistern. Aber Frankreichs Ministerpräsident Poincaré bleibt stur: Fünf französische Divisionen marschieren im Januar 1923 ins Ruhrgebiet ein, damit Frankreich ein »Pfand« hat (*rechts oben* eine anonyme Karikatur aus dem holländischen »Notenkraker«: Poincaré besetzt die Ruhr.).

Mitte 1923 fällt die Reichsmark ins Bodenlose, weil die Regierung anstatt neuer Steuern lieber die Notenpresse schneller laufen läßt. Am 10. Juni kostet in Berlin ein Markenbrot 2500 Mark, ein Liter Milch 1440 Mark (*links* eine Karikatur von E. Schilling, »Unser tägliches Brot«: »Wird das Brot nicht endlich billiger?« – »Dann müßt' ich's schlechter machen – und das ist nicht möglich.«).

Gustav Stresemann, neuer Reichskanzler ab August, ist einer der wenigen Politiker der Rechten, die nach dem verlorenen Krieg Realitäten anerkennen. Deshalb stützt ihn auch die SPD, als er später als Außenminister von der Rechten zu wenig Beifall bekommt (ein von K. Arnold stammendes Wahlplakat der DDP aus dem Jahr 1920: Gegen Diktatur von links und rechts).

1923

Abbruch des »passiven Widerstandes« gegen die Ruhrbesetzung – Zweites Kabinett Stresemann – Separatistische Unruhen im Rheinland – Coudenhove-Kalergi gründet Paneuropäische Bewegung – Eisenstein dreht »Panzerkreuzer Potemkin« – Erste Rundfunksendung in Berlin

Stresemann will sichergehen und bildet eine »Große Koalition« mit SPD, Zentrum, Demokratischer Partei und Volkspartei (eine Arnold-Karikatur zur »Großen Koalition«: Bräutigam Stresemann führt die Braut Sozialdemokratie mit den anderen beiden Parteien als Trauzeugen vor den Altar: »Und so lasset uns getrost in die Zukunft blicken, denn es ist keine leichtfertige Liebesehe, nein, es ist eine Heirat auf Pflicht!«). Stresemann will die Republik mit der gemäßigten Rechten versöhnen, also mit den Schichten, die bisher in Deutschland den Ton angegeben hatten. Es gelingt ihm nur zum Teil.

Seit dem Ende der Räterepublik in München 1919 hat man dort genug von den Roten. Dafür werden die Faschisten immer frecher. München wird zum Tummelplatz aller nationalistischen Gruppen, vor allem der sogenannten »Vaterländischen Verbände« und bewaffneter Freikorpseinheiten. Die stärkste Gruppe darunter aber sind Hitlers Sturm-Abteilungen (SA). Mit dem Bierkeller-Strategen sympathisiert Ludendorff, der Generalstäbler aus dem Ersten Weltkrieg. Gemeinsam wollen sie die »November-Republik« stürzen (*rechts* eine »Kladderadatsch«-Karikatur zu den »Gefahren der Münchener Bräukeller« von Garvens: »1918, Eisner; 1923, Hitler; 19—, ?«).

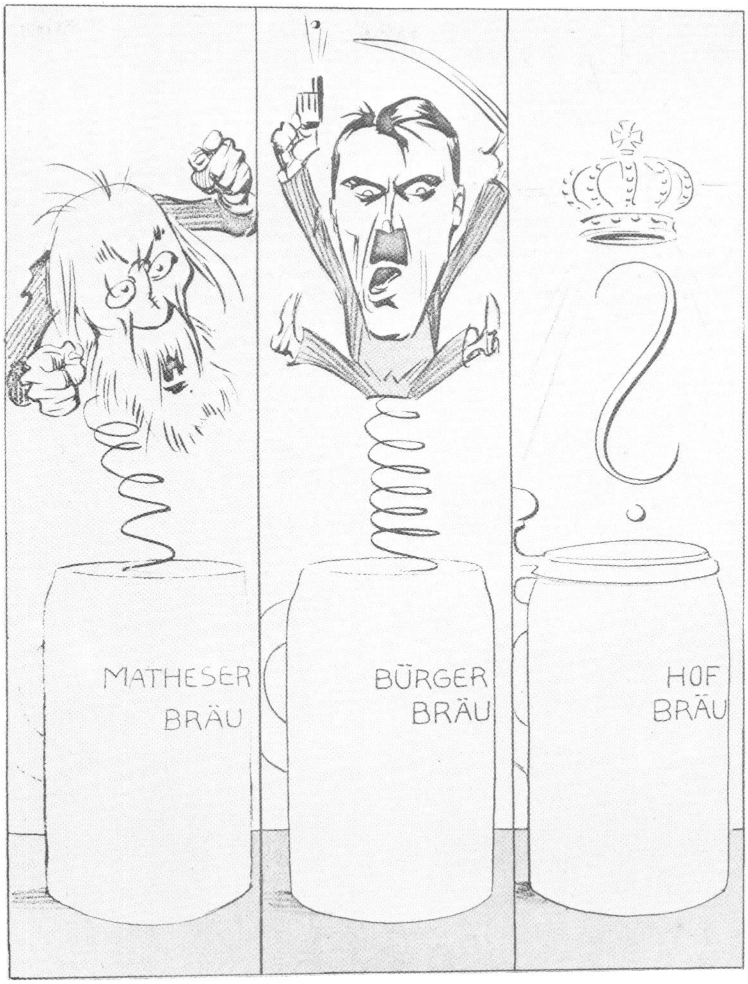

Der Putsch mißlingt, weil die anfangs sympathisierenden Vertreter aus Politik, Reichswehr und Polizei kalte Füße bekommen. Hitlers Marsch nach Berlin endet schon an der Feldherrnhalle in München. Die Münchener haben wieder ihre königlich bayerische Ruh' (*links* eine »Simplicissimus«-Karikatur von Arnold. »Der Münchener«, Ende 1923: »Mei Ruah möcht' i hamm und a Revalation, a Ordnung muaß sei' und a Judenpogrom, a Diktatur g'hört hera und glei' davo'ghaut: Mir zoagen's enk scho', wia ma Deutschland aufbaut!«).

1924

Hitler in Festungshaft – Fertigstellung des Dawes-Plans – Reichstagswahlen: Deutschnationale Volkspartei stärkste Reichstagsfraktion – Annahme des Dawes-Plans auf der Londoner Konferenz und im Reichstag – Auflösung des Reichstages, Neuwahlen: Verluste der Kommunisten und Völkischen

Die Republik ist wirklich ungeliebt. Wer sich zu ihr bekennt, wird ausgelacht. So auch Thomas Mann nach seiner Rede »Von deutscher Republik« 1923 (von links oben nach rechts unten eine ganzseitige Text- und Bildfolge des »Kladderadatsch« 1923, gezeichnet von Johnson, über Thomas Mann, »den Ruhmesdichter der deutschen Republik«: »Hymne, schwinge dich! – Jubel, entringe dich! – Hoch zum Licht hinan! – Ich, der Thomas Mann – Ich besinge dich – Republikanisches – Thomasmanisches. Höchstes Prinzip! – Göttliche Geistesspur! – Einheit von Staat-Kultur – Herrliches Menschheitsbild – Himmlischer Weisheitsschild – Der dich zum Höchsten hebt, – Zum Objektiven strebt, – Neudeutsches Reich! Ich überschlage mich, – Ehrfurchtsvoll wage mich – Mit meinem Segen vor. – Neige dein huldvoll' Ohr: Fühl deine Wonne ganz! – Siehe im schönsten Kranz – Die Schieber des Vaterlands! – Heil sei mit dir!«).

Der Dawes-Plan von 1924 soll die Reparationszahlungen der Deutschen an die Alliierten besser rationieren: Nach einer Übergangszeit mit geringeren Jahresraten sollen die Deutschen später mit steigendem Wohlstand wieder höhere Raten zahlen. Zur Aufbringung der Reparationen verpfändet das Reich die Zolleinnahmen und vier Verbrauchssteuern. Reichsbahn und Reichsbank kommen unter Kontrolle der Gläubiger. Für die erste Jahresrate erhält Deutschland eine internationale Anleihe von 800 Millionen Goldmark. Wieder geraten sich die Radikalen über das »neue Versailles« und den »internationalen Monopolkapitalismus« in die Wolle. Und die Mehrheit der unpolitischen Bürger erregt sich über das »Parteiengezänk«, an dem ja nur diese neumodische Demokratie schuld sein kann (*rechts oben* eine Heine-Karikatur zu den Reichstagswahlen 1924: »Mehr Luft! Sprengt die Fesseln der Partei!«; *rechts* eine antisemitische Wahlpropaganda der Nazis 1924 unter Strasser: der Jude als kapitalistischer Ausbeuter. Später, wieder mit Hitler, erscheint bei den Nazis die deutschnationale Umkehrung: der Jude als bolschewistische Bestie).

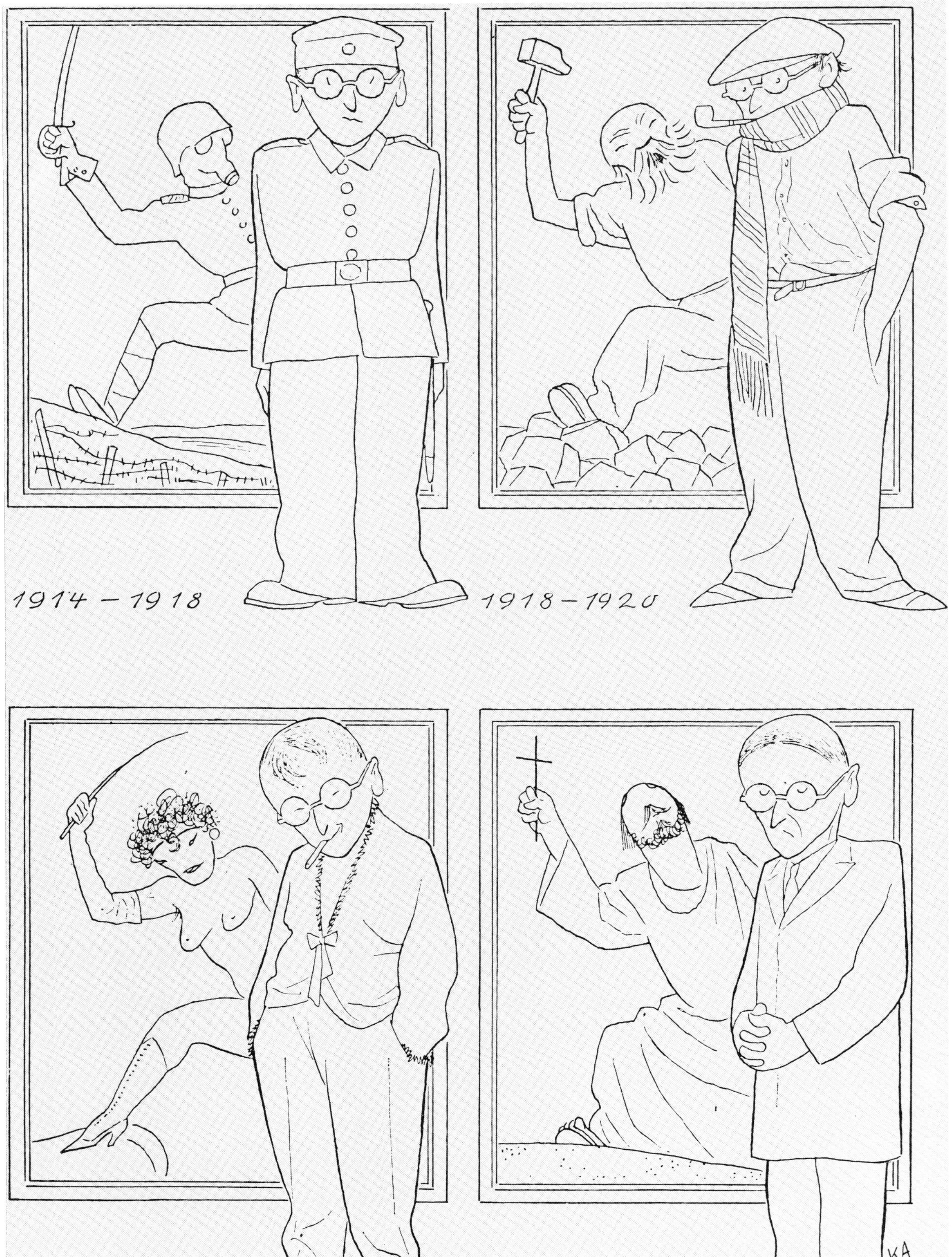

Ende 1924 erhalten die demokratischen Parteien wieder mehr Stimmen. Die politischen, vor allem aber die wirtschaftlichen Wogen haben sich etwas geglättet. Entsprechend wütend reagieren die Radikalen. Vor allem das Geschrei der »Vaterländischen Verbände« stört weiterhin die außenpolitischen Bemühungen Stresemanns (K. Arnolds Bildergeschichte von einem, der alles schon seit 1914 kommen sah).

1924 wird die »Dolchstoßlegende« Wahlmunition. Sie soll die republikfreundlichen »Vaterlandsverräter« in den demokratischen Parteien in Verruf bringen. Auch die Militärs, allen voran Ludendorff und auch Hindenburg, bedienen sich ihrer, um ihren eigenen Anteil am Ausgang des Krieges zu verschleiern (*rechts* eine von K. Arnold karikierte Version über die Frage nach der Kriegsschuld: »Die Diplomaten haben den Weg bereitet – die Völker sind in den Krieg hineingestolpert«, alle karikierten Diplomaten waren 1914 auf alliierter Seite tätig).

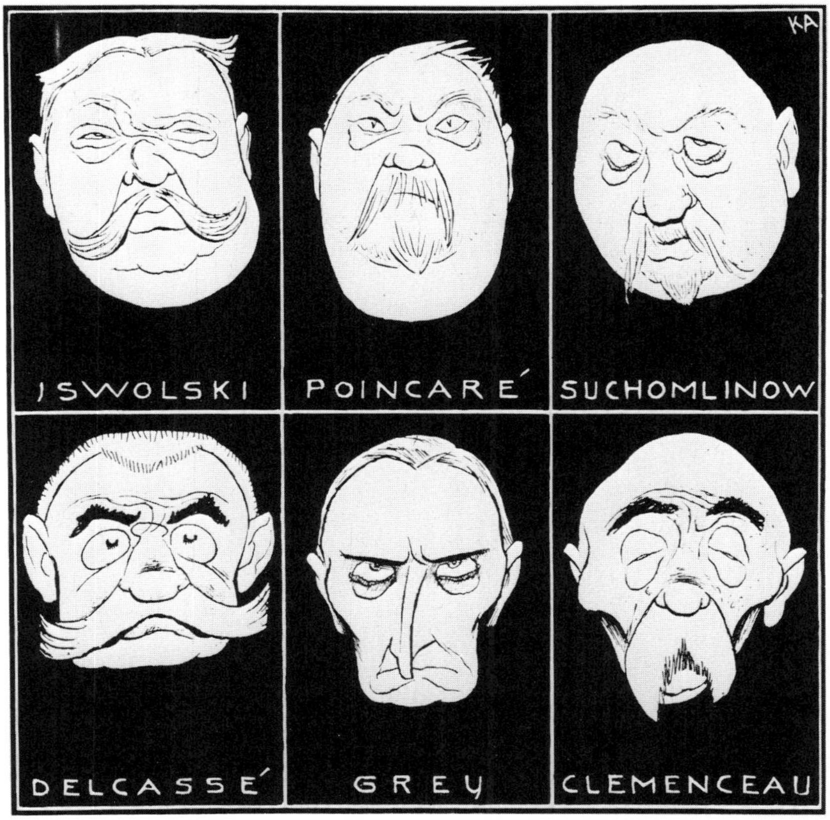

Ab 1925 stehen der Republik endlich einige ruhigere Jahre bevor (*rechts* eine Zille-Zeichnung »Mudicke macht Bilanz«: »Ick habe meine Selige übastanden – ick habe Kaiser Willem übastanden – ick wer ooch die Republik übastehn!«).

1925

Walter Gropius errichtet das »Bauhaus« in Dessau – Kleist-Preis für Carl Zuckmayers »Der fröhliche Weinberg« – Uraufführung von Alban Bergs »Wozzek« – Josephine Baker in der Nelson-Revue in Berlin – Regelmäßige Ufa-Wochenschauen – Film: Greta Garbo und Asta Nielsen in »Die freudlose Gasse«

Mit den ruhigeren Jahren kommen die später soviel gerühmten »Goldenen zwanziger Jahre«. Sie enden ab 1929 in einem Tanz auf dem Vulkan. In Berlin drängen sich Sternstunden am Theater, an der Oper und in der Musik auf engem Raum und in wenigen Jahren zusammen. Auch in Bayreuth wird es ab 1924 wieder lebendig (*links* dazu eine Karikatur von E. Schilling: »Nun singen unsre alten Recken wieder. Nun könnte das alte Deutsche Reich in neuer Herrlichkeit erstehen, wenn nur das zahlende Ausland da wäre!«).

Und die Ausländer kommen, angezogen von den goldenen Zwanzigern und dem Glanz und Geist des Magneten Berlin (*links unten* eine Arnold-Karikatur »Die Beobachter«: »So, Sö san der Vertreter von Liberia für die Negerbelange! I bin der Delegierte vom Verein gegen schlechtes Einschenken aus München!«).

Ungeheuerlich ist es schon, an was die Deutschen von Bismarck bis Hindenburg alles schuld sein sollen. Es fängt damit an, daß sie Bismarck geduldet haben, und hört mit der »Hauptschuld« auf, den Krieg verloren zu haben (dazu eine Bildgeschichte von K. Arnold aus dem »Simplicissimus«, Nr. 13/1924, *rechte Seite*). Trost spendet dazu nur ein deutsches Dichterwort: »Man mag von den Deutschen sagen, was man will . . ., aber sie sind jedenfalls ein männliches Volk.« (Paul Ernst)

Die Deutschen sind schuld:

(Karl Arnold)

Sie haben Bismarck geduldet, sie haben die französischen Jugend- und Schulbücher vergiftet und den Revánchegedanken großgezogen,

sie haben sich Kolonien, Handel und Industrie geleistet,

sie haben sich politisch einkreisen lassen,

sie haben den österreichischen Thronfolger ermordet,

und als Jaurès den Krieg verhindern wollte, haben sie ihn erschossen:

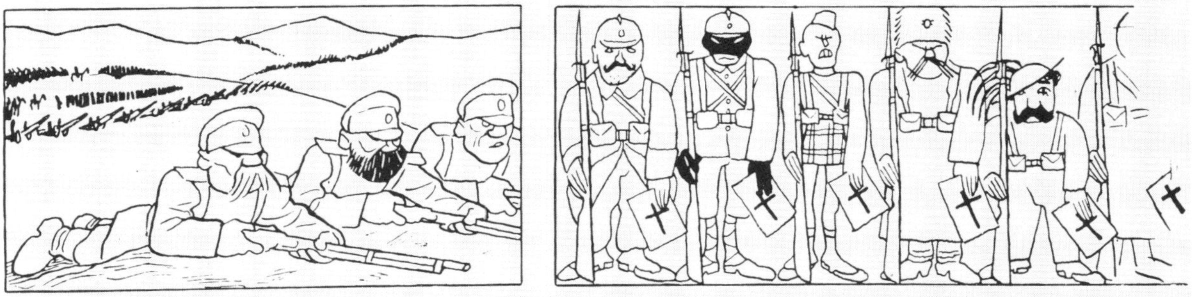

sie haben dann sofort die russische Armee gegen sich mobilisiert,

sie haben von 21 Staaten Kriegserklärungen entgegengenommen,

sie haben sich auf alle feindlichen Phrasen und Wilsons 14 Punkte verlassen,

und sie haben — die Hauptschuld — den Krieg verloren.

1925

Kanzler Luther (parteilos) – Neugründung der NSDAP nach Hitlers Freilassung – Tod Friedrich Eberts – Reichspräsidentenwahl, im zweiten Wahlgang Hindenburg gewählt – Beginn der Räumung des Ruhrgebiets – Franz Kafka schreibt »Der Prozeß«

Am 28. Februar 1925 stirbt der Mann, ohne den die Republik ihre ersten unruhigen Jahre nicht überstanden hätte: Friedrich Ebert. Der als »Sattlergeselle« und »Vaterlandsverräter« verhöhnte Präsident hat, »als Könige versagten«, sich als »Sohn des breiten Volkes höchst königlich bewährt« (Theodor Heuss).

Die Frage des Nachfolgers ist schwierig, eine erste Wahl am 29. März 1925 bringt für keinen Kandidaten eine Mehrheit (*links oben* die Republik Germania im Heiratsbüro. Das republikanische Witzblatt »Lachen links« wünscht ihr »einen schlichten Mann, mit dem Herzen auf dem rechten Fleck«).

Das Herz Hindenburgs steht zumindest rechts. Ihn heben die Rechtsparteien beim zweiten Wahlgang am 26. April 1925 auf den Schild. Mit nur einer Million Stimmen mehr, darunter auch die der neugegründeten NSDAP, wird er der zweite Reichspräsident der Republik (zwei Karikaturen von Heine »Nach der Präsidentenwahl«: *oben rechts:* »Du hast vielleicht doch nicht inbrünstig genug zu Gott gebetet!« sagt Marx zum Sozialdemokraten; *links:* »Sie können ruhig in Hannover bleiben, Herr Präsident – wir werden das Kind schon schaukeln!«).

Hindenburg bleibt aber nicht in Hannover, wie sich die Konservativen und Rechten das so gedacht haben. Er verändert rasch das äußere Bild der Republik: Paraden und Kundgebungen mit immer mehr Uniformen und Fahnen beherrschen jetzt und bis zum Ende die Straßen der Republik. Dieses Bild steht in krassem Gegensatz zu den zivilen außenpolitischen Verhandlungen, wo Stresemann für ein sich immer patriotischer gebärdendes Volk Vertrauen sammeln muß *(rechts oben* eine deutsch-nationale Pressekarikatur »Frohe Fahrt am Locarner See«: Das Friedensschifflein wird von allen Teilnehmern in Grund und Boden geblasen; *rechts unten* eine »Jugend«-Karikatur von E. Wilke zu einem Ausspruch des ehemaligen Kanzlers Wirth, der 1925 in Amerika Besuch macht).

1926

Nobelpreis an G. B. Shaw – Amundsen und Nobile überfliegen im Luftschiff den Nordpol – Erster Pan-Europa-Kongreß unter dem Ehrenvorsitz A. Briands – Tucholsky übernimmt nach dem Tode Jacobsohns für ein Jahr die »Weltbühne«, danach (1927) Carl von Ossietzky

Ein unbekannter Dichter findet auf einer Sonnwendfeier diesen Reim über die Anfänge der NSDAP: »Und aus des Nachkriegs Niederungen erstand die Partei mit ihren Gliederungen.« Die Aufbauarbeit der NSDAP wird 1926 auf diesem Niveau vorangetragen (*links* eine Arnold-Karikatur über einen »Alpenball in Berlin«: »Donnawetta, Löwenthal als Hitler? Orjinelle Maske!!« Die Zeichnung stammt aus dem Jahr 1926!).

Zwischenmenschliche Kontakte spiegeln in den goldenen Zwanzigern das gesellschaftspolitische Gefälle wider. Das Bürgertum klammert sich an den Geist von gestern. Aber vor allem die eigene Familie hat unter den jetzt sich nur noch kleinbürgerlicher gebenden Vertretern zu leiden. Wohl dem eventuellen Neuzugang, der rechtzeitig gewarnt wird (*links* die Arnold-Karikatur »Frei ist der Bursch!«: »Mir zu Ohren jekommen, daß Fräulein Tochter Vorstellung von ›Fröhlichem Weinberg‹ beijewohnt ... sehe mich jenötigt, Verlobung zurückzuziehen!«, aus dem »Simplicissimus«, Nr. 50/1926).

Angesichts Hindenburgs Präsidentschaft blicken viele Deutsche zurück in die glorreiche Geschichte Preußens und des Kaiserreiches. Man huldigt den großen Deutschen und tanzt Charleston (eine »Spiritistische Sitzung«, gezeichnet von Th. Th. Heine 1926 im »Simplicissimus«: »Gebt dem Volk seine Geister-Erscheinungen wieder!«). Das Blatt zeigt, wie sehr man in der Weimarer Republik sich nach rückwärts orientiert, wie vaterländische Idole herumgeistern und der starke Mann gesucht wird.

Der Berliner Vertrag vom 24. April 1926 verpflichtet Deutschland und die UdSSR »im Fall, daß sie von Dritten in einen Konflikt verwickelt« würden, »Neutralität zu beobachten und sich auch an keinen Sanktionen zu beteiligen«. Stresemann sieht Deutschland als »den gegebenen großen Mittler und die Brücke zwischen Ost und West« (*links* eine »Simplicissimus«-Karikatur von E. Schilling zum deutsch-russischen Berliner Vertrag: »Hacke und Spaten – für den Erdboden, Bruder, nicht für unsere Köpfe!«).

SPD und KPD wollen im Januar 1926 dem Volksfeind im Hause an den Geldbeutel: Sie bringen einen Gesetzentwurf ein, der die entschädigungslose Enteignung des gesamten Fürstenvermögens zugunsten der Länder vorsieht. Der Erlös soll nur zur Unterstützung von Erwerbslosen, Kriegsbeschädigten und -hinterbliebenen, Sozial- und Kleinrentnern und bedürftigen Opfern der Inflation verwendet werden. Aber bei einem Volksentscheid findet dieser Vorschlag in Deutschland am 20. Juni nur 36,6 Prozent Stimmen! Ersatz-Kaiser Hindenburg nennt vor der Abstimmung den Entwurf »einen bedauerlichen Mangel an Traditionsgefühl und groben Undank« (*links* karikiert E. Schilling den Volksentscheid mit »Preisend mit viel schönen Reden ...«: »Na prost, ich wußte ja gleich: Ein Volk, das sich vier Jahre so tapfer gehalten hat, zahlt auch!«).

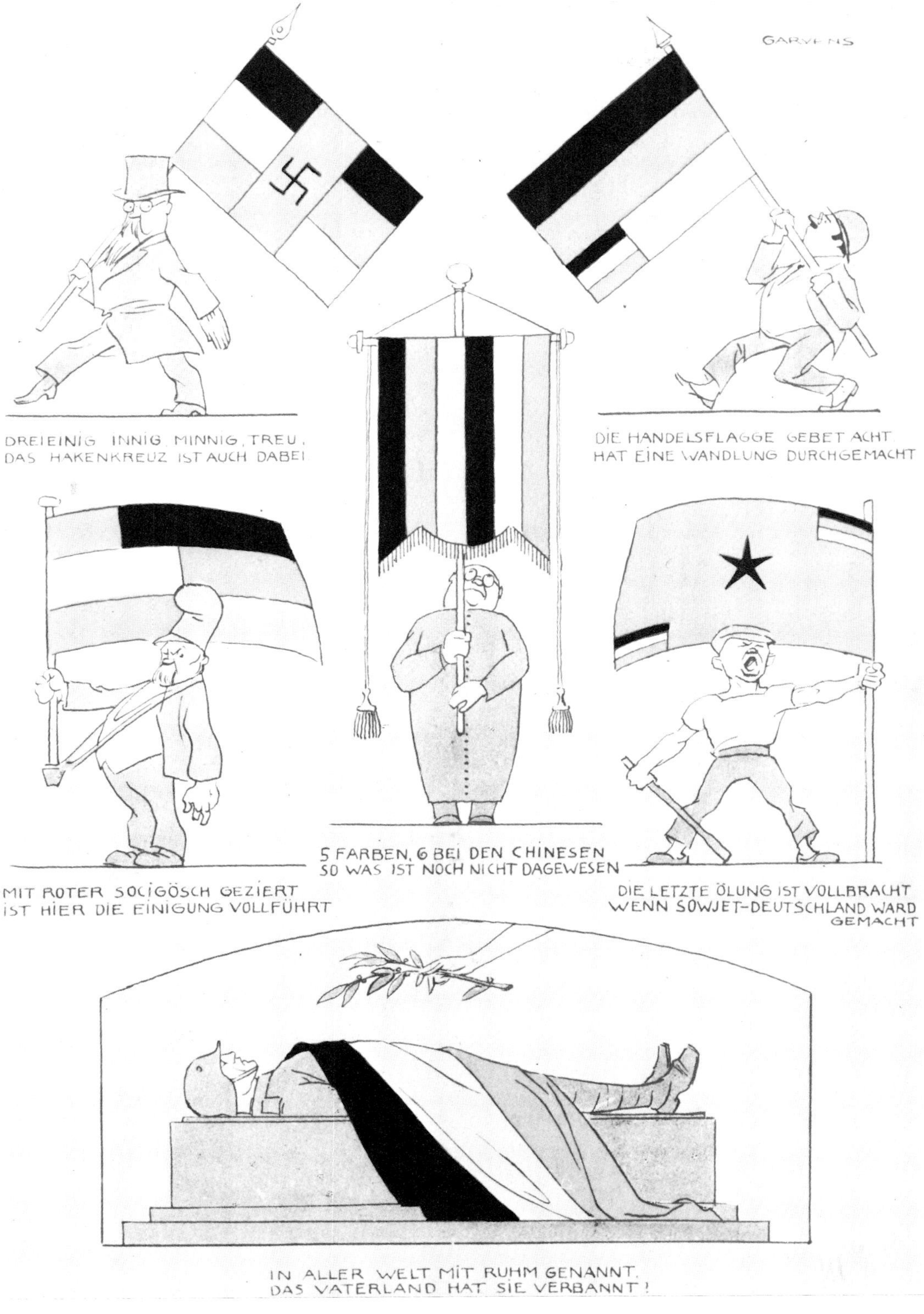

Hindenburg stiftet mit seiner Flaggenverordnung vom Mai 1926 neuen Streit. Die gesandtschaftlichen und konsularischen Behörden des Reiches können an bestimmten ausländischen Plätzen neben den Farben der Republik auch das alte kaiserliche Schwarz-Weiß-Rot zeigen. Klar, daß viele mit diesem instinktlosen Wirbel um zwei deutsche Flaggensymbole auch die Republik selbst in Frage gestellt sehen (Garvens schlägt im »Kladderadatsch« verschiedene parteipolitische »Kompromißflaggen« vor).

1926

Stresemann und Briand erörtern eine Gesamtregelung aller Probleme zwischen Deutschland und Frankreich -- Rücktritt des Chefs der Heeresleitung, von Seeckt -- Zusammenarbeit der Reichswehr mit der Roten Armee – Friedensnobelpreis an G. Stresemann und A. Briand

Im Juli beschwört K. Arnold im »Simplicissimus« für Deutschland einen »weiten Horizont« (*links* Stresemann zu Marx: »Herrlich, dieser weite Horizont – so was kann man sich auch nur in den Ferien leisten!«). Nach den Ferien kommt es tatsächlich zu einer erheblichen Erweiterung des deutschen Horizonts: Deutschland wird Mitglied des Völkerbundes. Die Ära der Isolierung scheint zu Ende. Man hofft auf einen neuen Völkerfrühling.

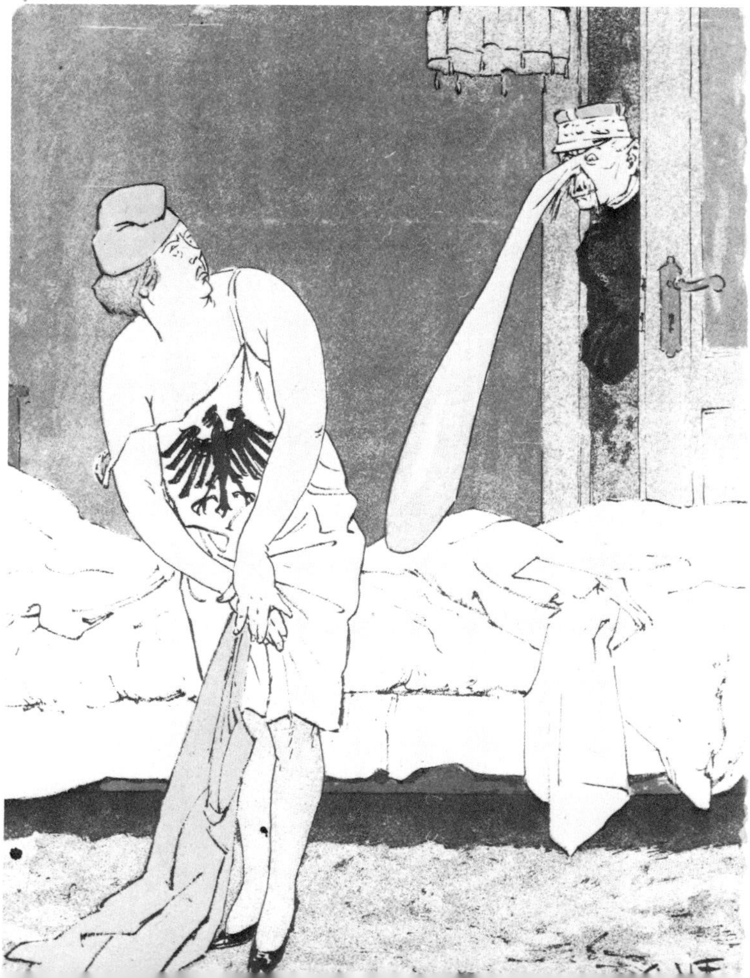

Aber die Alliierten kontrollieren vorerst weiter, was der Versailler Vertrag immer noch vorschreibt. Die Interalliierte Militärkommission wird erst im Februar 1927 zurückgezogen. Marschall Foch hält das 1926 noch nicht für notwendig (*links* eine »Kladderadatsch«-Karikatur von Lindloff vom »nimmermüden Schnüffler Foch«, Juli 1926: »Ist der verdammte Schnüffler schon wieder da? Jetzt wird's aber Zeit, daß er endlich vor die Tür gesetzt wird!« entrüstet sich Germania).

Der Vater und Chef der Reichswehr, Generaloberst von Seeckt, ist seit Hindenburgs Präsidentschaft nicht mehr der erste Soldat im Staat. Hindenburgs Feldherrnpose überragt ihn, sein Stern sinkt. Als Seeckt die Teilnahme des Sohnes von Kronprinz Wilhelm am Herbstmanöver 1926 zuläßt, ohne den Reichswehrminister vorher zu fragen, muß er gehen. Für die Deutschnationalen und Völkischen ist Seeckts Abgang ein »nationales Unglück« (*rechts* karikiert E. Schilling im »Simplicissimus« die von Seeckt herausgeforderte »Zivilgewalt«: »Skandal! Die Untertanen von gestern werden immer kühner.«).

Im Dezember 1926 zieht der SPD-Abgeordnete Scheidemann die bis dahin geheimen Verbindungen der Reichswehr zur sowjetischen Roten Armee vor dem Reichstag an die Öffentlichkeit. Er beruft sich auf einen Aufsatz im »Manchester Guardian«. Die 14. Regierung der Republik wird neu umgebildet (*rechts* »Ministerwechsel«, eine Zeichnung von G. Grosz aus dem »Simplicissimus« vom 14. März 1927: »Ist das Arbeiten unter Ihrem neuen Chef sehr ersprießlich, Herr Ministerialrat?« – »Außerordentlich! Ich muß für ihn möglichst viele Fehler zusammensuchen, die ich unterm alten Chef gemacht habe.«).

Charles Lindbergh überfliegt den Atlantik von West nach Ost – Bert Brecht veröffentlicht den Gedichtband »Hauspostille« – Pflichtversicherung gegen Arbeitslosigkeit in Deutschland – Friedensnobelpreis an den Vorsitzenden der Deutschen Friedensgesellschaft, L. Quidde, und den Franzosen F. Buisson

Thälmann

„— — das Blut der Geknechteten — —“

Frau Bäumer (Th. Th. Heine

„— — Schmutz und Schund — —“

Scholz

„— — voll und ganz — —“

Scheidemann

„— — vom Standpunkt der Parteitaktik — —“

Wirth

„— — die Seele des Volkes — gemeinsame Plattform — —“

Hergt

„— — im Kaiserreich aber — —“

Die elegante Welt der zwanziger Jahre hat viele Gesichter *(links* eine Karikatur von K. Arnold). Frivol und sportlich ist die Mode, pikant-delikat die Girl-Truppen in den Revuen der Berliner Scala. Richard Tauber und Fritzi Massary erobern Berlin, Lilian Harvey und Willy Fritsch lächeln von der Kinoleinwand, Hanussen sieht hell, Isadora Duncan und Mary Wigman tanzen für die Befreiung der Frau und für einen neuen Schönheitsstil, Claire Waldoff und Trude Hesterberg nehmen kein Blatt vor den Mund, und ganz ohne Blätter, nur mit Bananen bestückt, wirbelt Josephine Baker über die Bretter *(unten* eine Gulbransson-Karikatur von Josephine Baker und Anna May Wong: »'n Brocken dunkler Erdteil und 'ne Handvoll Licht aus'm Osten – Kinda, det jibt 'ne kesse Kulturdämmerung«, aus »Simplicissimus«, Nr. 9, 1928).

Im Januar 1927 stellt der »Simplicissimus« einige »Partei-Bonzen« seinen Lesern vor *(linke Seite):* Th. Th. Heine karikiert den Kommunistenführer Ernst Thälmann, die Ministerialrätin im Innenministerium und Reichstagsabgeordnete der Demokratischen Partei Gertrud Bäumer, die Führer der Deutschen Volkspartei Ernst Scholz und Oskar Hergt, den Sozialdemokraten Philipp Scheidemann und den Zentrumspolitiker Joseph Wirth.

»Macht feste Einigkeitsmusik! / Der Faschingstanz der Republik, / Auch der ist einmal ausgetanzt. / Dann wird die Plempe aufgepflanzt. / Und dann kommt etwas andres!« heißt es in dem Kabarettsong »Faschingszug der Republik« des sozialistischen Satirikers Erich Weinert (eine Heine-Karikatur aus dem »Simplicissimus«, Nr. 51/1927: Acht von noch mehr Parteien im Weimarer Staat stehen noch in Reih und Glied für die Republik: »Sie tragen die Buchstaben der Firma – aber wer trägt den Geist?«).

Die Interalliierte Militärkontrollkommission für Deutschland stellt ihre Tätigkeit ein – Deutschland tritt dem »Ständigen Internationalen Schiedsgerichtshof« in Den Haag bei – Linkssozialistischer Aufstand und Generalstreik in Wien – Ausschluß Trotzkis aus der KPdSU, Stalin Alleinherrscher

Bilder aus dem Kulturleben *(oben links):* Was für die Fürsten recht ist, muß für die ehemaligen Generäle billig sein, meint O. Gulbransson mit seiner Karikatur »Ans Vaterland, ans teure...«: »Ick hungere jern for die Republik – wenn se nur unsern Kaiser seine Jeneräle die Pension weiterbezahlt«; *oben rechts:* Gulbransson gibt seinem Kollegen Heine eine passende satirische Antwort auf die Frage nach dem Geist der Republik: »Nieder mit dem Geist! Die kommende Generation lebt in Kraft und Schönheit«, erkennt das »Nilpferd in der Bücherstube«; *rechts:* Die einseitige Bautätigkeit in der Republik beklagt Th. Th. Heine in Nr. 27/1927 des »Simplicissimus«.

 Rücktritt von Reichswehrminister Geßler, Nachfolger General Groener (bis 1932) – Erfolglose Länderkonferenz über Neuordnung des Reichsgebietes – Kanzler Hermann Müller (SPD) mit »Großer Koalition« – Unterzeichnung des Kellog-Paktes zur Ächtung des Krieges als Mittel der internationalen Politik

Die Reichswehr will eine unpolitische Berufsarmee sein. Ihre führenden Offiziere aber stammen aus Kaiserzeiten und machen bis auf wenige Ausnahmen (darunter General Reinhardt) kein Hehl aus ihrer Abneigung gegen die Demokratie (*links* eine »Simplicissimus«-Karikatur von E. Schilling, »Diktator Reinhardt«: »Schreiben Sie weiter, Geßler: Alle Wortführer der demokratischen Partei sind dem Wehrgedanken abhold.« – »Gestatten Exzellenz, daß ich mich bei den Worten ›Demokratische Partei‹ immer erhebe!«).

Reichswehrminister Geßler tritt 1928 zurück. Der neue Mann ist ein »alter« Mann: nämlich General Groener, der im November 1918 mit Friedrich Ebert das Bündnis schloß, das mit Hilfe der Armee eine linksradikale Revolution in Deutschland verhinderte (*rechts* eine Porträtkarikatur Groeners aus der »Leipziger Volkszeitung«).

Hugenberg treibt die Deutschnationalen zu neuen Abenteuern. Er bläst zum Großangriff auf die Republik. Er will »einen Block«, zusammengehalten von der »eisernen Klammer der Weltanschauung«. Mit zu dieser Klammer gehört auch der militante und reaktionäre »Stahlhelm«, der die freie Meinungsäußerung in der Republik so mißbraucht: »Wir hassen mit ganzer Seele den augenblicklichen Staatsaufbau, seine Form und seinen Inhalt, sein Werden und sein Wesen« (*rechts* eine Arnold-Karikatur aus dem »Simplicissimus« macht den blinden Wahn »Unterm Stahlhelm« deutlich: »Was sagst du: Frühling? Das ist der neueste Regierungsschwindel!«).

Die ruhigen Jahre der Republik gehen zu Ende. Das Faustrecht auf der Straße wird wieder akut, gebilligt und geschürt vom Maulheldentum der Deutschnationalen und der Hugenberg-Presse, den Millionenblättern des Scherl-Verlages. Auf Stresemann beginnt erneut ein widerwärtiges Kesseltreiben. Noch anstehende »Fememord«-Prozesse werden bei der korrumpierten Justiz zur Farce (*rechts* eine Arnold-Karikatur auf rechtsradikale Fememörder vor Gericht: »Der Gerichtshof erkennt Ihre patriotische Gesinnung zutiefst an und ist erschüttert, ein Urteil fällen zu müssen.«).

Während Stresemann zu Hause als »Katastrophenpolitiker« attackiert wird, gelingt es ihm gleichzeitig, im Ausland Deutschland wieder Respekt zu verschaffen. Vor allem Briand ist Stresemann durch den gemeinsamen Wunsch nach Versöhnung freundschaftlich verbunden (eine Karikatur von Pem aus »Le Rire« vom 9. 3. 1929: »A la S. D. N. Gustav et Aristide – L'amour et Psyché a la Genevoise«).

Erneut beginnt der Kampf der demokratischen Parteien gegen Links- und Rechtsradikalismus. Reaktionäre Staatsrechtler stellen sogar die Verfassung der Republik in Frage und plädieren offen für einen autoritären Machtstaat (*oben* ein für den Wahlkampfstil dieser Zeit bemerkenswert faires Wahlplakat der DDP: Die Versailler Grenzen sind als Realität anerkannt, trotz vaterländischem Pathos in der Zeichnung trägt der Schild das Schwarz-Rot-Gold der Republik.).

In Köln wird im Sommer 1928 die »Pressa«, eine Weltschau des »Nachrichtenwesens aller Zeiten und Völker«, abgehalten. Eröffnet wird sie, nach einem Tünnes-und-Schääl-Witz, mit »Seid verschlungen, Millionen!«. Kölns Oberbürgermeister heißt Konrad Adenauer (*rechts* eine »Jugend«-Karikatur von E. Wilke von 1928: »Adenauer an die rheinischen Prominenten«: »Meine Damen und Herren! Die Presse steht! Nun aber auch ordentlich kämmen, strömen und wigala weia!«

Frauenemanzipations-Probleme während der Weimarer Republik: *(oben links)* E. Schilling zeichnet im »Simplicissimus«, Nr. 11/1929, unter der Überschrift: »Tragt das Kind zum Frauenarzt!«: »Unter uns gesagt, Herr Staatsanwalt – können Sie es einer wahrhaft deutschen Frau verübeln, wenn sie dieser Reparationsrepublik keine Kinder schenkt?« – *Oben rechts:* Aus den »Fliegenden Blättern« eine Karikatur von Pfeiffer über die »praktische Studentin«: »Haben Sie Schopenhauers ›Welt als Wille und Vorstellung‹ gelesen?« – »Zum Lesen hab' ich keine Zeit. Wenn's gut ist, wird's ja doch verfilmt, und dann geh' ich bestimmt 'rein.« – *Unten links und rechts:* »Die Mutter einst und heute«, gezeichnet von Garvens im »Kladderadatsch«.

Auf der *rechten Seite* eine weihnachtliche Betrachtung des Zeichners Garvens aus dem »Kladderadatsch« über die Stilrichtungen in der Literatur und Kunst der goldenen zwanziger Jahre. Heinrich Heine hat dazu passend hundert Jahre früher geschrieben: »Das ist schön bei den Deutschen: Keiner ist so verrückt, daß er nicht einen noch Verrückteren fände, der ihn versteht.«

Weihnachten in Literatur und Kunst

bei Courths-Mahler

bei Strindberg

bei Georg Kaiser

bei Zille

Verbot des »Rotfrontkämpferbundes« in Berlin nach kommunistischen Unruhen – 1. Haager Reparationskonferenz – Briand fordert vor dem Völkerbund die Vereinigung Europas – Tod Gustav Stresemanns – Schwarzer Freitag an der New Yorker Börse: Beginn der Weltwirtschaftskrise

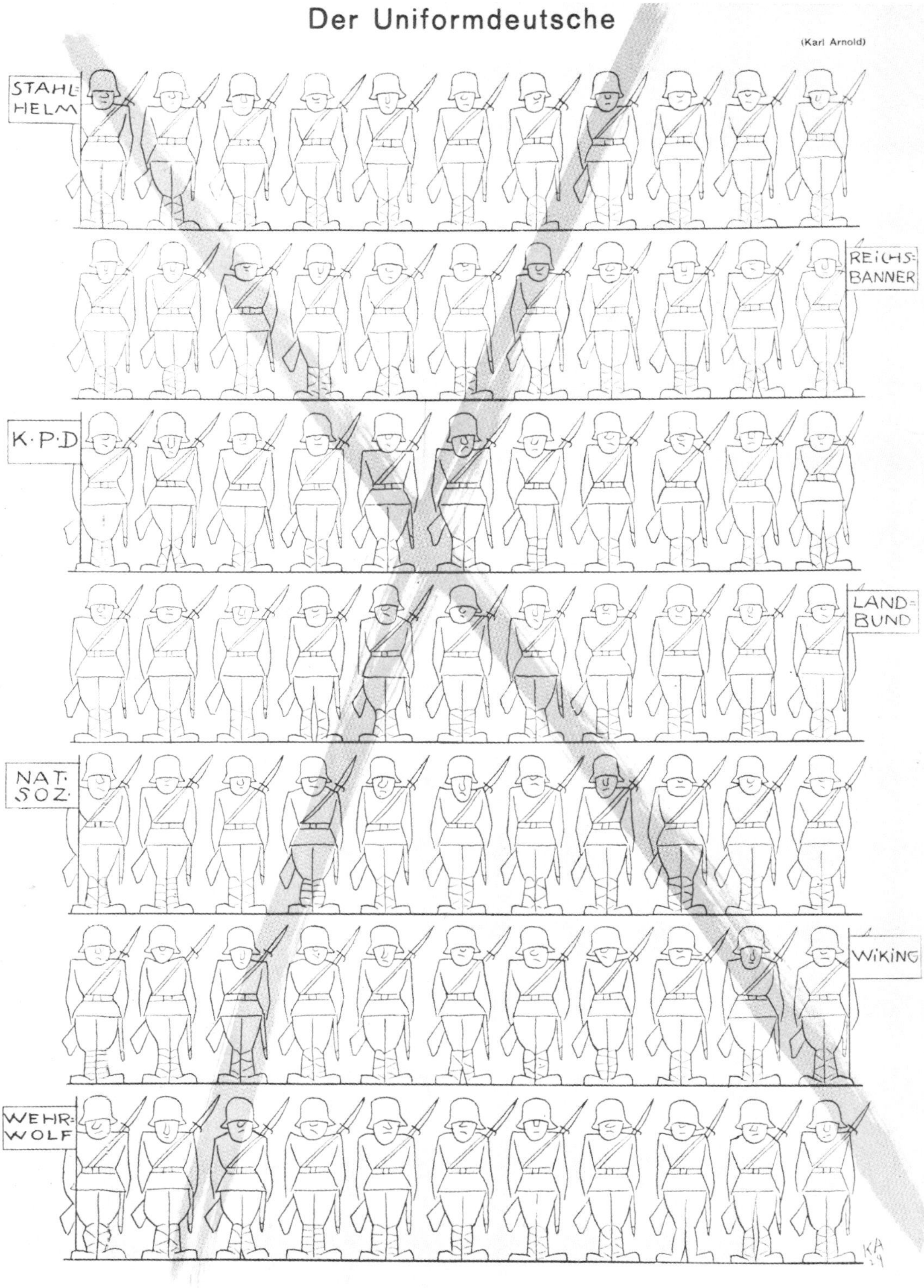

Bei uns darf jeder nach seiner Fasson Unheil anrichten.

Noch nie ist in Deutschland so viel aufmarschiert, demonstriert und auf zahllosen Kundgebungen der verschiedensten Parteien in den verrücktesten Uniformverkleidungen provoziert worden wie in den letzten Jahren der Weimarer Republik (mit Recht karikiert Arnold im »Simplicissimus«, Nr. 29/1929, den »Uniformdeutschen« und wandelt ab: »Bei uns darf jeder nach seiner Fasson Unheil anrichten.«).

Volksentscheid gegen den Young-Plan scheitert – Verfassungsreform in Österreich: Umwandlung in eine Präsidialrepublik – Trotzki aus der Sowjetunion ausgewiesen – Werner Forssmanns erste Herzkatheterisierung im Selbstversuch – Nobelpreis an Thomas Mann – Film: »Der blaue Engel« mit Marlene Dietrich

1929

Noch 1928 ist Hitlers NSDAP mit 60 000 Parteimitgliedern vor allem nur in Süddeutschland bekannt. Lediglich in Berlin inszeniert Goebbels bereits seit 1926 ständig Saalschlachten. 1929 bringt der Kampf um den Young-Plan Hitler neben die Deutschnationalen ins Rampenlicht der Öffentlichkeit. Der Young-Plan, der die Reparationszahlungen erleichtern soll (Deutschland zahlt 59 Jahre lang je 1,9 Milliarden), ist Stresemanns letzter außenpolitischer Erfolg (*rechts* eine Arnold-Karikatur: »Arbeite, Deutschland! Nach der Lüge der Kriegsschuld die Last der Kriegsschulden!«). Neues Unheil von außen kommt aus New York: Der Dollarsturz erschüttert das Wirtschaftsgefüge der Welt (O. Gulbransson vergleicht ihn *oben* mit der Vertreibung aus dem Paradies).

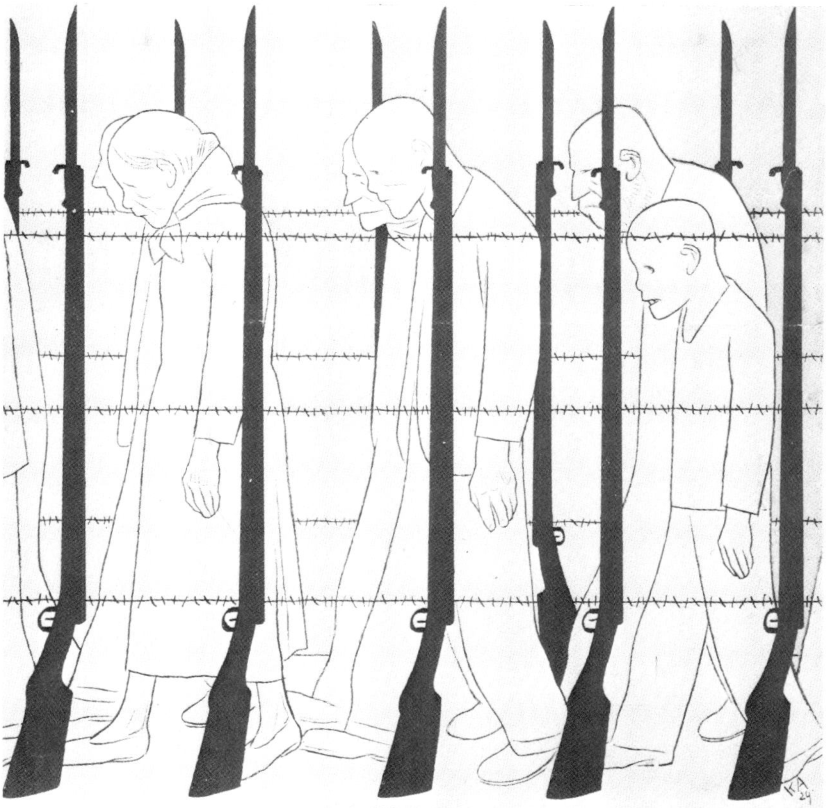

1930

2. Haager Reparationskonferenz – Annahme des Young-Plans im Reichstag – Kanzler Brüning (Zentrum) – Räumung des Rheinlandes abgeschlossen – Spaltung der NDVP – Wahlerfolg der NSDAP – Hitler vor dem Reichsgericht – 4,38 Millionen Arbeitslose in Deutschland

Hugenberg, seine Presse und sein »Stahlhelm« haben Hitler gesellschaftsfähig gemacht. Nach der Landtagswahl in Thüringen im Dezember 1929 zieht erstmals ein Nazi in ein Landesparlament ein. Es ist der spätere Innenminister Frick. Auf den Straßen sind neben wenig Schwarz-Rot-Gold und viel Schwarz-Weiß-Rot (*links oben* eine »Simplicissimus«-Karikatur von E. Schilling zum Artikel 3 der Weimarer Verfassung: »Die Reichsfarben sind Schwarz-Rot-Gold ...«) immer häufiger die schwarzen Hakenkreuze »auf weißem Grund in rotem Feld« zu sehen. Nach dem Beispiel von Goebbels' braunen Schlägern in Berlin hauen und morden sich gegenseitig in ganz Deutschland die Nazis mit den Kommunisten und Sozialdemokraten in Bierhäusern, Sälen und auf der Straße (*links unten* eine Karikatur von Arnold, »Die Testamentsvollstrecker«, sie bezieht sich auf ein angeblich von Clemenceau aus dem Ersten Weltkrieg stammendes Wort, nach dem es »zwanzig Millionen Deutsche zuviel« gäbe).

Die Rechten sind gerissen genug, um die Schwäche des Staates (Brüning regiert mit Notverordnungen) und die Stimmung im Volk (Ansteigen der Arbeitslosen) schamlos auszunutzen. Was Stresemann und die Regierungen vor Brüning erreicht haben, den Abzug der Besatzung aus dem Rheinland, feiern sie als eigenen Erfolg mit nationalistischem Jubelgeschrei. Hitler tönt vor dem Reichsgericht in Leipzig, wo er in einem Hochverratsprozeß gegen junge, verhetzte Reichswehroffiziere als Zeuge aussagt, daß er »legal« die Macht erobern will, aber daß dabei »Köpfe rollen« werden (*rechts oben* eine Low-Karikatur aus »Evening Standard«: »Klein-Adolf probiert einen stachligeren Schnurrbart«). Hitlers »weltanschaulicher« Theoretiker Rosenberg liefert 1930 mit seinem »Mythos des 20. Jahrhunderts« den Propagandanebel für die Masse: »Für den Nationalsozialismus ist nicht Mensch gleich Mensch, für ihn gibt es kein ›Recht an sich‹, sondern sein Ziel ist der starke deutsche Mensch!« (*rechts* eine »Jugend«-Karikatur von Fr. Heubner zu Rosenbergs Buch: »... Und sagen S', Herr Nachbar, was stellen Sie Eahna eigentlich unterm ›Dritten Reich‹ vor?« – »... Na, sehr einfach doch, sowas ... äh ... mit Hitler und 'ner Orgel!«).

1931

Aufschub für alle Reparations- und Kriegsschuldzahlungen für ein Jahr (Hoover-Memorandum) – Der »Stahlhelm« will durch Volksentscheid den preußischen Landtag auflösen – »Harzburger Front« zwischen Deutschnationalen, Nationalsozialisten, vaterländischen Verbänden und der Industrie

Der Radikalismus von links und rechts wird immer hemmungsloser (*links oben* eine Arnold-Karikatur aus dem »Simplicissimus«, Nr. 12/1931, »Höhere« Mächte: »Es geht um die Staatsform – da hat die göttliche Macht zu schweigen!«). Die Vertreter dieser »göttlichen Macht« aber verhalten sich entweder weltfremd oder sympathisieren mit der Rechten. Der Kommunist Walter Ulbricht ruft im Reichstag: »Nur auf dem Wege der Organisierung der Volksrevolution, nur im Kampf um ein Sowjetdeutschland wird die deutsche Arbeiterklasse ihre deutschen und internationalen Sklavenhalter zum Teufel jagen ...« Der Faschist Goebbels brüllt dagegen: »Heute hört auf uns das Volk. Das, was vor drei Jahren noch die Parole einer kleinen Sekte war, das ist heute der Losungsruf einer ganzen Nation: Deutschland erwache!« Als die Brüning-Regierung solche Töne im Reichstag mit einer Änderung der Geschäftsordnung verhindert, ziehen die Braunhemden mit »Sieg Heil!«-Rufen aus und Hugenbergs Deutschnationale hinterdrein (*links unten* sieht E. Schilling im »Simplicissimus« Hugenberg und »Stahlhelm«-Führer Seldte als Don Quichotte und Sancho Pansa, als »reisige Kämpen gegen den faulen inneren Frieden«).

»Hier ist die Mehrheit des deutschen Volkes ... Eine neue Welt ist im Aufstieg – wir wollen euch nicht mehr!« ruft Hugenberg im Oktober 1931 auf der Tagung der vaterländischen Verbände in Bad Harzburg der Republik zu (*rechts* eine Heine-Karikatur aus dem »Simplicissimus«: »An den Posaunenbläsern hat es nicht gelegen, wenn Regierung und Reichstag nicht zusammengestürzt sind.«; die Posaunenbläser sind von rechts nach links: Schacht, Hugenberg, Hitler, Seldte und Kronprinz Wilhelm, der mit seinen drei Söhnen auch zum »Stahlhelm« gehört).

Hitler will aber nicht neben Hugenberg die zweite Geige spielen. Er will alles oder nichts. Ganz verdirbt er es sich mit Hugenberg noch nicht, ihn und die hinter ihm stehenden Industriellen braucht er noch. Aber wer von beiden der »Größere« ist, verdeutlicht klar die Pressekarikatur *links* mit dem Titel: »Hitler und Hugenberg im Wahlboxring.«

Links oben: Die Abrüstungskonferenz in Genf kommentiert diese Karikatur aus »Le Peuple« mit der Konjugation »Du bewaffnest dich, ich bewaffne mich wieder, wir alle bewaffnen uns«.
Hitler und seine NSDAP werden nach seinem Auftreten vor dem Industrieklub fortan von der rheinischen Schwerindustrie unterstützt (*oben rechts* sieht das SPD-Parteiblatt »Vorwärts« darin nur einen kapitalistischen Schachzug: »Dieser ›Sozialismus‹ war doch einer unserer besten Einfälle.«). Mit den Stimmen der SPD bleibt Hindenburg im April 1932 im Amt (*unten* ein Wahlplakat).

Trotz SA-Verbot, von Brüning noch vor seinem Sturz wegen immer mehr »Blutopfer« erlassen, marschieren die Nazis weiter, wenn auch in weißen Hemden. Sie verwandeln den Reichstag immer mehr in ein Tollhaus. Erstes Opfer ist Groener. Dann tritt Hindenburg selbst der Demokratie endgültig in den Hintern: Er entläßt Brüning und holt den »Lieblingskanzler« von Papen. Damit macht er den Weg frei, der zu Hitlers Machtergreifung führt *(rechts* »des deutschen Michels Kartenspiel«, eine Karikatur von K. Arnold aus dem »Simplicissimus«, Nr. 46/1932: »Vier Könige machen ein Land arm!«).

Daß die Republik in Deutschland nun verraten ist, wird im Juli 1932 schon klar: Gemeinsam mit Reichswehrchef Schleicher macht von Papen einen Staatsstreich gegen das Land Preußen. Die SPD-Landesregierung wird abgesetzt, Papen macht sich selbst mit einer Notverordnung zum Reichskommissar in Preußen *(rechts* eine französische Karikatur zu diesem Staatsstreich aus »Aux Écoutes«, Nr. 41/1932: »Papen und Schleicher, immer frisch und lustig!«).

Straßenkämpfe mit Toten und Verwundeten kündigen die Reichstagswahlen am 31. Juli 1932 an. In Hamburg gibt es bei Zusammenstößen zwischen Nazis und Kommunisten am »Altonaer Blutsonntag« 18 Tote. Aber selbst nach dem Wahlerfolg der Faschisten (37,8 Prozent erhält die NSDAP im Reich) unterschätzen die Deutschen immer noch die Hakenkreuzler (*oben rechts* eine Karikatur von Arnold, 1932, »Im Damenklub«: »Das Ideal wäre ja eine Monarchie mit Hitler, aber er müßte dann wegen seines Kronprinzen doch noch das Opfer bringen und heiraten!«; *oben links* eine Gulbransson-Karikatur zur Haltung des Zentrums in diesen entscheidenden Monaten: »... Ob so oder so, es ist halt immer ein Kreuz mit dem Kreuz!«).

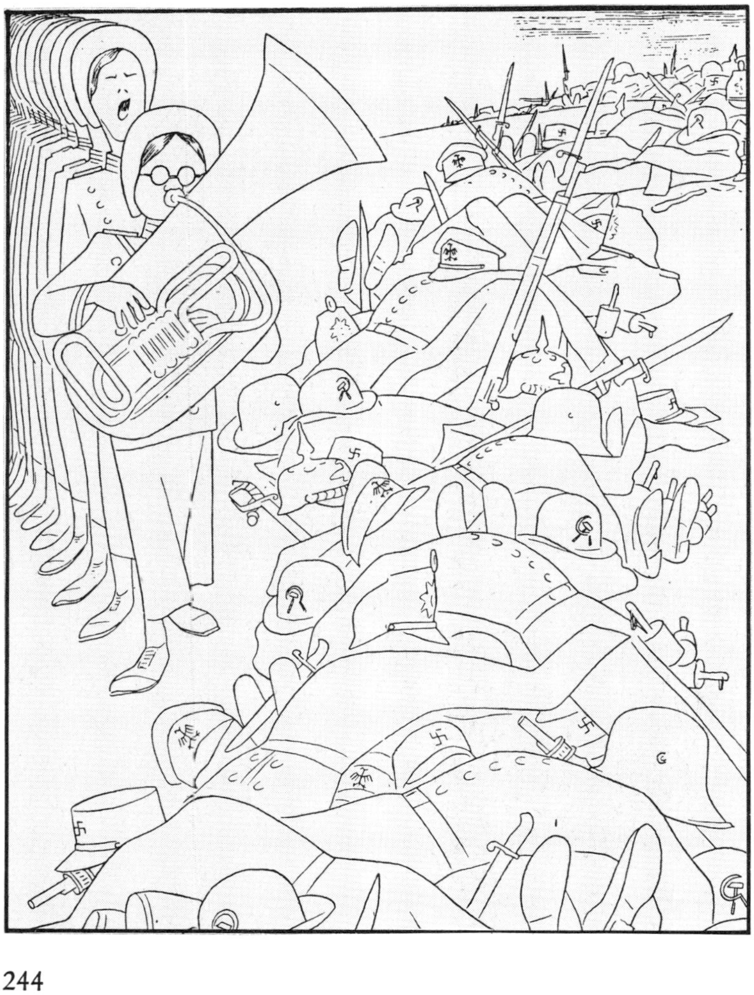

Die Straßen in den Städten werden immer mehr zu Schlachtfeldern, auf denen sich Uniformierte gegenseitig die Köpfe einschlagen (*links* kommentiert das K. Arnold im »Simplicissimus« so: »Wenn das so weitergeht, bleibt uns am Ende nur noch die Heilsarmee.«).

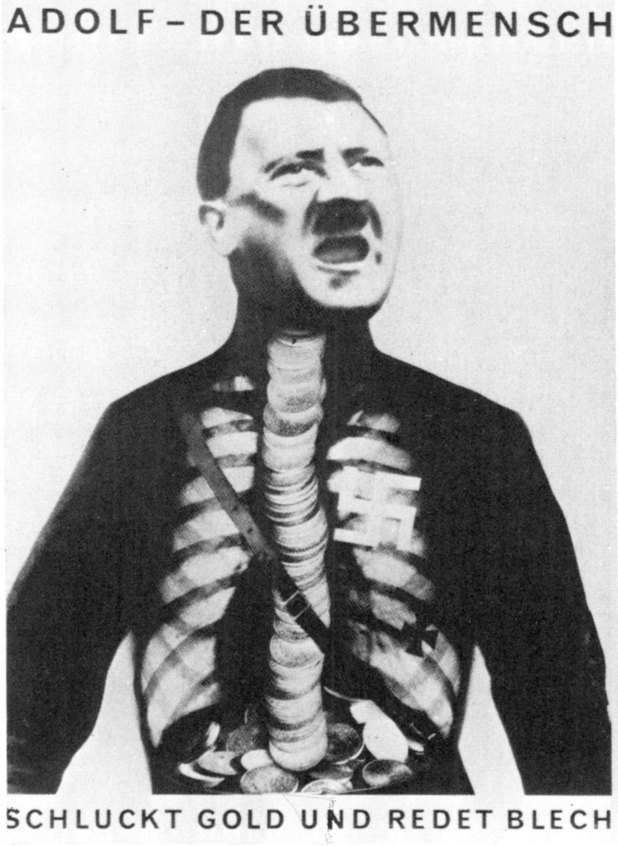

Die erste deutsche Demokratie wird rechts überholt. Papen wird nicht von seiner Zentrumspartei, sondern nur von den Deutschnationalen und von Hindenburg gestützt. Die Radikalisierung nach rechts hat also Methode und ist folgerichtig entsprechend der Frontenbildung in Deutschland. Die Gegenagitation der Linken ist zu schwach (*oben links* ein SPD-Wahlplakat, *oben rechts* ein KPD-Wahlplakat zu den Reichstagswahlen 1932). Die Linke kann sich nur an die Arbeiter wenden, deren politische Standfestigkeit wegen der Arbeitslosigkeit abbröckelt. Hitler dagegen kann mit dem Geld der Industrie seinen Parteiapparat ausbauen und wendet sich an alle »Unzufriedenen« (*rechts* eine Heartfield-Montage von Hitler, 1932).

1932

Regierung Dollfuß in Österreich, Völkerbundanleihe für Österreich – Salazar Ministerpräsident in Portugal – Rechtsradikale Regierung in Ungarn – In Preußen Verbot einer unmoralischen Badekleidung (»Zwickelerlaß«) – Hauptmanns Schauspiel »Vor Sonnenuntergang« – Physiknobelpreis an Heisenberg

Von August bis Oktober 1932 stellt die NSDAP im Reichstag die stärkste Fraktion. 230 Braunhemden-abgeordnete benehmen sich dort wie eine Horde Wilder. Kanzler Papen hat ganze 44 Abgeordnete der DNVP und DVP hinter sich. Die parlamentarische Demokratie ist funktionsunfähig (»Kladderadatsch«-Karikatur »Vom parlamentarischen Rummelplatz«: »Betriebsstörung, eine erfreuliche Erscheinung«).

Hitler scheint kurz vor dem Ziel zu sein. Wenn Schleicher und Papen ihn zusammen überspielen wollten, so ist das gründlich danebengegangen. Schleicher unterschätzt Hitler bis zum bitteren Ende. Die Kommunisten bekommen aus Moskau die Direktive, so zu taktieren, daß Hitler zuerst und danach dann sie an die Macht kommen, denn Hitler würde ja bald abwirtschaften (kein Wunder, wenn eine Prognose wie in dieser Karikatur von E. Schilling auf die Zeitungsverleger im Herbst 1932 schwerfällt: »Die Bäume haben's gut, die färben jetzt ihre Blätter einfach braun – wenn wir nur auch wüßten, wie wir in diesem Herbst unsere Blätter färben sollten.«; entsprechend bunt ist deshalb auch der journalistische Blätterwald).

1933

Januar/Februar: Besprechung von Papen und Hitler mit dem Ziel, Schleicher zu stürzen – Wahlerfolg der NSDAP in Lippe – Hitlers »Machtergreifung«: Nazis an der Macht, aber ohne Mehrheit im Kabinett – Auflösung des Reichstages – Reichstagsbrand

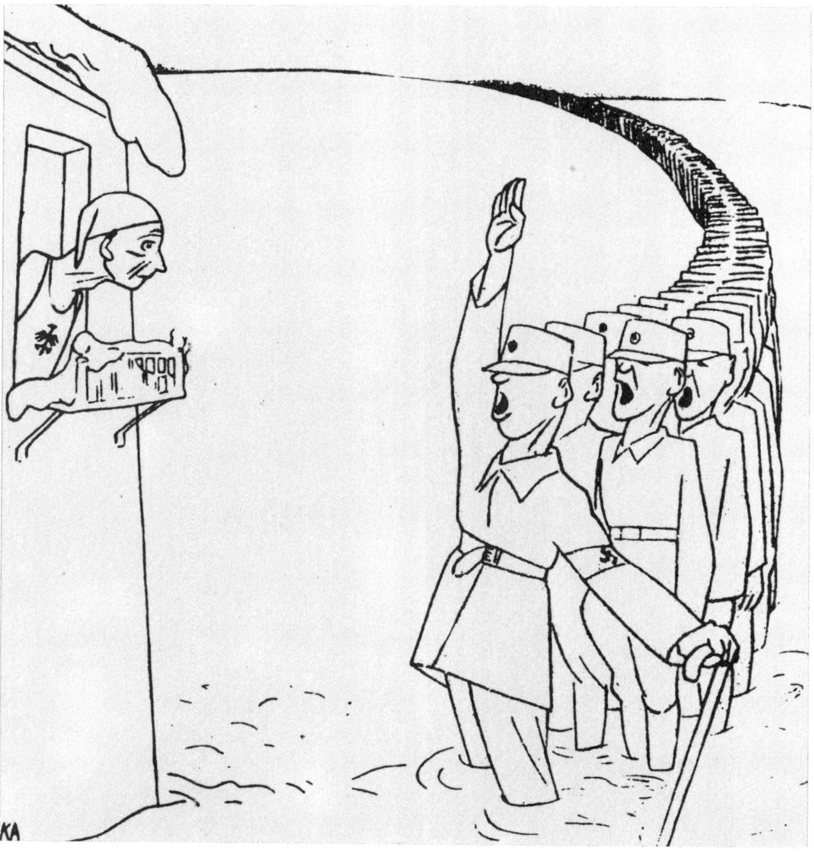

Mit der Verfassung treibt Papen Schindluder. Doch sie ist ohnehin nichts mehr wert. Der deutschnationale Fraktionsführer geht sogar schon von der Diktatur aus, als er nach Papens Reichstagsauflösung sagt, es handle sich um »einen Rückfall in die Gebräuche des Parlamentarismus«! Die Neuwahlen bringen für keine Front eine Mehrheit. Schleicher intrigiert am geschicktesten. Hindenburg muß ihn am 3. Dezember 1932 ungern zum Kanzler machen (*links oben* eine Heine-Karikatur aus der Weihnachtsnummer des »Simplicissimus« 1932: »Hindenburg beschert der Jungfrau Germania einen General als Weihnachtsgeschenk«). Ganze drei Arbeitssitzungen im Reichstag überdauert seine Kanzlerschaft, dann vertagt sich das Parlament auf unbestimmte Zeit. Die letzte Sitzung am 9. Dezember ist die letzte Reichstagssitzung in der ersten deutschen Republik. Sie endet, wie schon lange üblich, mit Schlägereien zwischen Nazis und Kommunisten (*links* eine Arnold-Karikatur aus dem »Simplicissimus«: »Deutschland erwache!« – »Unnötiges Geschrei, ihr jungen Leute! Ich kann schon seit 1914 nicht mehr schlafen!«).

Am 11. Dezember 1932 fällt in Genf für Deutschland die letzte Fessel aus dem Versailler Vertrag: Deutschland kann wieder aufrüsten. Nicht Hitler hat also später das Reich vom Versailler Vertrag »befreit«, sondern die Politiker der Republik. Aber Hitler hat den Nutzen, wenn er auch jetzt noch nicht am Ziel ist (*rechts* eine Karikatur vom 31. Dezember 1932 aus dem »Wahren Jacob«, Berlin: »Des Führers Klage: ›Wie kann ich Diktator sein, wenn mir keiner dabei hilft!‹ «).

Lange braucht Adolf Hitler jedoch nicht zu weinen. Schleichers Hoffnung, die Hitler-Partei zu spalten, geht nicht auf. Auch die Gewerkschaften wollen mit dem Militaristen nichts zu tun haben, das gleiche gilt für die Sozialdemokraten und die Linke. Bald steht Schleicher allein. Die Karikatur aus dem Nazi-Parteiblatt »Völkischer Beobachter« *(rechts)* sieht Schleichers Position durchaus richtig.

1933

Februar/März: Notverordnung »zum Schutz von Volk und Staat«: Beseitigung der Rechtsstaatlichkeit – Reichstagswahlen: Trotz Nazi-Terror keine absolute Mehrheit für die NSDAP (44 Prozent), aber eine knappe Mehrheit für Hitlers Regierung der »Nationalen Konzentration« ...

Ende Januar 1933 läßt Hindenburg Schleicher fallen und stimmt der Kanzlerschaft Hitlers zu, weil sein »Lieblingskanzler« Papen auch für Hitler ist. Damit ist Hitler am Ziel, er hat die Macht. Seine »Aufpasser« im ersten Kabinett, darunter Hugenberg und Papen, hat er bald ausgeschaltet. Und Hindenburg unterschreibt, was ihm Hitler an Notverordnungen vorlegt. Nach dem Reichstagsbrand, der Hitler natürlich sehr gelegen kommt (*links* eine sowjetische Karikatur von B. Jefimow: »van der Lubbe, das Werkzeug der Nazis beim Reichstagsbrand in Berlin«), erläßt er die »Verordnung zum Schutz von Volk und Staat« vom 28. Februar 1933, die alle staatsbürgerlichen Grund- und Freiheitsrechte und damit die Weimarer Verfassung außer Kraft setzt.

Nach den Reichstagswahlen vom 5. März 1933 hat Hitlers NSDAP mit den Deutschnationalen eine knappe Mehrheit. Das genügt ihm nicht, er will »vier Jahre Zeit«. Das »Ermächtigungsgesetz« ist der Freibrief für die Diktatur. Die dazu notwendige Zweidrittelmehrheit im Reichstag verschafft er sich, indem er die 81 kommunistischen und mehrere sozialdemokratische Abgeordnete ins KZ stecken läßt. Nur SPD-Vorsitzender Otto Wels hält Hitler im Reichstag im Namen seiner übriggebliebenen Parteifreunde vor: »Kein Ermächtigungsgesetz gibt Ihnen die Macht, Ideen, die ewig und unzerstörbar sind, zu vernichten ...« (*rechts* eine »Punch«-Karikatur von Partridge zum Ermächtigungsgesetz mit Hindenburg und Hitler, als römische Senatoren verkleidet: »Wenn Sie jetzt nicht den Diktator spielen, werden Sie es niemals sein.«).

Führer Hitler befiehlt, die Deutschen folgen ihm, wie sie früher schon ihren starken Männern gefolgt sind und dann bald Blut an den Stiefeln hatten (eine Karikatur vom »deutschen Michel« aus »Franc-Tireur«, einem »Journal satirique alsacien«, 15. März 1933).

»Es wird die Stunde kommen, da der Staatsanwalt andere Aufgaben zu erfüllen hat, als die Verräter am Volk vor der Wut des Volkes zu beschützen. Vergeßt es nie, Kameraden! Sagt es euch hundertmal am Tage vor, so daß es euch bis in eure tiefsten Träume verfolgt: Die Juden sind schuld!« Auch diese Stunde, die der Hinkefuß und Propagandist des Teufels, Josef Goebbels, schon 1932 beschwor, ist nun gekommen (eine Gulbransson-Karikatur aus dem »Simplicissimus« vom 26. Februar 1933 mit dem Titel »Faschingsbedarf«: »Bedaure, mein Herr, die rein arischen Nasen sind leider schon alle ausverkauft!«).

6.

»Platz den Germanen, oder ihr sterbt!«

Hitlers »Großgermanisches Reich«: Der Weg in die Katastrophe

1933 bis 1945

Der Führer des »Tausendjährigen Reiches« sagt: »Ich gehe den mir von der Vorsehung vorgeschriebenen Weg mit nachtwandlerischer Sicherheit.« Wohin soll dieser Weg führen? Der Zeichner A. Paul Weber sieht dessen Ende schon im Januar 1933 richtig voraus (Webers Zeichnung »Hitler, ein deutsches Verhängnis«).

»Und nun, meine Herren, mit Gott vorwärts!« So spricht Hindenburg zu Hitler, so beginnt das Dritte Reich, das tausend Jahre dauern soll. Glaubt Spengler auch daran, wenn er schreibt: »Der nationale Umsturz von 1933 war etwas Gewaltiges und wird es in den Augen der Zukunft bleiben, durch die elementare, überpersönliche Wucht, mit der er sich vollzog, und durch die seelische Disziplin, mit der er vollzogen wurde. Das war preußisch durch und durch, wie der Aufbruch von 1914, der in einem Augenblick die Seele verwandelte. Die deutschen Träumer erhoben sich, ruhig, mit imponierender Selbstverständlichkeit, und öffneten der Zukunft einen Weg.«

Aber es sind sicher keine Träumer, die da zwölf Jahre lang losgelassen sind, die aus der ersten deutschen Republik in kurzer Zeit einen gleichgeschalteten Terrorstaat in Reinkultur machen und die das deutsche Volk zum »Schutzvolk Europas«, »ethisch gesehen«, aufmöbeln wollen. Die Praxis ihrer Diktatur ist sehr realistisch, die zahllosen Verfolgten im Reich und später in ganz Europa wissen das besser. Viele haben darüber Zeugnis abgelegt. So zum Beispiel Heinrich Mann, dem 1936 der deutsche Untertangeist in vielen deutschen Herzen und Hirnen keine Rätsel mehr aufgibt: »Als Nationalsozialisten haben sie zu der Entwürdigung und Entrechtung der Nation geschwiegen oder sich sogar dafür begeistert. Die Abschaffung der persönlichen Freiheit, der Bürger- und Menschenrechte, ihnen war sie recht. Die Ausrottung des Wissens und der Erkenntnis, ihnen gefiel sie. Die Vertreibung der gefestigten Charaktere, ihnen paßte sie ... Sie verstanden die Welt, als andere Länder die Waffen, mit denen sie vernichtet werden sollten, selbst lieferten gegen bar. Waffen sind das einzige auf Erden, das man wirklich bezahlen muß: Darin versteht sich der Nationalsozialist mit der Welt.«

Den »deutschen Träumern« gehen die meisten Deutschen willig auf den Leim. Wieder einmal siegt der Hang der Deutschen zur Orientierung an starken Führern, denen sie zujubeln können. Hatte nicht schon Martin Luther geschrieben: »Deutschland ist wie ein schöner weidlicher Hengst, der Futter und alles genug hat, was er bedarf. Es fehlt ihm aber an einem Reiter.« Heinrich Mann sieht den »Rausch« seiner Landsleute im Jahr der Berliner Olympiade zeitgemäßer und sehr viel genauer: »Die Schmiere spielt Größe und Ehre der Nation. Die Künstler brüllen, bis sie der Schlag trifft, vor einem Weltparterre, das durch seine gesitteten Begriffe verhindert wird, sie von der Bühne zu schießen. Einzig die Deutschen nehmen sie für voll ... Genaugenommen sind sie nichts als rauschsüchtige Dummköpfe, regiert von schlechten Komödianten. Siegesfeiern ohne Sieg, große Männer, die nicht einmal Männer sind, Gebrüll ohne Inhalt, Volksverbundenheit in der Lüge, im Selbstbetrug, in der alleräußersten Instinktlosigkeit: das ist der deutsche Fall.«

Dumm und instinktlos sind zum Beispiel die braunen Wochensprüche wie dieser, der 1934 in der »Deutschen Drogistenzeitung« steht:

Hinweg mit diesem Wort, dem bösen,
mit seinem jüdisch grellen Schein!
Nie kann ein Mann von deutschem Wesen
ein Intellektueller sein!

Und das »Gebrüll ohne Inhalt« hört sich an wie dieser Vers aus einem »Germanen«-Gedicht von Adolf Bartels:

Wir sind die Hehren –	*Als der, den Ahnen*
Macht Platz, macht Platz!	*Uns segnend vererbt . . .*
Reicher an Ehren	*Platz den Germanen,*
Strahlt nirgends ein Schatz	*Oder ihr sterbt!*

Aber das »Gebrüll« ist bitter ernst gemeint. Und Heinrich Manns beschworene »Siegesfeiern« versetzen ganz Europa in Angst und Schrecken, als Hitler sich anschickt, seine Prophezeiung »Ich werde euch zu Herren der Welt machen« zu verwirklichen und in »Blitzfeldzügen« Polen, Dänemark, Norwegen und die »Dreckstaaten« Holland, Belgien und Luxemburg, schließlich auch noch Frankreich überfällt und seinem SS-Staat einverleibt.

Damit hat Hitler dann allerdings auch den Zenit seiner Macht erreicht. Sein Größenwahn und Glaube an die ihm von der »Vorsehung« vorbestimmte Rolle eines Weltenherrschers läßt ihn seinen Rubikon überschreiten. Er will Europa mit Gewalt zum »stählernen Kern« eines »Großgermanischen Reichs Deutscher Nation« neu »ordnen«, dessen Grenzen im Norden das Eismeer, im Süden das Mittelmeer, im Westen der Atlantik und im Osten der Ural bildet. Dort soll später »ein seßhaftes und wehrhaftes Bauerntum feindliche Überfälle aus Asien« abwenden. Die Methode dieses Wahnsinns nimmt natürlich keine Rücksicht auf historisch gewachsene Traditionen und Lebensinteressen anderer Völker. Der Herr der »nordischen Herrenrasse« ignoriert sie und überläßt die Kleinarbeit seinen SS- und Polizeischergen: »Wer Europa besitzt, der wird damit die Führung der Welt an sich reißen . . . In diesem Zusammenhang können wir natürlich Fragen von Recht und Unrecht überhaupt nicht zur Diskussion akzeptieren . . .«

Diese letzten Sätze spricht der »Führer« am 8. Mai 1943. Zu diesem Zeitpunkt, drei Monate nach Stalingrad, hat er längst die ganze Welt gegen sich, der Sturm auf seine »Festung Europa« hat begonnen. Die Zeit der Siege ist Gott sei Dank für immer vorbei. Die Welt, die der Wahnsinnige mit seiner unmenschlichen Kriegführung, seiner verbrecherischen »Endlösung der Judenfrage« in Europa und seinen »völkischen Ausrottungsmaßnahmen« zur Schaffung von neuem »Lebensraum« herausgefordert hat, kämpft »zur Vernichtung Hitlers und seiner Bande« (Litwinow), »für eine Welt der Zukunft ohne Mißbrauch der Macht« (Roosevelt), »für das gemeinsame Ziel der Vereinten Nationen« (Tito), »für Europas Sicherheit« (de Gaulle), »gegen eine ungeheuerliche Tyrannei, die in dem finsteren, trübseligen Katalog des menschlichen Verbrechens unübertroffen bleibt« (Churchill).

Nur die Deutschen wissen nicht mehr, wofür sie kämpfen. Sie berufen sich auf die erhaltenen Befehle. Wer sich wie Stauffenberg gegen die alle Dämme überflutende Gewaltherrschaft stellt, wird zermalmt. Der Weg in die Katastrophe kennt kein Halten. Das Ende ist bekannt: ein besetztes und zerrissenes Land, eine durch ganz Europa sich ausdehnende Welt, deren neues Gesicht noch verdeckt ist von Gräbern.

Hitlers Tatendrang ist ohne Grenzen. Im August 1939 steht er auf seinem »Marsch nach Osten« (links eine Karikatur aus »Le Rire«, 4. 8. 1939) vor der Grenze Polens.
Sechs Jahre lang tobt dann ab September 1939 der »größte Feldherr aller Zeiten« durch Europa und verbreitet im selbstentfesselten Zweiten Weltkrieg Terror und Tod für »deutsche Größe«. Erst im Mai 1945 ist diese blutige Zirkusnummer zu Ende (rechts eine sowjetrussische Karikatur von Boris Jefimow von Goebbels und Hitler an der Oder am »Heldengedenktag«, 11. März 1945).

1933

Zweite Abrüstungskonferenz in Genf – »Viererpakt« Großbritannien-Frankreich-Italien-Deutschland auf Anregung Mussolinis – Mehrheit der NSDAP im Danziger Volkstag – Franklin D. Roosevelt wird Präsident der USA – Anerkennung der UdSSR durch die USA

Wohin wohl der Weg der Germania unter der alles erdrückenden Last des Hakenkreuzes (eine Karikatur von Sir David Low vom 29. 6. 1933 aus dem »Evening Standard«, London) gehen wird, darüber ist man sich 1933 im Ausland keineswegs klar. Hitler redet von Frieden und Abrüstung. Viele glauben ihm. Dabei hat er in seinem Buch »Mein Kampf« ja schon 1924 die Katze aus dem Sack gelassen: »Gleiches Blut gehört in ein gemeinsames Reich ... Nur ein genügend großer Raum auf dieser Erde sichert einem Volke die Freiheit des Daseins ... Seht in jeglichem Versuch, an den deutschen Grenzen eine zweite Militärmacht zu organisieren ... einen Angriff gegen Deutschland und erblickt darin nicht nur das Recht, sondern auch die Pflicht, mit allen Mitteln, bis zur Anwendung von Waffengewalt, die Entstehung eines solchen Staates zu verhindern beziehungsweise einen solchen, wenn er schon entstanden, zu zerschlagen ...« Zu der Zeit, als Hitler an die Macht kommt und alles »gleichschaltet«, ist sein Buch zwar in fast alle Sprachen der Welt übersetzt, aber nur wenige haben es richtig gelesen.

„Schluß damit, ich selbst verhalte mich neutral — warum politisieren meine Angestellten!"

Hitler gibt sich als Saubermann. Er sorgt für Ordnung in seinem Haus und achtet auf den deutschen Boden und das deutsche Blut *(oben links* eine Karikatur von O. Gulbransson zur »Säuberung des deutschen Bodens« von »roten Rüben«, sprich Kommunisten). Hitler schließt auch Frieden mit dem Himmel und dessen Stellvertretern auf Erden (*oben rechts* zeichnet Gulbransson die göttliche Hand, die denkende Priester zurückhält: »Schluß damit, ich selbst verhalte mich neutral – warum politisieren meine Angestellten!«). Und Hitler redet von Abrüstung, während er heimlich über seinen Generalrat der Wirtschaft aufrüstet *(rechts* eine russische Karikatur zu Hitlers Worten »Millionen stehen hinter mir«; im Generalrat sitzen die Industriellen, denen Hitler bald Rüstungsaufträge verschafft).

1933

Reichsbankpräsident Schacht (bis 1938) finanziert Arbeitsbeschaffung und Aufrüstung – Reichserbhofgesetz und Organisierung des »Reichsnährstandes« – Kulturelle »Gleichschaltung« von Kunst, Literatur und Presse – »Akademie für Deutsches Recht« reformiert das Deutsche Recht

Den Tag der Bücherverbrennung »undeutscher« Schriften krönt der Reichsminister für Volksaufklärung und Propaganda, Goebbels, mit dem Ausruf: »O Jahrhundert! O Wissenschaften! Es ist eine Lust zu leben!« Die Liste der »verbrannten« Dichter und Schriftsteller verzeichnet die besten Geister der Zeit. Viele von ihnen sind bereits emigriert (im ebenfalls gleichgeschalteten »Simplicissimus« verhöhnt E. Thöny einen »Pariser Emigrantenstammtisch« *links*, an dem Heinrich Mann und Albert Einstein sitzen: »Reden Se nich so pazifistisch, Herr Schriftsteller, wo ich mir grad such ä franzesische Verbindung für Heereslieferung.«).

Was aber sagen die Gelehrten über den neuen Geist in Deutschland? (*rechts* eine »Kladderadatsch«-Karikatur von Anfang 1933 dazu: »Was halten Sie von der Übernahme der Regierung durch das nationale Kabinett, Herr Kollege?« – »Bedaure, bin nur für die zweite Hälfte des fünfzehnten Jahrhunderts zuständig!« – man hat keine Meinung!).

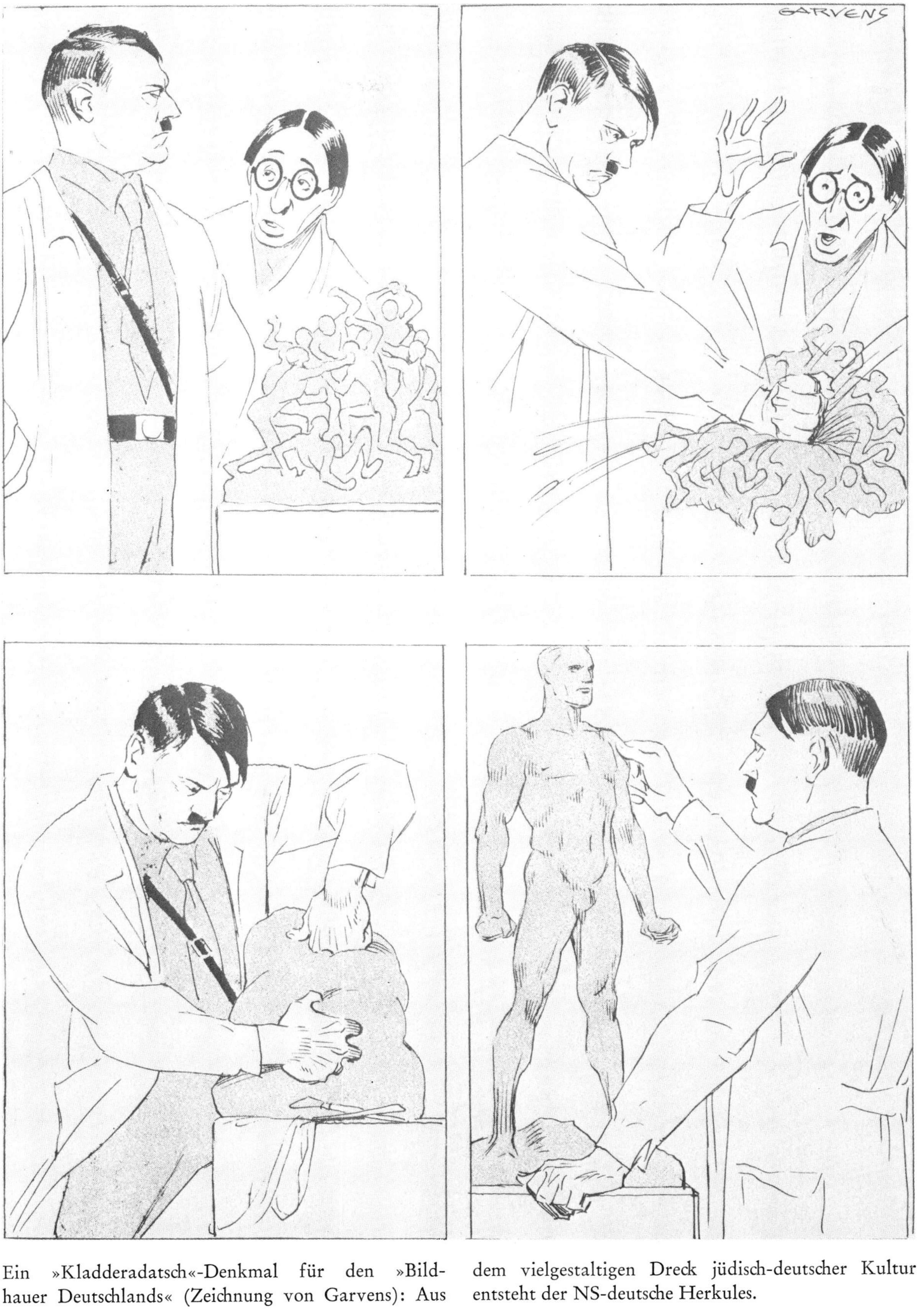

Ein »Kladderadatsch«-Denkmal für den »Bildhauer Deutschlands« (Zeichnung von Garvens): Aus dem vielgestaltigen Dreck jüdisch-deutscher Kultur entsteht der NS-deutsche Herkules.

Über Hitlers Geschmack läßt sich nicht streiten: »Die rassisch-weltanschaulich fundierte Tendenz einer Zeit wird die Tendenz und Psyche der Kunst bestimmen ...« Unmißverständlich befiehlt Chefpropagandist Goebbels den provinziellen und geschmacklosen Kunstgeschmack seines Herrn: »Die deutsche Kunst der nächsten Jahrzehnte wird heroisch, wird stählern, romantisch, sentimentalitätslos, sachlich, national mit großem Pathos, sie wird gemeinsam, verpflichtend und bindend sein – oder sie wird nicht sein.« Wie in der Literatur, so gibt es auch in der Kunst eine »Auslese« im Hitler-Deutschland. Der Maler und Grafiker Willi Geiger, 1933 als Professor von der Leipziger Akademie als »entarteter« Künstler gefeuert, macht sich seine eigenen Gedanken über Hitler (*links oben* und *unten* zwei Hitler-Karikaturen von ihm: »Erwägungen über die Farbe der SA-Uniform« und »Lasset die Kindlein zu mir kommen!«).

Der Dichter und Grafiker Alfred Kubin veröffentlicht 1933 in der »Jugend« seine Zeichnung »Die Auswanderer« – eine Vorahnung auf das, was auf Europas Straßen und Wegen in Kürze geschehen wird.

Deutschland tritt aus dem Völkerbund aus – »Gesetz über den Neuaufbau des Reiches«: Auflösung des Reichstages und der Landtage: Bei Neuwahl nur NSDAP zugelassen – Verordnung über »Deutsche Arbeitsfront« – Nichtangriffs- und Freundschaftsvertrag zwischen Italien und der UdSSR

Für Hitler marschieren Ende 1933 schon rund 1,5 Millionen zumindest vormilitärisch ausgebildete Deutsche in der Reichswehr, in der SA, in der SS und im Reichsarbeitsdienst (RAD). Hitler pfeift deshalb im Oktober auf das Angebot des Auslandes, Deutschlands und Frankreichs Rüstungsstärke auf den gleichen Stand bringen zu lassen. Er kehrt der Abrüstungskonferenz und dem Völkerbund den Rücken *(links* eine NS-Karikatur von »Seppla« S. Plank, über die »Doppelzüngigkeit« im Völkerbund gegenüber Deutschland, links, und den USA und Japan, rechts).

Ziemlich genau die richtigen Zielpunkte der vorauszuahnenden Expansionsgelüste Hitlers visiert das Hakenkreuz-Pistolen-Roulett *(rechts)* einer russischen Karikatur an, die bereits am 27. Oktober 1933 in der spanischen Zeitung »El Sol«, Madrid, abgedruckt ist. Lediglich die Reihenfolge der Verwirklichung ist noch offen.

Das inzwischen in allen privaten und öffentlichen Lebensbereichen gleichgeschaltete deutsche Volk wird am 12. November 1933 zur Stimmabgabe an die Wahlurnen kommandiert: Der Reichstag wird mit einer einzigen Liste, nämlich der Einheitsliste der NSDAP, gewählt. Verbunden damit ist eine Volksabstimmung, mit der sich Hitler seine Außenpolitik mit 95 Prozent Ja-Stimmen »billigen« läßt (im französischen Blatt »Je suis Partout«, Paris, wird das Ergebnis, *rechts,* frei nach Rembrandts Faust so karikiert: »Mit Hitler für Ehre und Frieden!«).

Übrigens haben auch in Frankreich 1933 und 1934 die Faschisten großen Einfluß. Der Ministerpräsident und Kriegsminister Daladier sucht sogar Annäherung an Hitler. In Geheimverhandlungen sagt Hitler, daß es nach der Saarfrage keine Streitpunkte mehr gäbe und ». . . man beleidigt mich, wenn man weiterhin erklärt, daß ich den Krieg will« (im Dezember 1933 karikiert Hitlers Haltung, *rechts,* die holländische »Freie Presse«, Amsterdam: Hitler als Friedensengel, während hinter ihm die Kriegsmaschinerie auf Touren kommt: »Ich erkläre feierlichst vor dieser Welt, daß ich den Verfasser von ›Mein Kampf‹ nicht kenne«).

Hitlers außenpolitische Marschroute ist eindeutig: »Das politische Testament der deutschen Nation für ihr Handeln nach außen soll und muß für immer lauten: Duldet niemals das Entstehen zweier Kontinentalmächte in Europa.« Die eine soll natürlich, versteht sich, Deutschland sein. Deshalb will er freie Hand für nur zweiseitige Verträge, die er jederzeit wieder zerreißen kann. Diese Methode wendet er erstmals im Januar 1934 mit dem auf zehn Jahre befristeten Nichtangriffspakt mit Polen an, das er dann fünf Jahre später überfallen wird. Nur wenige ausländische Politiker durchschauen diese Taktik Hitlers. Sie unterschätzen ihn, erkennen nicht den Wolf im Schafspelz *(links oben* eine russische Karikatur von B. Jefimow, 1933; die guten Feen Frankreich, England und russische Exilmagnaten, alle von Amerika beschützt, an der Wiege des deutschen Faschismus; *links unten* eine der wenigen frühen antifaschistischen Karikaturen aus Amerika: Hitler in der Maske des Todes mit dem Hakenkreuz als Sense und im Gleichschritt aufmarschierende menschliche Skelette, von Georges in »The Nation«, New York, am 5. 4. 1933 gezeichnet).

Links- und rechtsradikale Unruhen in Frankreich – »Ustaschi«-Mord an Alexander I. von Jugoslawien und Frankreichs Außenminister Barthou in Marseille – Leopold III. wird König von Belgien – Faschistischer Putsch (Juli) in Österreich, Dollfuß ermordet, Schuschnigg neuer Bundeskanzler

Österreich lehnt sich noch an Mussolini, Hitler will mit diesem keinen Streit. Er braucht ihn noch *(oben rechts* eine Gulbransson-Karikatur von dem im Juli ermordeten Bundeskanzler Dollfuß, der soeben mit den »römischen Protokollen« aus Italien zurückgekehrt ist und verkündet: »Meine Herren, es läßt sich leider net leignen, daß der Faschismus existiert. Dieses hat man mir auch im Vatikan bestätigt.«; *oben links* eine österreichische antifaschistische Karikatur: »Der Austronazi. Is da dabei der Kopf vergessen? O nein! Den hat er nie besessen.«).

Hitler hat schon 1933 den 1. Mai zum »Feiertag der nationalen Arbeit« erklärt *(unten* zeigt die in Karlsbad 1934 erscheinende sozialdemokratische Emigrantenzeitung »Neuer Vorwärts« die Wandlung des 1. Mai: links: 1890 – »Was hat er getan?« – »Er hat den 1. Mai gefeiert!«, rechts: 1934 – »Was hat er getan?« – »Er hat den 1. Mai nicht gefeiert!«).

Himmler wird Chef des Geheimen Staatspolizeiamts in Preußen – Erstes Treffen Hitlers mit Mussolini – Von Papen deutscher Gesandter in Wien — »Röhm-Putsch« und SA-Morde (auch an Schleicher und anderen politischen Gegnern) auf Befehl Hitlers

Auch die braune »Revolution« frißt ihre Kinder. Die Frage, ob Reichswehr oder SA als bewaffnete Macht im Staat, löst Hitler zugunsten der Reichswehr mit Mord: Er lockt die SA-Führer in eine Falle und läßt sie und andere Unbequeme im Reich zusammenschießen. Einige Tage später erklärt Hitler im Reichstag die Morde als »Staatsnotwehr-Maßnahmen« für »Rechtens« (*links* eine französische Karikatur aus »La Vie Parisienne« zur Röhm-Affäre, *unten* dazu eine Low-Karikatur: »Sie salutieren jetzt mit beiden Händen«).

Die SS von der SA getrennt und Hitler unmittelbar unterstellt – Tod des Reichspräsidenten Hindenburg (2. 8.), Hitler durch Gesetz zum Staatsoberhaupt erklärt – Vereidigung der Reichswehr auf Hitler – »Gesetz zur Errichtung des Volksgerichtshofes« in Deutschland

Österreich steht zwischen Hitler und Mussolini bei deren erstem Treffen in Venedig am 14. Juni 1934. Beide Faschisten mißtrauen sich noch (*rechts* eine Karikatur von E. Godal, 1934: »Die Schachpartie beginnt«).

Im Juli 1934 inszeniert Hitler einen Nazi-Putsch in Wien. Bundeskanzler Dollfuß wird dabei ermordet. Mussolini schickt zwei Divisionen an den Brenner und bedroht Hitler, wenn er sich in Österreich einmische. Hitler läßt sein »Beileid« in Wien aussprechen und schickt Papen als neuen Gesandten, der die »Heimholung« Österreichs besser vorbereiten soll. Kurz darauf ist Hitler in Berlin am Ziel, er ist Alleinherrscher in Deutschland: Nach Hindenburgs Tod am 2. August läßt er sich kraft Gesetz zum Staatsoberhaupt erklären (*rechts* eine »Punch«-Karikatur »Hindenburg und der deutsche Gruß«).

1934

»Amt für die Überwachung der gesamten geistigen und weltanschaulichen Schulung und Erziehung der NSDAP« durch Hitler verfügt – Reichsbekenntnissynode (»Bekennende Kirche«) gegen Hitler in Barmen-Gemarke, danach Amtsenthebung und Hausarrest für die Landesbischöfe von Württemberg und Bayern

Hetze der übelsten Sorte sind die Nazi-Karikaturen in Julius Streichers antisemitischem »Stürmer« (*links* eine »Stürmer«-Karikatur »Literaturhistorisches«: »Wenn die Sau tot ist, müssen auch die Ferkel verderben«; die Ferkel sind jüdische deutsche Schriftsteller von Weltrang).

Bei der Grundsteinlegung zum »Haus der Kunst« in München, der heute noch stehenden »Weißwurst-Galerie«, erklärt Hitler: »Es ist herrlich, in einer Zeit zu leben, die ihren Menschen große Aufgaben stellt...« (die französische satirische Zeitschrift »Le Rire« sieht die Erfolge der neuen NS-Kunst allein in der Person Hitlers: *links* die Karikatur von Elkins »Der ›Salon‹ der Abhängigen hat einen sehr lebhaften Erfolg erzielt«, Paris, 3. März 1934).

Zur gleichen Zeit macht sich der »Kladderadatsch« über die französischen Faschisten lustig, die nach einem französischen Hitler rufen, der alle Gefahr eines Bürgerkrieges abwenden soll (Garvens Zeichnung »Schrecklicher Verdacht« 1934: »O mon dieu! Diese Boches! Die haben sicher einen heimlichen Vertrag mit dem Klapperstorch, daß er ihnen die Hitler-Jugend gleich fix und fertig am laufenden Band liefert!«).

»... und kommen nach kurzer Pause wieder!« schreibt A. Paul Weber im Juni 1934 unter seine Zeichnung. Mit Mord begann Hitlers Herrschaft, der Mord gehört auch später in sein Programm. Der Diktator regiert nach dem Motto: Willst du nicht mein Bruder sein, so schlag' ich dir den Schädel ein.

Zaghaft versucht K. Arnold noch 1934 im »Simplicissimus« in einer Bildergeschichte die Schwierigkeiten in Deutschland, sich in der Öffentlichkeit ohne Rücksichten über Politik zu verständigen, darzustellen. In der »Mißglückten Aussprache« heißt es von oben links nach rechts unten: »Ham Sie wos gsagt?« – »I hob nix gehört.« – »So, na ham ma uns bloß was denkt.« – »Was hoaßt uns? I hob ma gar nix denkt.« Pause (1); »Winter werd's halt – Winter!« – »Ko scho sei.« – »I moan, a strenger Winter werd's aa no.« – »Woaß i net.« Pause (2); »Da heurige Herbst war aa net dös rechte.« – »?« – »War z'schön. Gar z'vui Sunn.« – »Mir nix bekannt, i hob dahoam an Rheumatis ghabt.« Pause (3); »Früher hob i bloß dunkls Bier mögn, aber jetzt schmeckt ma 's helle do besser.« (4); »Ja, moana Sie vielleicht, Sie kunntn mi in d' Politik verwikkeln ...« (5); »Lina, zahln!« (6).

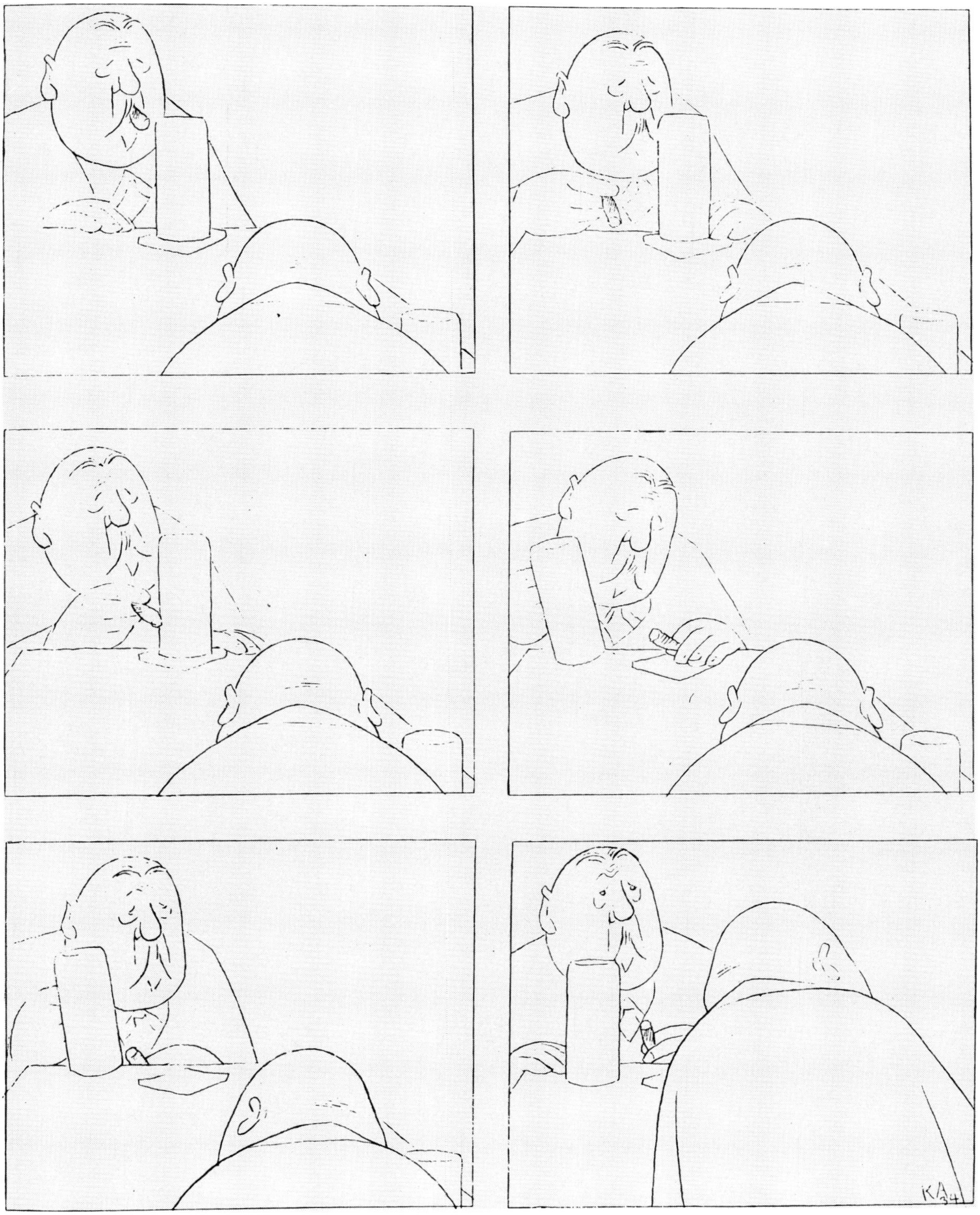

1935

Volksabstimmung im Saargebiet, Rückkehr zu Deutschland mit 91 Prozent der Stimmen – »Gesetz für den Aufbau der Wehrmacht«: Allgemeine Wehrpflicht im Reich, Aufbau der Luftwaffe unter Göring – »Reichsrechtsführer« Hans Frank wird Minister ohne Geschäftsbereich

Die totale Gleichschaltung zwingt die Bürger zum Gleichschritt. Gute Zeiten für Denunzianten, die ihre Nachbarn bespitzeln. Gefängnisse und Konzentrationslager beginnen sich zu füllen (eine Jefimow-Karikatur zum Neujahr 1935 aus der »Iswestija«: »Neujahrs-Rundtanz oder Wer wen zuerst verhaftet«).

Hitler nutzt die vorsichtige Deutschlandpolitik im Ausland: Er predigt weiter den Frieden und rüstet immer offener auf. Bündnisse anderer Länder interessieren ihn nicht (*rechts* eine Low-Karikatur zum französisch-sowjetischen Beistandspakt 1935, der wie unter Wilhelm II. wieder einmal Deutschland isolieren soll).

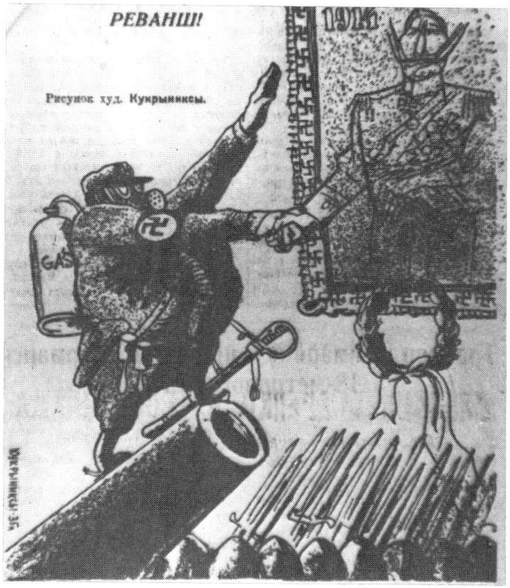

Offen droht Hitler eigentlich nur der Sowjetunion. Bolschewismus und internationales Judentum gehören für ihn in ein Schema. In der Sowjetunion zieht man mit Recht Parallelen zwischen Wilhelms Säbelrasseln und Hitlers Aufrüstung (*links* eine »Prawda«-Karikatur vom 24. 3. 1935 zur Wehrpflichteinführung und dem Gesetz zum Aufbau der Wehrmacht: »Revanche – Auf den Spuren des Kaisers«).

Am vorsichtigsten sind die Engländer mit ihrer »Beschwichtigungs«-(»Appeasement«-)Politik gegenüber Hitler-Deutschland. In einem Flottenabkommen gesteht man den Deutschen weit mehr zu, als der Versailler Vertrag vorsieht. Hitler wird in seinem Aufrüstungswahn damit nur noch bestärkt (*rechts* eine Low-Karikatur aus dieser Zeit: Zwischen eine Annäherung englischer und deutscher Frontkämpferveteranen drängt sich der neue Wachhabende in Deutschland.).

Hitler will auch das philosophische Weltbild der Deutschen nach seinen Plänen zurechtschneiden. Für Philosophen der alten Schule ist das »neue Europa« im Zeichen des Faschismus ein Rätsel (*links* eine Gulbransson-Karikatur »Untergang des Abendlandes?« aus dem »Simplicissimus«, 14. 7. 1935: »Im Schatten seiner Sorgen grübelt der Philosoph über die Dinge, die da kommen sollen, und merkt nicht, daß inzwischen ein neues Europa aufzuleuchten beginnt.«). In Hitlers Vorstellung vom Kampf der arischen Rasse um die Weltherrschaft passen haargenau auch Wagners Melodramen germanischer Legenden (*unten* eine französische anonyme Karikatur «Die Farce von Bayreuth«).

Die »Nürnberger Gesetze«: Die Juden ohne Bürgerrecht, Verbot von Ehen zwischen Juden und Ariern – Gesetz zur Sicherung der Deutschen Evangelischen Kirche – »Gesetz zum Schutz der Erbgesundheit des deutschen Volkes« (Grundlagen des späteren »Euthanasie«-Programms)

1935

Mit den »Nürnberger Gesetzen« erlischt jede Hoffnung der noch im Reich lebenden Juden, die nicht auswandern können oder wollen: rechtlos, mit einem »gelben Stern« gezeichnet, leben sie wie Aussätzige, bis Hitlers Schergen sie abholen kommen (*rechts* eine Low-Karikatur über die ausweglose Situation der Juden im Dritten Reich: der SS-Mann ruft in die Zelle: »Warum gehst du denn nicht?«).

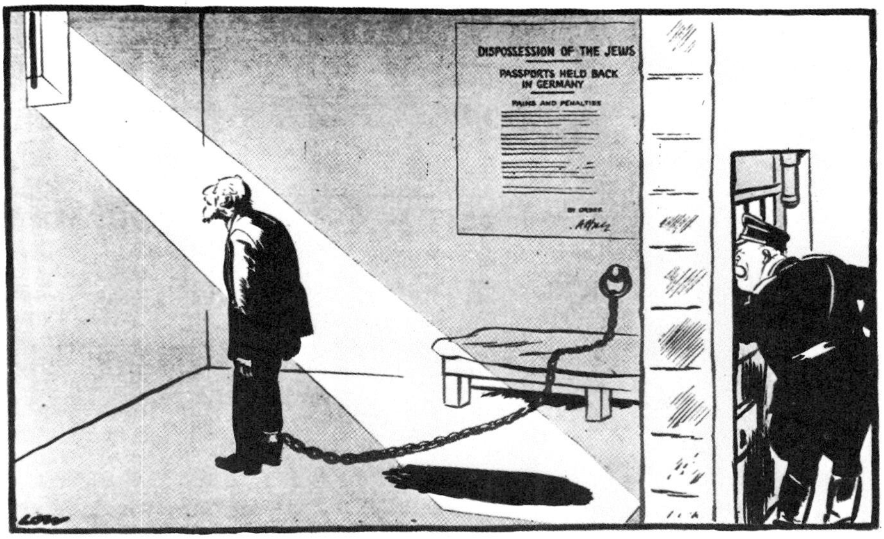

Die »Nürnberger Gesetze« werden »zum Schutz des deutschen Blutes und der deutschen Ehre« so eingeleitet: »Durchdrungen von der Erkenntnis, daß die Reinheit des deutschen Blutes die Voraussetzung für den Fortbestand des deutschen Volkes ist...« Sie dienen zur Vorbereitung eines noch scheußlicheren Planes: für die spätere »Endlösung« (*unten rechts* eine weitere »Stürmer«-Karikatur von 1935, die jüdische Fleischer verdächtigt, Ratten zu Wurst zu verarbeiten).

Anordnung des Präsidenten der Reichsschrifttumskammer über schädliches und unerwünschtes Schrifttum – Erich Ludendorff veröffentlicht »Der totale Krieg« – Leon Dégrelle gründet belgisch-faschistische Bewegung – Komintern für Bündnis mit den liberalen Demokratien gegen den Faschismus

Wenige Deutsche im Lande haben den Mut der Verzweiflung, gegen Hitlers Regime sich zu bekennen. So sagt zum Beispiel Ernst Wiechert 1935 vor Münchener Studenten: »Es kann wohl sein, daß ein Volk aufhört, Recht und Unrecht zu unterscheiden. Es kann auch sein, daß es noch Gladiatorenruhm gewinnt. Aber solch ein Volk steht schon auf einer jäh sich neigenden Ebene, und das Gesetz des Untergangs ist ihm schon geschrieben.« Wiechert wird daraufhin von Hitlers Schergen verhaftet und für ein Jahr in das KZ Buchenwald eingeliefert. Später tritt er für Martin Niemöller ein und muß erneut ins Gefängnis (auf der *linken Seite* eine Zeichnung von George Grosz von 1935 über eine »Haussuchung« der Nazis. Unterschrift: »Schriftsteller ist er?«).

Das Gift Antisemitismus verseucht ganz Deutschland. Im Rahmen der Vorbereitung des organisierten Massenmordes werden sogar Kinderbücher mit Hetzkarikaturen geschmückt (*oben* ein Beispiel aus einem 1935 im »Stürmer«-Verlag erschienenen Bilderbuch. Das Lied zu dem Bild, das der deutsche Harmonikajunge singt, heißt: »Im fernen Süden liegt das Land, / Wo einst der Juden Wiege stand. / Dorthin soll'n sie mit Frau und Kind / So schnell, wie sie gekommen sind! / Seht an das jammervolle Bild! / Die Juden garstig, frech und wild: / Den Abraham, den Salomon, / Den Blumenfeld, den Levinson, / Rebekkchen mit Sohn Jonathan, / Dann Simon und auch Aaron Kahn – / Wie sie die Augen rollen / Und sich von dannen trollen . . .«).

Auch der berühmte »Simplicissimus« ist inzwischen gleichgeschaltet. Ein neuer »Schriftleiter« sorgt für das verlangte Soll an NS-Propaganda. Nur so ist das Gedenkblatt von K. Arnold zum 15. Todestag von Ludwig Thoma zu begreifen: Thoma hat demnach für Ideen »gekämpft«, wie sie auch den Nazis in den Kram passen. Thoma war allerdings nicht so humorlos, wie Arnold ihn hier ins Bild setzt.

Die Bauern sind unter Hitler das »Landvolk«, die Ernte wird zur »Erzeugungsschlacht«, die Agrarpolitik zum »Reichsnährstand« unter dem Schlagwort »Blut und Boden«. Alles dient natürlich dazu, das Reich vom Auslandsmarkt unabhängig zu machen, damit es auch auf diesem Gebiet für den Krieg bereit ist. »Blut und Boden« wird auch zum Schlagwort der NS-arteigenen Literatur. In einer Literaturgeschichte von 1933 heißt es über die neuen Faschistendichter, die an die Stelle der ausgestoßenen und nichtarischen Dichter hochgejubelt werden: »Ihr nordisches Blut schreibt ihnen sein Entwicklungsgesetz vor. Sie bleiben dem größten Mannesleben, der Schlacht, ganz hingegeben. Sie leben der Blutliebe Deutschlands.« Was auch immer man darunter zu verstehen hat, in der sogar 1936 noch etwas gegen den Stachel löckenden »Jugend« wird »Blubo«-Literatur völlig respektlos mit Mist in Verbindung gebracht *(oben:* »Mit Schollendüften sucht voll List der Dichter Reichtum zu erwerben ...«; *unten:* »Und gäbe es keinen bessern Mist – wir müßten alle Hungers sterben!«). Aber noch im gleichen Jahr trifft auch die »Jugend« der Bannstrahl der Nazis: Gerichtsverfahren, Arbeitsverbot und schließlich KZ für den Chefredakteur.

1936

Erste Ausstellung »Entartete Kunst« – Verbot der Kunstkritik durch Goebbels – Der Antikominternpakt Japan-Italien-Deutschland – Mussolini erklärt Abessinien für erobert – Vierjahresplan unter Göring – Deutsche Flugzeuge bombardieren Madrid

Berlin ruft 1936 die Jugend der Welt zur Olympiade. Die ausländischen Gäste lassen sich von dem gedrillten Massenspektakulum um den Sport herum beeindrukken und sehen nicht, daß zur gleichen Zeit in Spanien der Faschismus seine Generalprobe für den Zweiten Weltkrieg abhält (*unten* eine Low-Karikatur von Hitler, der über die gebeugten Rükken der Demokraten Europas voranmarschiert und ihnen dabei noch eine lange Nase dreht; *links* eine russische Karikatur von B. Jefimow, 1936: »Die Bestien sind los!«, auf den Baum haben sich Chamberlain und Daladier geflüchtet, hinter dem Baum steht Roosevelt).

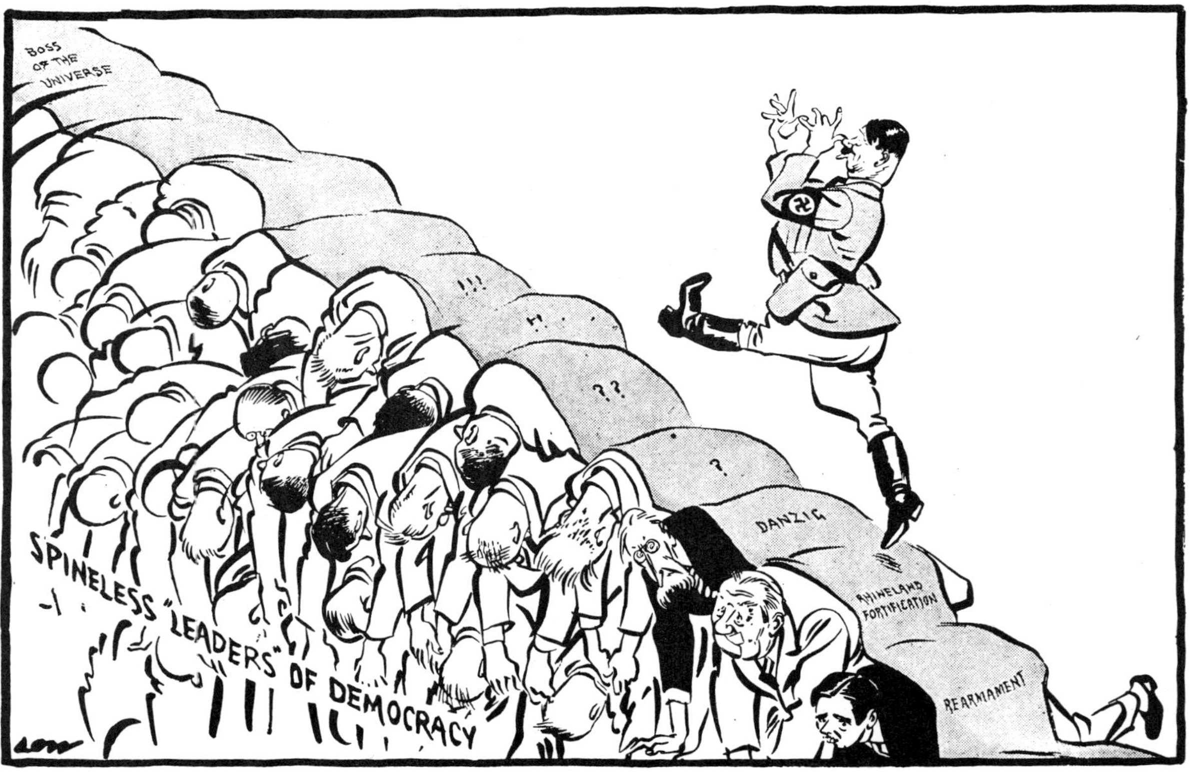

Mussolini und Hitler kommen sich näher. Benito ruft in Berlin aus: »Der Faschismus hat seine Ethik, und diese Ethik deckt sich mit meiner persönlichen Moral: klar und offen reden, und wenn man einen Freund hat, mit ihm zusammen bis ans Ende marschieren!« (*rechts* eine Jefimow-Karikatur von Hitler, Mussolini und dem Portugiesen Salazar, die sich gegen den Vorwurf der Einmischung in Spanien wehren). Mit der »Achse« Berlin-Rom hat Hitler nun freie Hand (*unten* eine französische Karikatur von Hitler und dem umgepolten Mussolini, die neue Abenteuer suchen).

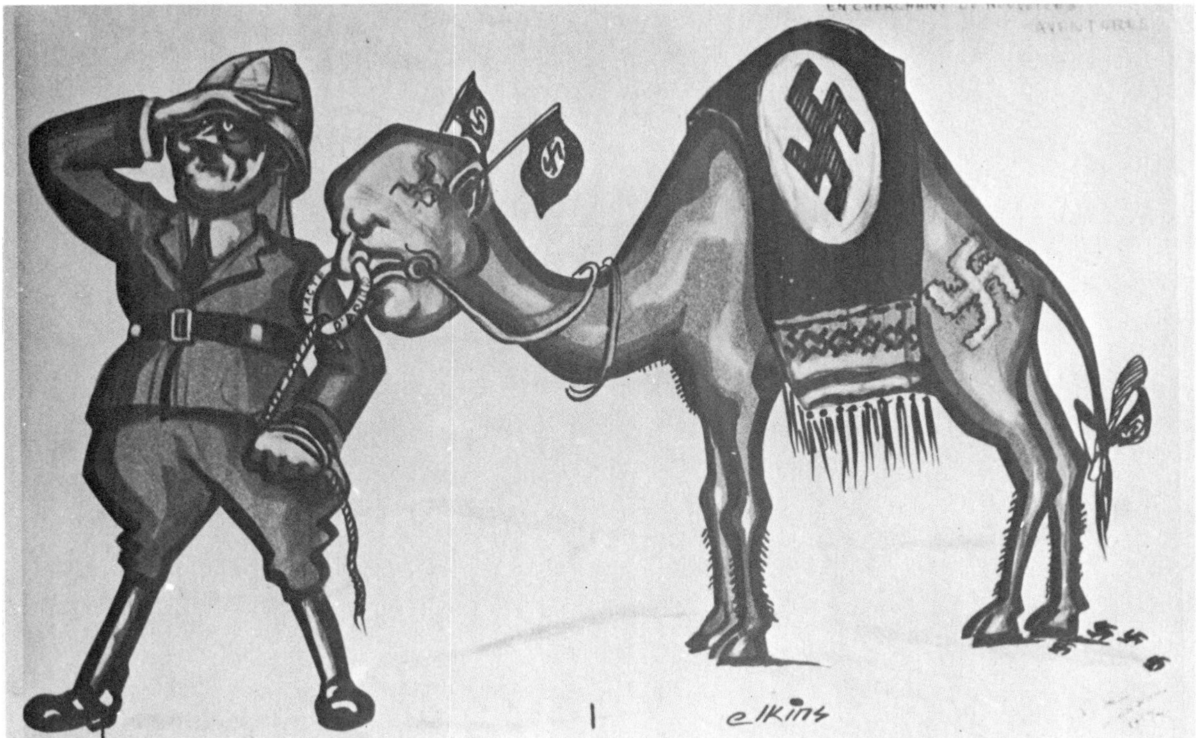

1938

Deutsche Flugzeuge bombardieren Barcelona – Gleichschaltung des Heeres: Keitel Chef des Oberkommandos der Wehrmacht, Brauchitsch Oberbefehlshaber der Wehrmacht, Rücktritt von Generalstabschef Beck – »Anschluß« Österreichs – Hitler bei Mussolini, Verzicht auf Südtirol

Österreich ist jetzt reif für Hitler. Er zeigt den Weg auf: »Zur Verbesserung unserer militärpolitischen Lage müsse in jedem Fall eine kriegerische Verwicklung unser erstes Ziel sein, die Tschechei und gleichzeitig Österreich niederzuwerfen, um die Flankenbedrohung eines etwaigen Vorgehens nach Westen auszuschalten ...« (Roßbach-Protokoll vom 5. 11. 1937). Am 12. März 1938 marschieren die Deutschen in Österreich ein (eine hämische »Simplicissimus«-Karikatur von E. Schilling über den britischen John Bull, der vom gallischen Hahn geweckt wird: »Goddam, schon wieder verschlafen! Jetzt nur rasch in die Hosen, damit ich wenigstens eine Faust in der Tasche machen kann!«).

Hitler herrscht jetzt über »Großdeutschland« nach dem Motto »Ein Volk, ein Reich, ein Führer!«. Die Österreicher jubeln, und die SS findet neue Opfer. In der ersten Nacht unterm Hakenkreuz werden allein in Wien 67 000 Menschen verhaftet. Hitler hat Blut geleckt, er will, daß »überall, wo Deutsche leben«, über »unsere Grenzen hinaus«, der Geist dieses »Großdeutschlands« herrschen soll (*rechts* eine »Punch«-Karikatur vom April 1938 mit der umfunktionierten Freiheitsstatue in New York).

Das nächste Ziel von Hitlers Räuberbande ist die Tschechoslowakei, die noch 1935 mit der Sowjetunion ein Militärbündnis geschlossen hat (*rechts* eine Jefimow-Karikatur über die Haltung der Westmächte zum »Geist aus der Flasche«: Der Geist Hitler, der das Schwert erhebt, wird von den Engländern Halifax und Chamberlain sowie von Daladier beschworen: »Geh nach Osten, nach Osten!«).

Einen Teil der Tschechoslowakei haben die Nazis von innen her schon »vorbereitet«: die deutsche Minderheit im Sudetenland. Von der NSDAP finanziert, sind die sudetendeutschen Faschisten Hitlers williges Werkzeug geworden und provozieren die Prager Regierung so lange, bis Hitler Grund genug hat, seine Stiefel wieder marschieren zu lassen. Gleichzeitig macht Hitler die Polen und Ungarn scharf, sich von dem Kuchen Tschechoslowakei auch ihr Stück abzuschneiden. Die Konferenz von München vertagt noch einmal das Ende der Tschechoslowakei (*links* eine französische Karikatur aus »Marianne«, 7. 9. 1938: »Wo der deutsche Stiefel hintritt ...«).

Der englische Karikaturist Low zieht immer wieder Parallelen von Hitler zu Wilhelm II. (*rechts* läßt Low Hitler mit dem in Holland im Exil lebenden Exkaiser über die »Philosophie der Stärke« diskutieren. Hitler zu Wilhelm II.: »Die Welt glaubt immer noch, die Deutschen dürften keine Gewalt anwenden. Was kann ich tun? Was würden Sie tun?« Darauf Wilhelm II.: »Was heißt hier tun? Ich tat es!«).

Im September 1938 steht wegen der Sudetenkrise ein Krieg bevor. Roosevelt erinnert Hitler an den Kellog-Pakt. Hitler droht im Berliner Sportpalast: »Ich gehe meinem Volk jetzt voran als sein erster Soldat, und hinter mir, das mag die Welt wissen, marschiert jetzt ein Volk, und zwar ein anderes als das vom Jahr 1918 ...« Mussolini bietet sich als Vermittler an. In München werden die »Beschwichtigungspolitiker« aus Frankreich und England gemeinsam aufs Kreuz gelegt. Das Sudetenland »kehrt heim«, die endgültige Abrechnung mit der Tschechoslowakei muß Hitler zähneknirschend nochmals verschieben. Der Friede von München, den Chamberlain nach Hause bringt, hält nicht lange mehr an (*rechts unten* eine »Punch«-Karikatur von Partridge vom 16. 11. 1938 zum Münchner Abkommen: »Land in Sicht« für die Münchner Arche Noah – Hitler).

Im Frühjahr 1939 drängen sich dann für Hitler die »Termine«. Die faschistischen fünften Kolonnen in Europa arbeiten für Hitlers Eroberungsdrang. Bald kann er weitere Stufen auf dem Weg zum Thron seines »Großgermanischen Reiches« nehmen (*rechts oben* eine französische Karikatur vom Frühjahr 1939).

Deutscher Einmarsch in der Tschechoslowakei – Britisch-französische Garantieerklärung für Polen – Hitler kündigt deutsch-britisches Flottenabkommen und deutsch-polnischen Vertrag – Italien annektiert Albanien, »Stahlpakt« Deutschland-Italien – Deutscher Einmarsch im Memelgebiet

Im März 1939 nimmt Hitler »das tschechische Volk unter den Schutz des Deutschen Reiches«, wie es offiziell heißt. Als die Westmächte gegen den Bruch des Münchner Abkommens protestieren, zeigt Hitler, was er von Verträgen hält: Er zerreißt einfach ihm nicht mehr genehme Papiere (*links* eine französische Karikatur: »Die Stärke der Deutschen, ihre Tradition«, von Roger Roy aus »Le Gringoire«, 23. 3. 1939).

Hochmütig lehnen Hitler und Mussolini ein Roosevelt-Angebot für eine internationale Konferenz ab. Und Hitler findet nochmals neue Opfer für zweiseitige Verträge, die später wieder zerrissen werden: Estland, Lettland und Dänemark. Schweden, Norwegen und Finnland allerdings lehnen solche Verträge ab (die »Kladderadatsch«-Karikatur *rechts* gibt die Situation Deutschlands im Frühjahr 1939 gegenüber den Großmächten mit eindeutiger, leider aber richtiger Tendenz wieder: »Vier Buben – aber Hakenkreuz sticht!«).

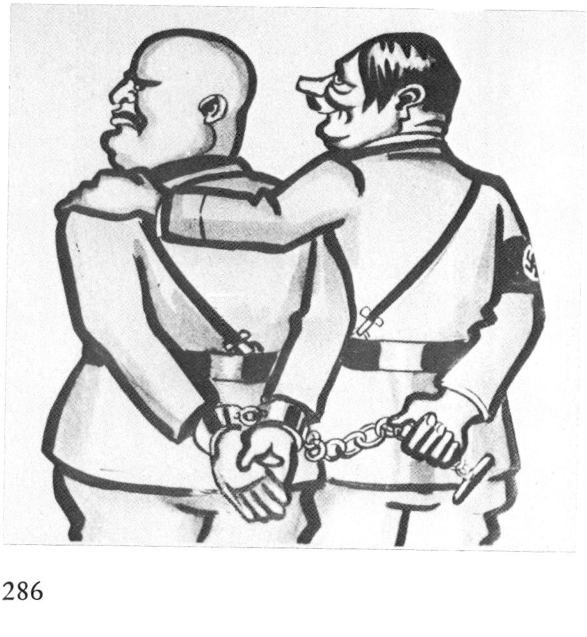

Mussolini und Hitler haben dem Faschisten Franco in Spanien zum Sieg verholfen. Das bindet die »Achse«. Und der im Mai 1939 abgeschlossene »Stahlpakt«, ein Militärbündnis zwischen Hitler und Mussolini, legt Italien endgültig an die »großdeutsche« Kette (*links* eine französische Karikatur zum »Stahlpakt«).

Nach Österreich, der Tschechoslowakei und dem Memelgebiet will Hitler nun Polen schlucken, um mehr »Ostraum« für die Deutschen zu bekommen. Der Vorwand zum »Eingreifen« sind wieder die deutschen Minderheiten, vor allem aber das durch den Versailler Vertrag zur »freien Stadt« erklärte Danzig (*oben* eine französische Karikatur aus »Le Petit Parisien« vom 6. 7. 1939 zur Situation in Danzig, das voll von Hitler-Faschisten ist).

Hinter Polen steht jedoch Hitlers Erzfeind, der Bolschewismus. Aber als Stalin nach Fehlschlägen mit den Westmächten zu erkennen gibt, daß er an einer neuen gewaltsamen Teilung Polens Interesse hat, verbündet sich Hitler auch mit dem verhaßten Stalin. Damit ist Polen vorläufig verloren. Zwei Wochen später beginnt der Zweite Weltkrieg (*unten* eine französische Karikatur über Göring und Hitler bei Stalin: »Na, kriegen wir jetzt deine Rubelchen?«).

1939

Deutscher Feldzug gegen Polen: Überfall ohne Kriegserklärung (1. 9.), deutsche Panzer vor Warschau (5. 9.), Einmarsch sowjetischer Truppen in Ostpolen (17. 9.), Einnahme der deutsch-sowjetischen Demarkationslinie (23. 9.), Luftangriffe auf Warschau (ab 24. 9.), Warschau kapituliert (28. 9.)

Hitler hat seine Kriegsvorbereitungen abgeschlossen. Auch mehrere Besuche ausländischer Diplomaten Ende August in Berlin und eine Abfuhr von Mussolini, der Italien als »nichtkriegführend« erklärt, halten ihn vom Kriegsspielen nicht mehr zurück. Bedenkenlos entfesselt er den Zweiten Weltkrieg und schickt seine Panzer und Flugzeuge gegen polnische Kavallerie und Zivilisten *(rechts* eine norwegische Karikatur vom Sommer 1939 kurz vor Kriegsbeginn: Hitler grüßt als kommender Herr Europas).

Tatsächlich fühlt sich Hitler nach dem »Blitzfeldzug« gegen Polen zum Herrn Europas »berufen«. Im »großdeutschen« Reichstag verkündet er am 6. 10. 1939 seine Vorstellungen von einer europäischen »Neuordnung«. Dabei versichert er Norwegen, Dänemark, Belgien und Holland, deren Unabhängigkeit zu respektieren, obwohl er weiß, daß er sie wenige Monate später überfallen wird. Für das von den Deutschen und Russen in zwei Teile gerissene Polen *(unten* die berühmte Low-Karikatur: Hitler und Stalin treffen sich in der Hölle vor der Leiche Polens) aber beginnen vier lange Jahre rücksichtsloser Fremdherrschaft. Polen soll nur noch »vegetieren«, seine Intelligenz ausgerottet, das Land ausgepowert und von Juden »gereinigt« werden.

Im Tagebuch des deutschen Generaloberst Ritter von Leeb steht unter dem 3. Oktober 1939 u. a.: »Meine Meinung: schlechte Stimmung der Bevölkerung, keinerlei Begeisterung, keine Beflaggung der Häuser, alles erwartet den Frieden. Das Volk fühlt das Unnötige des Krieges ...« Tatsächlich wird der Kriegsbeginn 1939 ganz anders aufgenommen als Anno 1914. Göring verspricht »Kanonen statt Butter«, und zum Essen gibt es nur, was auf Marken zugeteilt ist (*links* eine »Punch«-Karikatur »Hungern für Großdeutschland«).

Hitlers »letztes Friedensangebot« an die Westmächte ist mit der Drohung verbunden: »Herr Churchill mag der Überzeugung sein, daß Großbritannien siegen wird. Ich zweifle keine Sekunde, daß Deutschland siegt.« Und Göring brüllt hinterher: »Führer befiehl, wir folgen!« (*rechts* eine französische Karikatur aus »Marianne« vom 18. 10. 1939 zu Hitlers »Friedensangebot«).

1940

Deutsch-sowjetisches Wirtschaftsabkommen – Hitler und Mussolini am Brenner – Britisch-französisches Militärbündnis – Deutscher Überfall auf Dänemark und Norwegen (9. 4.): Dänemark ergibt sich kampflos, Norwegen und englische Landungstruppen kapitulieren nach heftigen Kämpfen (10. 6.)

Die »Vorsehung« hat Hitler am 8. 11. 1939 in München vor dem Attentat-Tod gerettet. Von nun an, so glaubt er, kann er sich alles erlauben, die »Vorsehung« läßt ihn »sein Ziel erreichen«. Der sowjetisch-finnische Winterkrieg hat Hitler gezeigt, wie wichtig die norwegischen Häfen für England, aber auch für Deutschland werden können. Skrupellos holt er sich deshalb diese und läßt Dänemark als Nachschubbasis gleich mit besetzen. Gegenüber der Welt propagiert Goebbels das Unternehmen mit dem »Schutz der Neutralität« dieser Länder (*links* eine holländische Karikatur von Göring, wie er mit vorgespannten Schweinen dänische Butter nach Hause karrt).

Weil in Dänemark und Norwegen alles so gut gelaufen ist, läßt Hitler auch gleich gegen Frankreich losschlagen. Was kann auch passieren? Vom Nordkap bis zu den Alpen hat er jetzt deutsche Soldaten stehen. Und gegenüber der französischen Maginotlinie wird schnell noch der Westwall aufgebaut (zu der von 1929–1932 erbauten Maginotlinie, *rechts,* eine der ersten unpolitischen K-Heiligenstaedt-Karikaturen aus dem »Simplicissimus«, die sich eindeutig vom germanischen Frauenideal der Zeit abheben: »... wirklich charmant, der kleine Gaston, hat im Bunker kein Briefpapier und schreibt mir auf Zensurlücken ...!«).

»Blitzkrieg« im Westen (ab 10. 5.), Fallschirmjäger springen über Holland ab, Luftangriff auf Rotterdam (14. 5.), Hollands Kapitulation (15. 5.), Durchbruch zum Kanal (20. 5.), Belgien kapituliert (28. 5.), Dünkirchen (4. 6.), Paris besetzt (14. 6.), Bildung der Pétain-Regierung (16. 6.), Waffenstillstand (22. 6.)

Frankreich ist nicht auf den Krieg vorbereitet. Nach sechs Wochen deutschem Vormarsch ist bis zur Linie Genf–Bourges–Atlantik Frankreich unter deutscher Besatzung. Kurz vor Frankreichs Zusammenbruch (*rechts* eine deutsche Pressekarikatur zum Sieg über Frankreich) sind auch die italienischen Faschisten in den Krieg eingetreten.

Wieder ohne Kriegserklärung fallen deutsche Soldaten in neutrale Länder ein: Holland, Belgien und Luxemburg werden überrannt. Hinter den Soldaten kommen die deutschen faschistischen »Neuordner« Europas, unterstützt von holländischen und belgischen Faschisten (*rechts* eine englische Karikatur von Johnstone zur deutschen Invasion in Holland).

1940

Winston Churchill britischer Premier – Estland, Lettland und Litauen werden Gliedstaaten der UdSSR – Luftschlacht um England – Italienische Offensive in Ägypten, britische Gegenoffensive – Italiens Überfall auf Griechenland gescheitert

Nach dem Zusammenbruch Frankreichs kämpft England unter Churchill »allein« weiter. Nach dem Debakel von Dünkirchen, wo die von den Deutschen eingekesselten britischen Expeditionstruppen mit knapper Not über den Kanal entfliehen können, erwartet England die deutsche Invasion (*links* eine deutsche Pressekarikatur zur Schlacht um Dünkirchen).

Die Landung wird verschoben. Der Krieg geht in der Luft und zur See weiter. Gleichzeitig setzt Goebbels einen großangelegten Propagandakrieg gegen die Insel in Gang. Überall in den besetzten Gebieten und bei den sympathisierenden oder neutralen Ländern Europas läßt Goebbels unermüdlich in Wort und Bild gegen Churchill trommeln (*rechts* eine zeitgenössische deutsche Propagandakarikatur aus dem »Kladderadatsch«, gezeichnet von A. Johnson: »Churchill und die deutsche Wahrheit«).

Zu Hitlers »Neuordnung« Europas gehört auch sein Kampf gegen das »internationale Judentum«: Aus den besetzten Ländern werden sie in Konzentrationslager »deportiert«: Auschwitz wird im April 1940 errichtet, in Lodz und Warschau werden Gettos eingezäunt (*oben* eine Low-Karikatur auf die »schwarzen Friedensengel über Belgien«, auf die Gestapo; *rechts* eine »harmlose« antisemitische deutsche Karikatur von M. Claus aus den »Fliegenden Blättern«, 1940: »Zuerst warn mer Polen, dann Österreicher, dann Deutsche, dann wieder Polen, und jetzt san mer Engländer. Was wern mer werdn, wann's da auch schiefgeht?« – »Juden!«).

Beitritt Bulgariens zum Dreimächtepakt – Balkanfeldzug: Eroberung Jugoslawiens, Griechenlands und der Insel Kreta – Deutsches Afrikakorps unter General Rommel in Nordafrika – Rückeroberung Abessiniens durch die Engländer

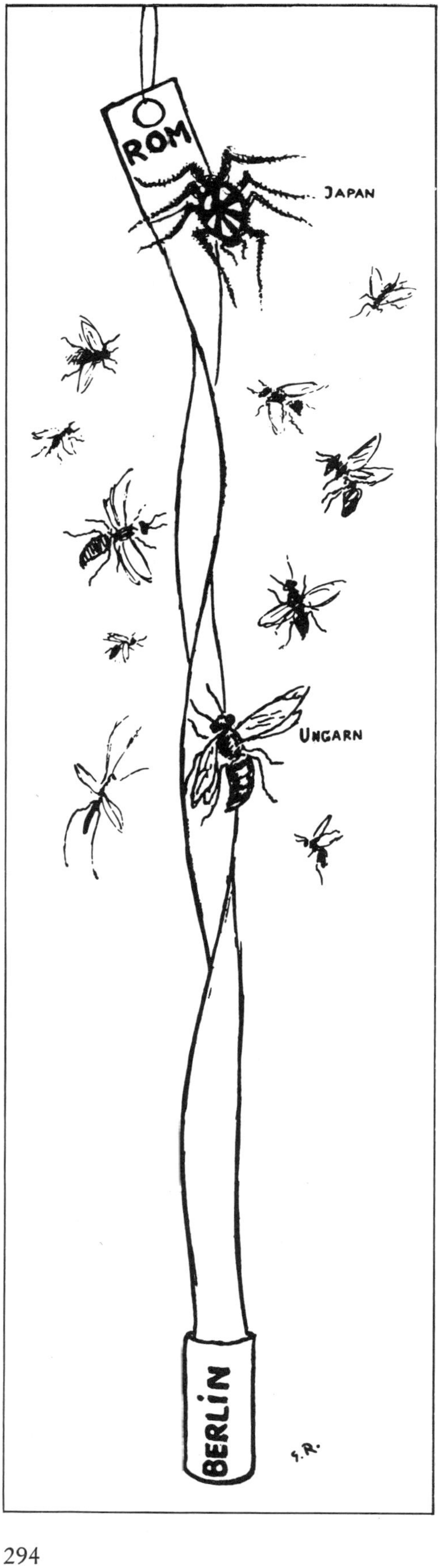

Bevor Hitler gegen Sowjetrußland vorgeht, will er die »Südostflanke«, also den Balkan, ausschalten. So läßt er im Frühjahr 1941 auch noch Jugoslawien und Griechenland überrennen (*unten* eine Low-Karikatur von Weihnachten 1940, die vorwegnimmt, welche Mitglieder der »Ex-französisch-britischen Familie« bald im »großdeutschen« Sack verschwinden).

Die faschistischen fünften Kolonnen haben auch auf dem Balkan den Boden für Hitler gut vorbereitet. Die der »Achse« Berlin-Rom und dem Dreimächtepakt beigetretenen Länder Ungarn, Rumänien und Bulgarien sind gute Aufmarschgebiete für seinen Balkanfeldzug (*links* eine schweizerische Karikatur aus dem »Nebelspalter«, gezeichnet von G. Rabinovitch: Die »Achse« als Fliegenfänger).

Immer größer wird Hitlers neues faschistisches Europa: Es reicht jetzt schon vom Nordkap über die Westküste Frankreichs quer durch Italien und den Balkan über Griechenland bis nach Nordafrika, wo »Wüstenfuchs« Rommel zu schnüren anfängt. Für Churchill und Großbritannien als noch einzigem Hauptgegner stehen die Aktien schlecht (*rechte Seite oben* eine typische deutsche Propagandakarikatur von Bauer aus den »Fliegenden Blättern«: Der eingequetschte Churchill jammert: »Ich erkenne das neue Europa nicht an«, während eine etwas schwindsüchtige Europa sich den faschistischen Pratzen anvertraut).

Noch größer ist nun auch das Reservoir geworden, aus dem die Judenhenker des Dritten Reiches ihre Opfer zusammenholen und nach dem Osten verschicken (*unten* eine holländische Karikatur: »Die zwei Gesichter: Massendeportation«). In Rumänien findet im Januar 1941 ein Judenmassaker statt. SS-Oberhenker Himmler inspiziert im März Auschwitz und befiehlt dem Lagerkommandanten Höß, dort so auszubauen, daß künftig mehr als 30 000 »Häftlinge« untergebracht werden können. Die Todesmaschinerie gegen die Juden Europas kommt auf Touren.

Hitlers Weisung zum Unternehmen »Barbarossa« trägt das Datum vom 18. Dezember 1940. Es heißt dort: »Die Deutsche Wehrmacht muß darauf vorbereitet sein, auch vor Beendigung des Krieges gegen England Sowjetrußland in einem schnellen Feldzug niederzuwerfen« (eine sowjetrussische Karikatur von KuKry Niksy zum deutschen Überfall auf die Sowjetunion am 22. Juni 1941).

Sowjetisch-japanischer Nichtangriffspakt – Rudolf Heß fliegt nach England – Aufmarsch von 120 deutschen Divisionen an der deutsch-sowjetischen Grenze beendet – »Kommissarbefehl« des OKW – Deutsch-türkischer Freundschaftsvertrag – Deutscher Angriff auf die Sowjetunion (22. 6.)

Mit Absicht lügt Hitler noch im April 1941 seinen Botschafter in Moskau an: er beabsichtige keinen Krieg gegen Rußland. Aber die militärischen Vorbereitungen dazu laufen schon monatelang. Am 12. Mai legt Hitler den Angriffstermin auf den 22. Juni fest (*unten* eine englische Karikatur aus »The Noon Bulletin«, Schanghai, 1941: »Hitler-Gulliver fordert den Riesen Sowjetunion heraus«). Ebenfalls am 12. Mai erklärt Hitler seinen Stellvertreter Heß für geistesgestört, weil er nach England zu Friedensverhandlungen geflogen ist (*rechts* eine Low-Karikatur über das Nazi-Narrenhaus nach dem »Ausbruch« von Heß: »Er muß verrückt gewesen sein!«).

Hitler führt die Faschisten Europas zum Vernichtungskrieg gegen den Bolschewismus. Rußland soll zerstückelt und als Kolonialgebiet rücksichtslos ausgebeutet werden. Die »östlichen Untermenschen« sollen nur noch als Sklaven der germanischen Rasse weitervegetieren (*links* das Bild der Sowjets, wie die deutsche NS-Propaganda es sieht: die Sowjetgeißel in der Hand der Juden, Zeichnung von W. Krain).

Auch Stalin wird von Hitler überrumpelt. Den durch Spion Sorge vorausgesagten Angriffstermin will er nicht glauben. Aber der deutsche Vormarsch beginnt in drei Richtungen: gegen Leningrad, gegen Smolensk und gegen Kiew und die Ukraine. Obwohl die Russen den Deutschen noch an Ausrüstung unterlegen sind, stellt Hitler mit dieser neuen Front seine Heere von Anfang an vor unerfüllbare Aufgaben (*rechts* eine »Punch«-Karikatur von Hitler und Stalin: Die Freundschaft ist aus).

Hitler erreicht mit seinem Überfall auf die Sowjetunion etwas, was er sich bestimmt nicht gewünscht hat: ein über alle ideologischen Gegensätze sich hinwegsetzendes »unnatürliches« Bündnis zwischen den Demokraten in Großbritannien und Amerika und der Diktatur in der Sowjetunion. Hitler ist deshalb mit seinem Entschluß, die Sowjetunion anzugreifen, der größte »Schrittmacher des Sowjetkommunismus« in Europa – auch wenn dies erst später deutlich wird. Die USA treten zwar erst im Dezember 1941 in den Krieg ein, aber mit dem »Pacht- und Leihgesetz« vom März 1941 liefern die USA ab August auch Kriegsmaterial an die Sowjetunion, und in der »Atlantik-Charta« vom August 1941 verkünden Churchill und Roosevelt die gemeinsamen Kriegsziele der Demokratien des Westens, denen sich auch die Sowjetunion anschließt (*rechts oben* eine englische Karikatur aus »The Noon Bulletin«, Schanghai, die das alliierte Siegeszeichen mit britischen RAF-Bombern auf dem Weg nach Deutschland an den Himmel zeichnet; *rechts* eine englische Karikatur, die die Sackgassen der Siegesstraßen des Hakenkreuzes verdeutlicht).

1941

Beginn der Schlacht vor Moskau (2. 10.) – Einnahme von Odessa (16. 10.) – Kertsch auf der Krim erobert (16. 11.) – Sowjetischer Gegenangriff an der Südfront, Wiedereroberung von Rostow (29. 11.) – Sowjetische Gegenoffensive vor Moskau (5. 12.) – Hitler Oberbefehlshaber des Heeres (16. 12.)

Im Herbst bleibt der »Blitzkrieg« im Schlamm, im Winter im Schnee stecken. Es läuft nicht so, wie Hitler es sich vorgestellt hat. Die Russen zeigen die Zähne (*oben* eine Jefimow-Karikatur zur russischen Gegenoffensive vor Moskau). Hitler ist wütend und spielt selbst den Oberbefehlshaber (*links* karikiert Low: »Von nun an folgt die Armee meiner persönlichen Intuition«).

Zur gleichen Zeit, als Hitler vor Moskau zur Umkehr gezwungen wird, weitet sich der Krieg zum globalen Weltkrieg aus: In Nordafrika treten die Engländer gegen Rommel an, und im Pazifik beginnt der japanische Militarismus weite Gebiete Ostasiens zu überschwemmen. Obwohl Hitler nur mit knapper Not vor Moskau einer Katastrophe entgeht, hat er die Stirn, sich mit Napoleon zu vergleichen: »Wir haben ein Schicksal gemeistert, das einen anderen vor einhundertdreißig Jahren zerbrochen hat.« Und seinem Bundesgenossen Mussolini gesteht er: »Ich bin in diesem Winter einer Katastrophe entronnen. Ich glaube, ich stehe im Schutze der Vorsehung.« (*Rechts* karikiert Jefimow Hitler und Mussolini als schlechte Schüler Napoleons; *unten* eine »Prawda«-Karikatur, Ende 1941: »Nach Moskau . . . von Moskau«.)

 »Wannsee«-Konferenz: »Endlösung der Judenfrage« in Europa – Hitler »Oberster Gerichtsherr« in Deutschland – Erste Massenvernichtung in Auschwitz – Rommels Offensive in Nordafrika, Ende bei El Alamein (2. 9.) – Deutsche Besetzung von Südfrankreich

Nochmals verkünden im Sommer 1942 die deutschen Sondermeldungsfanfaren Siege in Nordafrika und im Osten: Rommel dreht in Nordafrika den Spieß um und jagt die Engländer durch die Wüste (*rechts* eine deutsche Karikatur von Truetsch aus dem »Schwarzen Korps« feiert die deutsche Rommel-Offensive mit dem Vormarsch der Japaner in Malaya); in Rußland stoßen die Deutschen im Süden bis nach Stalingrad und in den Kaukasus vor.

Aber die Wende des Krieges kommt wenige Monate später: Zuerst durchbrechen die Engländer Ende 1942 die deutsch-italienische Front. Das »Afrikakorps« muß passen, vor allem als dann Amerikaner und Engländer in seinem Rükken in Marokko und Algerien landen. Auch die deutsche Besetzung von Südfrankreich ändert nichts mehr (*links* eine russische Karikatur: Hitler zertritt mit dem »Laval«-Stiefel das am Boden liegende Frankreich).

Ganz Frankreich ist ab November 1942 dem deutschen SS-Terror ausgeliefert, die Pétain-Regierung in Vichy gelähmt (*rechts* eine Jefimow-Karikatur von 1942: Auf dem Schild links steht: »Nach 15 Uhr ist allen Ausländern der Aufenthalt auf Straßen und öffentlichen Plätzen strengstens verboten«; der SS-Mann ruft: »Halt! Wer da? Franzosen?«, die Antwort der beiden Vichy-Franzosen: «Aber nicht doch – wir sind es doch, Pétain und Laval«).

Immer mehr Bomben aus vielen englischen Flugzeugen fallen auf deutsche Städte. Die deutsche Luftwaffe kann nicht mehr abwehren, sie ist den Bombengeschwadern hoffnungslos unterlegen (*links* eine Propagandakarikatur aus dem »Schwarzen Korps« über die Royal Air Force und ihr »kulturschänderisches« Tun: »Darling«, fragt die englische Soldatenbraut, »bist du mit deinem Bomber auch schon mal über Japan gewesen?« Antwort: »No – wieso, gibt's dort auch alte Kirchen?«).

Churchills Worte von »Blut, Tränen und Schweiß« für die Engländer von 1940 treffen immer mehr auf die Deutschen zu (*rechts* die Low-Karikatur »Programmwechsel« zur veränderten Situation: Görings Siegerpose von 1939 schrumpft auf die Realität der deutschen Lage Ende 1942 zurück).

1942

Ostfront: Stellungskämpfe im Mittelabschnitt, deutsche Sommeroffensive im Südabschnitt: Eroberung der Krim, Marsch nach Stalingrad und in den Kaukasus (bis August) – Hitler billigt den »Generalplan Ost« zur Aussiedlung der Völker Osteuropas

Der Vorstoß nach Stalingrad und in den Kaukasus ist umsonst. Hitler ist ein schlechter Feldherr. So denkt er zum Beispiel viel zuwenig an den Nachschub. Er legt seinen Truppen selbst die Schlinge bei Stalingrad. Und das »unnatürliche« Bündnis zwischen den USA, England und der UdSSR bleibt fest (*links* eine KuKry Niksy-Karikatur zum britisch-sowjetischen Bündnispakt 1942).

Hinter der deutschen Ostfront bekommen es die Deutschen immer stärker mit den sowjetischen Soldaten der »geheimen und unfaßbaren Truppe« der Partisanen zu tun (in der Karikatur von B. Jefimow, *links*, wird demonstriert, wie Partisanen der »russischen Waldarmee« die deutschen Soldaten »ködern« sollen).

»Beherrschen, verwalten und ausbeuten...«, will Hitler die in der Sowjetunion eroberten Gebiete. Das Land soll in Großgüter aufgeteilt und an verdiente Parteibonzen zur Bewirtschaftung übergeben werden. Erste Versuche dazu gibt es im Frühjahr 1942 in der Ukraine (*rechts* eine Karikatur von KuKry Niksy: »Frühjahrssaat in der Ukraine 1942«). Gleichzeitig geht es den germanischen Übermenschen in der SS-Uniform um die Versklavung und Vernichtung der bolschewistischen »Untermenschen« (*unten* eine Low-Karikatur »Im besetzten Gebiet«).

1943

Deutscher Rückzug aus dem Kaukasus – Ende der 6. deutschen Armee in Stalingrad – Goebbels verkündet den »totalen Krieg« – Hinrichtung der Geschwister Scholl – Zusammenbruch der deutschen U-Boot-Kriegsführung – Konferenz von Casablanca: Forderung nach »bedingungsloser Kapitulation«

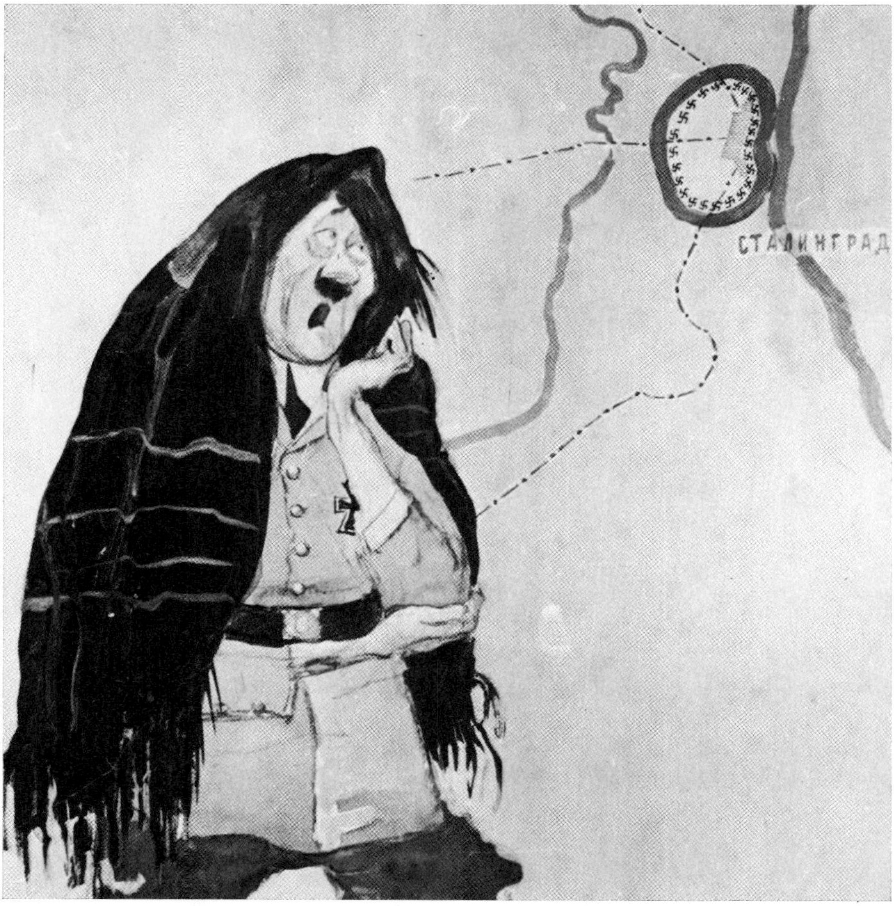

1943 beginnt der Sturm der Alliierten von Osten, von Südosten und von Süden auf Hitlers »Festung Europa«. Vorher treten noch 100 000 deutsche Soldaten im Kessel von Stalingrad Anfang Februar den Marsch in die Gefangenschaft an, die nur ein kleiner Teil überlebte. Hitler und seine Generäle haben Stalingrad im Stich gelassen. Das ist die Wende des Krieges im Osten (*links* eine Karikatur von KuKry-Niksy: Hitler jammert nach einem russischen Volkslied: »Verloren hab' ich das Ringlein . . .«).

Auch im Norden und in der Mitte der Ostfront marschieren die Deutschen von nun an rückwärts. Die Rote Armee, mit US-Kriegsmaterial gut ausgerüstet, treibt die Deutschen Richtung Westen zurück (*links* beschwört Low nach Messonier wieder die Auflösung von Napoleons Großer Armee. Hitler winkt vergeblich).

1943

Aufstand im Warschauer Getto – Deutsche Kapitulation bei Tunis – Alliierte Landung auf Sizilien und Eroberung von Süditalien, Ende des faschistischen Italiens – Deutsche Besetzung Roms und Befreiung Mussolinis – Beginn der Strategischen Luftkriegführung gegen Deutschland – Konferenz von Teheran

Die Achse Berlin–Rom zerbricht 1943. Über Sizilien und dem südlichen Italien kämpfen sich die Alliierten nach Norden Richtung Rom vor. Mussolini wird von Badoglio gestürzt. Die Deutschen können Rom besetzen und den abgetakelten Mussolini aus der Gefangenschaft befreien (*rechts von oben nach unten* eine englische Karikaturenfolge von Illingworth über Befreiung und »Wiedereinsatz« der Gummipuppe Mussolini).

In Teheran wird im November/Dezember 1943 das künftige Schicksal Deutschlands entschieden. Churchill will in seinem Vorschlag Preußen, den »bösen Kern des deutschen Militarismus«, vom Restdeutschland trennen, Roosevelt will fünf deutsche Länder unter Kontrolle der Vereinten Nationen, und Stalin will ein zerstückeltes, schwaches Deutschland (*unten* eine deutsche Karikatur zu Teheran: John Bull und Uncle Sam kriechen Väterchen Stalin in den Hintern).

1944

Alliierte Landung bei Anzio und Nettuno – Sowjetische Offensiven im Norden und Süden, deutscher Rückzug – Alliierte in Rom – Alliierte Invasion in der Normandie – Attentat auf Hitler – Abfall Rumäniens, Finnlands und Bulgariens von der »Achse«

Der Sturmlauf auf das Reich Hitlers geht 1944 verstärkt weiter. Immer enger wird der Ring um die »Festung Europa«. Im Sommer 1944 bröckeln nach Italien weitere Bundesgenossen Hitlers ab: Rumänien, Bulgarien und Finnland. Der Abfall Ungarns kann noch durch deutsche Besetzung verzögert werden (*links* die Low-Karikatur vom europäischen »Kartenhaus« Hitlers, das in sich zusammenfällt).

Ab 6. Juni 1944 bekommt endlich Stalin die längst gewünschte zweite Front im Westen: Amerikaner, Engländer und Franzosen landen in der Normandie und vertreiben in wenigen Monaten die Deutschen aus Frankreich (noch kurz vor der Invasion verspottet A. Johnson im »Kladderadatsch«, *rechts*, mit einer alten Karikatur von 1917 die US-Streitkräfte: sie rekrutieren sich bei ihm ausschließlich aus Sträflingen).

»Deutschland wird entweder Weltmacht oder überhaupt nicht sein«, hat Hitler in »Mein Kampf« geschrieben. Daran hält er sich auch noch nach der Invasion. Trotz auswegloser militärischer Lage spielt er weiterhin den Helden, und die Deutschen müssen mitspielen (Low sieht, *oben,* nach der Invasion den Endkampf richtig: Die Alliierten kämpfen für Freiheit und Frieden, die Deutschen im Dienste der Sklaverei). Und als die »Vorsehung« Hitler beim Attentat am 20. Juli erneut rettet, dreht er vollends durch: Die Attentäter werden erschossen und an Fleischerhaken aufgehängt, ihre Familien verfallen der Sippenhaft, und Deutschland soll jetzt bis zum letzten Blutstropfen kämpfen und dann untergehen (*rechts* Lows Karikatur-Kommentar zum 20. Juli 1944).

Deutsche Ardennenoffensive bleibt stecken, alliierte Gegenoffensive – Angriff der Sowjets aus dem Baranow-Brückenkopf Richtung Berlin – Konferenz von Jalta – Rote Armee erobert Budapest – Luftangriff auf Dresden – Alliierter Brückenkopf bei Remagen – Hitlers »Nerobefehl« – Amerikaner in Mainz

»Wie König Friedrich II., so müssen auch wir einsehen, daß uns der Sturz drohen kann, falls wir einen falschen, unsicheren oder unüberlegten Schritt tun«, meditiert Anfang Februar 1945 der NS-Rundfunkkommentator Dittmar. Zur gleichen Zeit überschreiten die Alliierten im Westen die deutsche Grenze, und die Sowjets überqueren die Autobahn Berlin–Breslau. Das »Reich« ist in der Zange, die Uhr für Hitler ist bald abgelaufen *(links* eine Karikatur aus dem »Daily Mirror«, 27. 2.: »Die Uhr am Rhein«).

»Mit eiserner Hand zufassen ...« soll die SS nach einem Durchhaltebefehl vom Februar 1945. Und Hitler befiehlt im März: »Wer in Gefangenschaft gerät, ohne verwundet zu sein oder nachweisbar nicht bis zum äußersten gekämpft hat, der hat seine Ehre verwirkt. Die Gemeinschaft der anständigen und tapferen Soldaten stößt ihn von sich. Seine Angehörigen haften für ihn ...« *(rechts* eine Low-Karikatur auf die »Verteidigung der Heimatfront« durch Hitlerjungen).

Russen in Danzig und Königsberg – Befreiung Jugoslawiens durch Tito-Partisanen – Zusammenbruch der deutschen Front in Italien – Tod Roosevelts, Nachfolger H. S. Truman als US-Präsident – Begegnung der Amerikaner und Russen bei Torgau/Elbe – Tod Mussolinis bei Mailand, Hitlers Selbstmord in Berlin

Eisenhower entscheidet sich Ende März für die Eroberung Leipzigs anstatt Berlins. Churchill ist darüber beunruhigt, Montgomery sagt: »Wir machen einen schrecklichen Fehler.« Stalins Machtbereich reicht deshalb heute bis nach Berlin (*rechts* eine Low-Karikatur auf die letzten Durchhaltereden von Goebbels während des Endkampfes in Berlin). Ebenfalls im März/April offenbart sich der freien Welt ein Blick in die Hölle: Die Alliierten holen die Überlebenden aus den deutschen Konzentrationslagern, für Tausende kommt die Befreiung zu spät (*unten* eine sowjetische Karikatur vom schwankenden Hakenkreuz über Bergen von Leichen in Buchenwald, Dachau, Maidanek ...).

Deutschlands Geschichte scheint im Mai 1945 für immer am Ende zu sein. In einem nie dagewesenen Chaos mündet Hitlers Wahnidee von einem »Großgermanischen Reich« und einem bis zum Ural und zum Kaspischen Meer reichenden »Lebensraum« für seine deutschen Arier (eine Jefimow-Karikatur vom Mai 1945: Für Goebbels und Hitler verbleibt kein »Lebensraum« mehr, sie saufen ab wie Ratten). Das Erbe des Hitler-Reiches für Europa und die Welt: zwei übermächtige Machtblöcke in Ost und West im Schatten der Bombe und ein »Eiserner Vorhang« mitten durch Europa, mitten durch Deutschland.

7.

»Durch Deutschland eine Mauer, die ist aus deutschem Stein«

Nebeneinander oder miteinander: Zweimal Deutschland

1945 bis 1972

Im August 1945 fällt auf Hiroshima und Nagasaki Feuer vom Himmel und tötet Hunderttausende. Das Atomzeitalter beginnt: Seither leben wir im Schatten der Bombe, einem »gefährlichen Spielzeug« (eine Karikatur von Szewczuk aus der »Zeit«, 1946).

Die ersten Jahre nach 1945 gibt es nichts zu lachen. Der Katastrophe entronnen, sorgen sich die Deutschen zuerst um die fehlenden Kalorien inmitten von zuviel Trümmern und Demontage, zuwenig Bezugsscheinen und Lebensmitteln. Es dauert fast drei Jahre, bis Karl Valentin seine Definition für das Wort »Kalorienmangel« als erledigt abhaken kann: »Wie viele Menschen, ob alt, ob jung, leiden jetzt infolge Kalorienmangels an Gedächtnisschwäche und Zerstreutheit. Kürzlich zünde ich mir ein Streichholz an, will mir eine Zigarette anbrennen, stehe ich mit dem brennenden Streichholz da und weiß nicht mehr, was ich damit wollte. Als das Streichholz verbrannt war, fiel es mir ein, daß ich mir eine Zigarette anzünden wollte, wenn ich eine gehabt hätte.«
Erst der »kalte Krieg« hilft den Deutschen wieder auf die Beine. Die Sieger haben auch bald nichts mehr zu lachen, die Waffenbrüderschaft kühlt schnell ab und zerbricht. Wo noch 1945 der Wahlspruch gilt »Kein guter Deutscher, denn ein toter Deutscher«, da werden ab 1947 die Deutschen zum Faustpfand der zerstrittenen Mächte in Ost und West. Jetzt brauchen die Sieger die Deutschen wieder, jeder läßt »seine« Deutschen nach seiner Fasson selig werden. Auferstanden aus Ruinen und befreit von Not und Hunger dürfen sie wieder mitreden – zuerst ohne Stimmrecht, nur als Statisten in einer neuen Weltordnung, deren Front mitten durch sie hindurchgeht. Vergessen ist der gemeinsame Vorsatz der Sieger, Deutschland in »ein politisches Vakuum« zu verwandeln. Die Besiegten verwandeln sich in Verbündete: zwangsweise im Osten, freiwillig im Westen. Zwei Deutschland werden etabliert. »Ich hab' ein deutsches Vaterland, das ist nach Ost und West benannt ...«, heißt es in Ost-Berlin (Erich Brehm im Kabarett »Die Distel«); frei nach einem »Ohrwurm« von 1938 karikiert in München Max Radler im »Simpl« die neue Situation mit »Zwei Volk – zwei Reich – zwei Führer!« Geteiltes Leid, geteilte Freud'? Die Wahrheit ist die: freie Marktwirtschaft und »Wirtschaftswunder« hier, Planwirtschaft und Einschränkung dort, freie Wahlen hier und Einheitslisten dort. Das Schema ist demnach: alle Möglichkeiten hier und wenig Chancen dort. Gemeinsam haben die Glückskinder im Westen mit den Stiefkindern im Osten nur dies: Verbündete müssen sich einordnen. Wer beschützt werden will, muß mitschützen helfen. Wer mitschützt, muß marschieren – wie einst im Mai! Oder wie Kay Lorentz singt:

Es geht uns gut! Man muß die Zeiten loben,
Wir machen Geld und außerdem Soldaten,
Der abonnierte Segen kommt von oben,
Es scheint doch alles wohlgeraten.
Und wenn wir dann noch mittelschwere Waffen selber schmieden —
Danke der Nachfrage! Wir sind zufrieden ...

Der »kalte Krieg« zerreißt die Welt in zwei Blöcke, die Grenze geht mitten durch Deutschland. Neun Jahre nach Kriegsende spielen die Deutschen in Ost und West wieder Soldaten (E. M. Langs Karikatur aus der »Süddeutschen Zeitung« von Adenauer und Ulbricht: »Kann dir die Hand nicht geben, derweil ich eben lad' ...»).

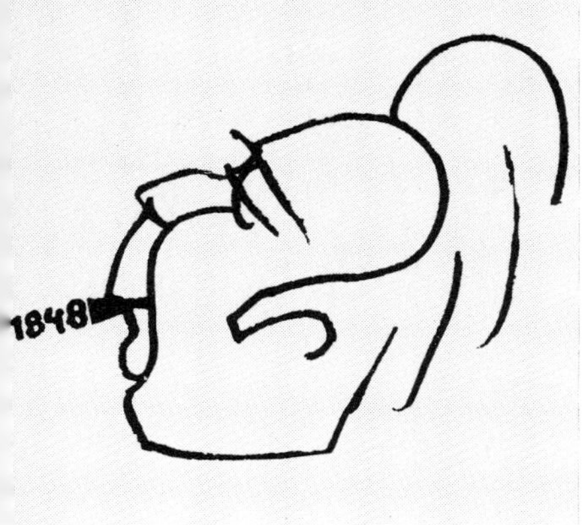

Erster Präsident der Bundesrepublik Deutschland wird der liberale Schwabe Theodor Heuss (links eine H.-M.-Brockmann-Karikatur des späten 48ers).

Von 1949 bis 1963 und darüber hinaus prägt ein alter Mann mit einsamen Entscheidungen die Politik der Bundesrepublik: der konservative Katholik Konrad Adenauer (rechts eine Hartung-Karikatur aus der »Welt« von 1963: Der rosenzüchtende Adenauer entfaltet im Ruhestand seine Altersblüte).

Zufriedenheit aber macht satt, satt macht träge und faul. Denkfaul sind vor allem die westdeutschen Glückskinder. Obwohl: »Wir Deutsche könnten es vielleicht besser als andere Völker wissen, daß viele Wirtschaftsführer und Generäle von großer Intelligenz, von hohen Qualitäten im Sachlichen ihres Berufs, politisch von kindlichen Emotionen bewegt und im Gegensatz zu ihrem beruflichen Denken unfähig im politischen Denken sein können.« Karl Jaspers, ein deutscher Philosoph, sagt dies und fügt hinzu: »Augenblicklich scheinen wir politisch noch aus dem Bodenlosen zu leben.« Aber politisches Denken will gelernt sein. Die Deutschen sind noch Lehrlinge in diesem Fach. Sie trauern lieber Illusionen der Vergangenheit nach. Der Kabarettist Eckart Hachfeld schreibt 1958:

Den Fuß im Dreck — und über uns die Sterne,
das ist des Deutschen tragische Gestalt;
Beethovens Haus liegt bei der Ermekeil-Kaserne,
— und Weimars Türme schau'n auf Buchenwald . . .

Gespalten ist die Welt, in der wir leben müssen. Nach dem »kalten Krieg« kommt die Koexistenz. Die Deutschen lernen in zwei Staaten zu leben, getrennt durch eine Mauer,

dran wächst kein wilder Wein,
die ist aus Zorn und Trauer
und ist aus deutschem Stein.

Gebaut haben sie die drüben, von dort kommt dieser Vers (Rose Nyland nach einem alten Volkslied). Die drüben sind nicht allein schuld. Hannelore Kaub darf im westdeutschen Fernsehen 1964 nicht sagen:

Wir bauen an der Mauer,
und jeden Tag ein Stück.
Wir bauen an der Mauer
mit tränenfeuchtem Blick.
Wir haben stets auf Gott vertraut
und still ergeben zugeschaut,
ob sich das Wunder tut . . .

»Immer davon reden, nie daran denken.« Nur Spott erntet das Gerede um die Wiedervereinigung, denn sie hat nichts mit Wunder zu tun. Solange Werner Finck zum Neujahr »fest davon überzeugt« ist, »daß im neuen Jahr alles viel, viel besser wird: die Panzer, die Raketen, die Abwehrwaffen« (»Optimistischer Jahresglückwunsch 1965«), solange die Deutschen ihre Ära Adenauer nicht überwinden und nicht bereit sind, in einer heute gewandelten Welt in dem Dreieck Washington-Moskau-Peking aktive Friedens- und Versöhnungspolitik nach allen Seiten mit politischem Leben zu erfüllen, solange warten sie vergebens. Miteinander und nicht nebeneinander oder gar gegeneinander ist also das Gebot der Stunde. Das gilt für Deutsche in West und Ost ebenso wie für die Amerikaner und Russen und wie für alle anderen Europäer. Denn das ganze Europa soll es sein!

1969 gibt es in Bonn eine Wachablöse: Die Sozialdemokraten und liberalen Freidemokraten übernehmen das Ruder. Es ist eine Zeit des Umbruchs. Die Welt ist kleiner, aber die Probleme in ihr sind größer geworden (Mussil zeigt in der »Frankfurter Rundschau« bundesdeutsche innenpolitische Probleme zur Osterzeit 1972).

1945

Deutschland unter alliierter Militärregierung, Berlin in vier Sektoren aufgeteilt – Potsdamer Konferenz – Zulassung antifaschistischer Parteien in den Besatzungszonen – Beginn des Kriegsverbrecherprozesses in Nürnberg – Japan unter US-Militärregierung – Bürgerkrieg in China – Gründung der Vereinten Nationen

1945 macht der Mai alles neu: Er bringt den lange herbeigesehnten Frieden. Endlich heulen keine Sirenen, krachen keine Bomben mehr und begraben keine zusammenstürzenden Häuser mehr ihre Bewohner. Die Deutschen kriechen aus den Kellern und hoffen auf ein neues Leben (*links* eine Szewczuk-Zeichnung aus der »Zeit«). Aber fast zu groß ist das deutsche Chaos. Sieger und Besatzer General Clay schreibt später: »Rückblickend meine ich, daß wir unsere Aufgabe sicher als hoffnungslos angesehen hätten, wenn wir damals das chaotische Durcheinander voll überblickt hätten« (*unten* eine Karikatur aus dem »Simpl« von R. Schlichter »Die Grenzen der Macht«).

Die Revolution findet nicht statt, auch keine »Selbstreinigung«. Die Sieger rechnen ab nach dem Motto: »Kein guter Deutscher, denn ein toter Deutscher«. Viele Deutsche hoffen auf Gnade (*unten* eine Szewczuk-Karikatur aus der »Zeit«, 1946: »Das habe ich nicht gewollt!«). Keine Gnade gibt es aber für die Hauptkriegsverbrecher, die gefaßt worden sind *(von oben nach rechts unten* karikiert B. Jefimow die zum Tode durch den Strang verurteilten Nazi-Führer Göring, Streicher, Kaltenbrunner und Keitel)

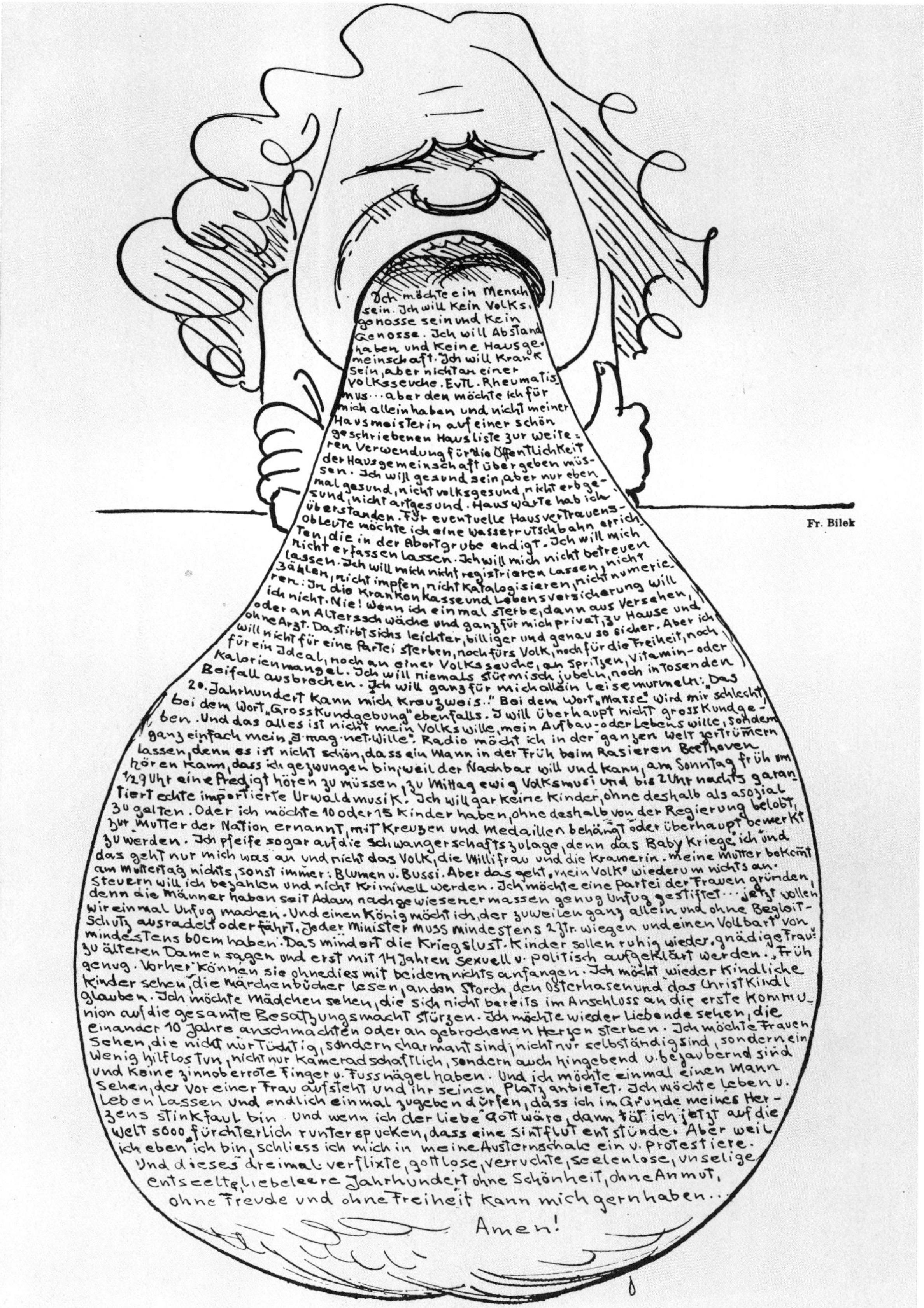

Vielen Gleichgesinnten spricht Franziska Bilek mit ihrer »Rede an das XX. Jahrhundert« (Zeichnung aus dem »Simpl«, 1946) aus der Seele: »Und dieses dreimal verflixte, gottlose, verruchte, seelenlose, unselig entseelte, liebesleere Jahrhundert ... ohne Freude und ohne Freiheit kann mich gern haben ... Amen!«

Kurt Schumacher wird Vorsitzender der SPD, Konrad Adenauer der CDU.– Vereinigung der SPD und KPD in der sowjetischen Besatzungszone und Ost-Berlin zur SED – Wahl des Gesamtberliner Parlaments: SPD 48,7 Prozent, CDU 22,1 Prozent, SED 19,8 Prozent, LDP 9,4 Prozent

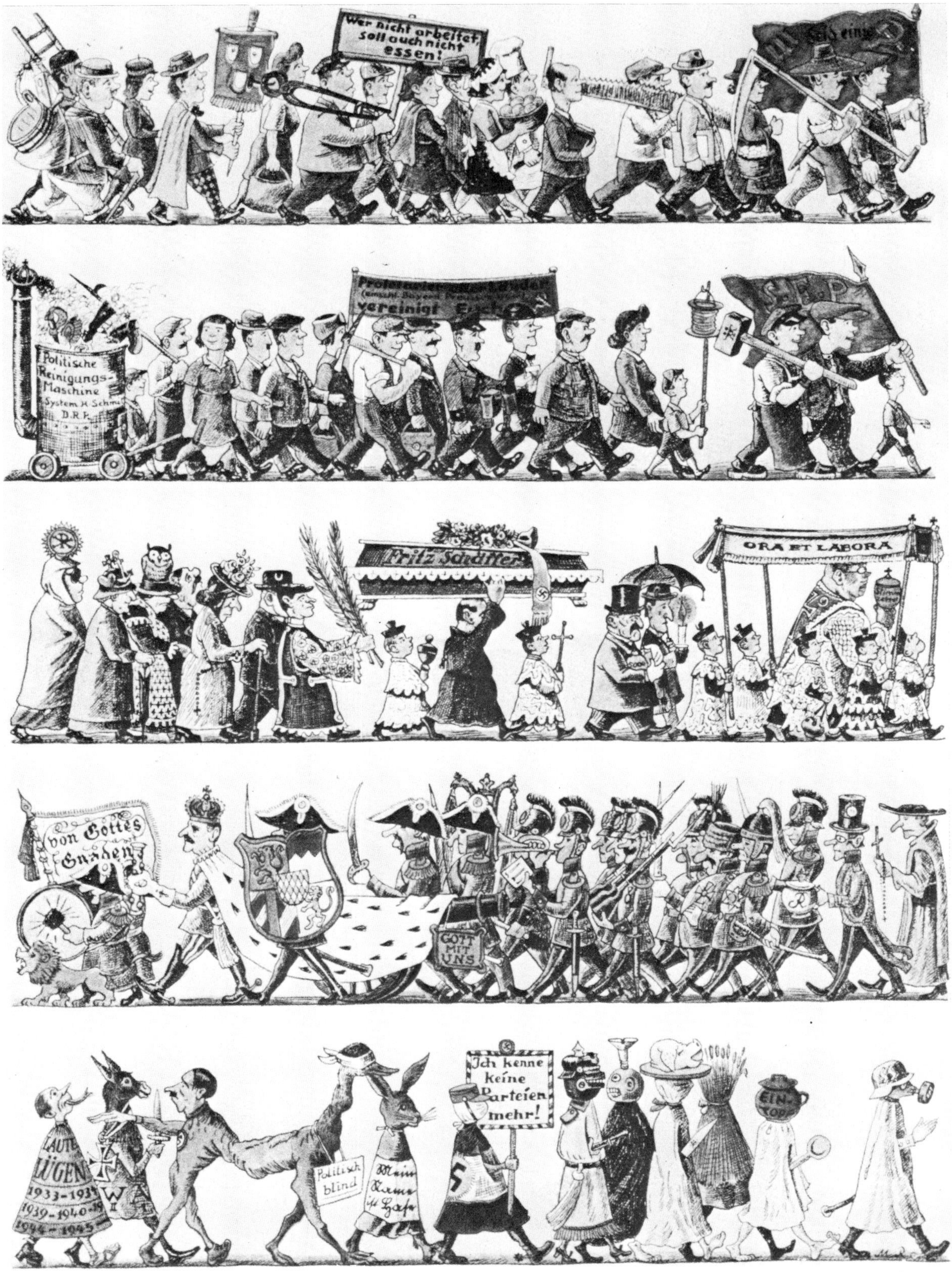

Mit der Abrechnung kommt die »Umerziehung« der Deutschen. Allerdings sind sich die Alliierten nicht einig, »wann die Deutschen vom rechten Weg abgekommen sind« (E. Deuerlein), und ihre Methoden der Umerziehung zu Demokraten sind wenig erfolgreich (gezeichnet von M. Radler).

1947

Auflösung des Landes Preußen laut Kontrollratsgesetz – Zusammenlegung der amerikanischen und englischen Besatzungszone (Bizone) – »Deutsche Wirtschaftskommission« in der sowjetischen Zone: Enteignung des Industrie- und Handelspotentials, Bodenreform – Scheitern der Münchner Konferenz

Die Alliierten des Krieges kämpfen nicht mehr miteinander, sie reden nun gegeneinander. Churchill sieht schon im März 1946 den »Eisernen Vorhang von Stettin bis nach Triest«. Und hinter ihm wohnen auch die Deutschen im östlichen Teil Deutschlands (*links* illustriert Szewczuk 1946 den »Eisernen Vorhang mitten durch Deutschland«; *unten* eine »Simpl«-Karikatur von H. Beyer: »Merkwürdig, daß wir den Kahn nicht flottkriegen!«).

Die letzten Deutschen werden 1950 noch entnazifiziert, als mit Beginn des Koreakrieges schon wieder von deutschen Soldaten in einer westeuropäischen Armee gesprochen wird (*rechts* eine Karikatur von O. Nückel aus dem »Simpl«: »Spuk in der Schellingstraße in München«. Dort steht eine große Druckerei, in der unter Hitler der »Völkische Beobachter« gedruckt worden ist. 1947 wird dort jetzt die zur »Umerziehung« der Deutschen vorgesehene amerikanische »Neue Zeitung« hergestellt. Zwei Jahrzehnte später druckt dort Springer seine »Bild-Zeitung«).

Der braune Dreck sitzt tief. Viele Nazis fallen beim »Reinwaschen« durch die Maschen der Entnazifizierung. Sie leben unbehelligt weiter, bis sie später erneut ihr Unkraut mit Freuden wachsen sehen. Aber auch viele »kleine Fische« trifft es zu hart. Wieder einmal wird gern denunziert. Auch der »Fragebogen« für alle Deutschen (*rechts* eine H.-M.-Brockmann-Karikatur) ist eine schlechte Lösung, solange sich Belastete mit »Persil«-Scheinen ihrer Freunde eine »weiße Weste« kaufen können.

Das »Ahlener Programm« der CDU – Verstaatlichung der Großbanken, Kohle-, Eisen- und Stahlwerke in Österreich – Demontage in Deutschland – US-Außenminister Marshall verkündet USA-Europahilfe-Plan – Wolfgang Borcherts »Draußen vor der Tür« uraufgeführt

Der Marshall-Plan zielt auf eine wirtschaftliche und politische Zusammenarbeit Europas. Das lehnt der Osten ab: Dollars und Weizen dürfen nur zu den Westdeutschen fließen (*links* karikiert Fr. Bilek im »Simpl« Anfang 1948 die Untersuchungen der Ernährungsexperten über die Tagesrationen deutscher Normalverbraucher: »Ernährungsfachleute gezwungen, ihre Theorien unter Beweis zu stellen!«).

Nichts geht mehr in Deutschland. Am schlimmsten ist der Hunger. Wer kann, geht »organisieren« und läßt sich möglichst nicht erwischen auf dem schwarzen Markt. Die »Umerziehung« muß warten, wenn der Magen knurrt. Mit dem Marshall-Plan soll das in ganz Europa anders werden (*links* eine Szewczuk-Karikatur »Prinz Marshall erweckt Dornröschen Europa«).

1948

Ende 1947 ist der deutsche Kurs klar: Beide deutschen Teile entwickeln sich in Richtung getrennter Staatsgebilde im Schatten gegensätzlicher Ideologien. Die vier Sieger sind endgültig zerstritten. Und die deutsche Frage wird von nun an zum ständigen Zankapfel (*rechts* eine E.-M.-Lang-Karikatur vom Mai 1948: »Nun wollen wir uns mal ganz zwanglos an einen bequemen Tisch setzen und offen über das Unbequeme reden . . .«).

Eigensinnig, von den Großen im Hintergrund geschützt und gestützt, hakken auch die Ost- und Westdeutschen aufeinander herum. Jeder schreit nach Einheit und meint doch die Spaltung (*rechts* eine ostdeutsche Karikatur von Kellino, »Frischer Wind«, 1948: »Selbst ist der Mann!«).

1948

Währungsreform in West- und Ostdeutschland (20. und 23. Juni) – Osteuropäische Außenministerkonferenz in Warschau – Beginn der Berliner Blockade: Strom- und Verkehrssperren – Errichtung der westalliierten Luftbrücke nach Berlin – Beginn der inneren Spaltung Berlins

Neues Geld gibt neuen Mut: Jeder Westdeutsche erhält am 20. Juni 1948 im Tausch gegen Altgeld 60 neue Deutsche Mark. Es ist das »Startkapital« für eine neue Ära und bedeutet das Ende der »Zigaretten«-Währung des schwarzen Marktes. Es ist tatsächlich »ein Ros' entsprungen«, wie Olaf Gulbranssons Karikatur zur Währungsreform (»Simpl«, 1948, Heft 14) das Ereignis feiert. Ein Zeitgenosse notiert später: »Der schwarze Markt verschwand urplötzlich. Die Auslagen waren zum Bersten voll von Waren, die Fabrikschornsteine rauchten, und auf den Straßen wimmelte es von Lastkraftwagen. Wo es auch sei, überall statt der Totenstille der Ruinen das Gerassel der Baustellen . . .«

»Lebenswichtige Güter« müssen in der Zeit der Berliner Blokkade über die Luftkorridore nach Berlin eingeflogen werden. Der »Luftbrückenbauer«, General Clay, schreibt später: »Die Luftbrücke war kein Notbehelf, sie war von Anfang an ein sorgfältig geplantes Unternehmen, in dem mit Sekundenbruchteilen gerechnet wurde.« Im Nonstopverkehr werden in rund 400 Tagen Luftbrücke zwei Millionen Tonnen Waren über eine Flugstrecke von über 170 Millionen Kilometer befördert (*rechts* eine Szewczuk-Karikatur aus der »Zeit«: »Es ist dafür gesorgt, daß die Blockade nicht in den Himmel wächst«).

Die Russen wollen die Westalliierten in den Berliner Sack stecken (*rechts* eine russische Karikatur von B. Jefimow). Aber das ist ein Fehler, den sie im Mai 1949 einsehen und korrigieren.

1948

Alliierte Kommandantur in Berlin arbeitet auf Dreimächtebasis weiter – Generalstreik in der Bizone – Wahlen in West-Berlin: Ernst Reuter (SPD) wird Regierender Bürgermeister – Gründung der »Freien Universität« in West-Berlin – Proklamation des souveränen Staates Israel

Katzen fallen immer auf die Füße: Viele führende Wirtschaftsbosse (und andere »Standhafte« anderer Berufe) unter Hitler haben sich nach Internierungslager und Spruchkammer schon 1948 wieder nach oben geboxt (*links* eine Karikatur »Das Stehaufmännchen« von O. Nückel im »Simpl«, 1948, Heft 21).

Im neuen Schloß Ludwigs II. von Bayern auf Herrenchiemsee geht es im August 1948 um eine demokratische westdeutsche Verfassung. In seinen Grundzügen wird dabei das spätere Grundgesetz der Bundesrepublik ausgebrütet (*unten* eine E.-M.-Lang-Karikatur zur »Überfahrt nach Bonn«: »Wenn wir die Verfassung nur schon auf dem trockenen hätten!«).

1949

Gründung des Osteuropäischen Wirtschaftsrates (COMECON) – Nordatlantikpakt (NATO) in Washington geschlossen – Europarat in Straßburg gegründet – Einschränkung der Demontage in Westdeutschland – Besatzungsstatut: Hohe Kommissare anstatt Militärgouverneuren – Aufhebung der Berliner Blockade

Ab 1949 geht Ludwig Erhards Stern auf. Jetzt kommt die Zeit des »Dikken« und seiner »freien sozialen Marktwirtschaft« (*unten links* eine H.-M.-Brockmann-Karikatur Erhards auf Marshall-Krücken: »Kommt Zeit, kommt Rat . . .«). Und er bringt dann auch tatsächlich Leben in die westdeutsche Wirtschaftsbude von Amerikas Gnaden (*rechts unten* findet Szewczuk in der »Zeit« eine moderne Version von der Geschichte der Europa und ihrem Stier; *rechts* eine Karikatur von Sima aus der »Westdeutschen Allgemeinen« zum Start der westdeutschen Autoproduktion, die uns heute so lebensgefährlich über den Kopf gewachsen ist: »Die deutsche Konkurrenz«).

1949

Alliiertes Besatzungsstatut für den Westberliner Magistrat – Ruhrstatut – Gründung der Bundesrepublik Deutschland und der Deutschen Demokratischen Republik – Bundestagswahlen: 31 Prozent für CDU, 29,2 Prozent für SPD – Theodor Heuss wird Bundespräsident, Konrad Adenauer Bundeskanzler

Und wieder neu macht der Mai 1949 das deutsche Vaterland: zwei deutsche Staaten entstehen, getrennt durch Stacheldraht und Minenfelder. In Bonn besingen die Parteien die neue »Bundesrepublik« (*links* eine Zeichnung von M. Szewczuk aus der »Zeit« vom 5. Mai 1949). In Ost-Berlin gibt es Meinungsverschiedenheiten über die Ahnen des kommunistischen deutschen Staates. Dem Ernst der Stunde scheint für die Russen das staatsmännische Vorbild Bismarck besser angemessen, der Parteiahne Marx wird nur für kurze Zeit zurückgestellt (*unten* eine Karikatur von F. Meinhard aus der »Stuttgarter Zeitung«: Stalin-Vertreter General Tschuikow zum deutschen Stalin-Statthalter Ulbricht: »Jetzt ist der dran; aber schmeißen Sie den anderen nicht weg, Genosse Ulbricht, den brauchen wir auch mal wieder«).

Was für ein neues Deutschland: Zwei Köpfe hat jetzt der Reichsadler! In Abwandlung der Parole aus dem »Großdeutschen Reich« von 1938 gilt elf Jahre später die ganz neue Devise »Zwei Volk – Zwei Reich – Zwei Führer« (»Das neue Reichswappen« mit dem roten Pieck und dem schwarzen Heuss, gezeichnet von M. Radler für den »Simpl«, 1949, Heft 23). Beide Halb-Adler zeigen die Insignien ihrer Macht.

Besatzungsstatut für die Bundesrepublik tritt in Kraft – Erklärung Adenauers, daß bis zur Erreichung der deutschen Einheit die BRD die allein legitimierte staatliche Organisation des deutschen Volkes sei – Außenministerkonferenz in Paris — Das »Petersberger Abkommen«

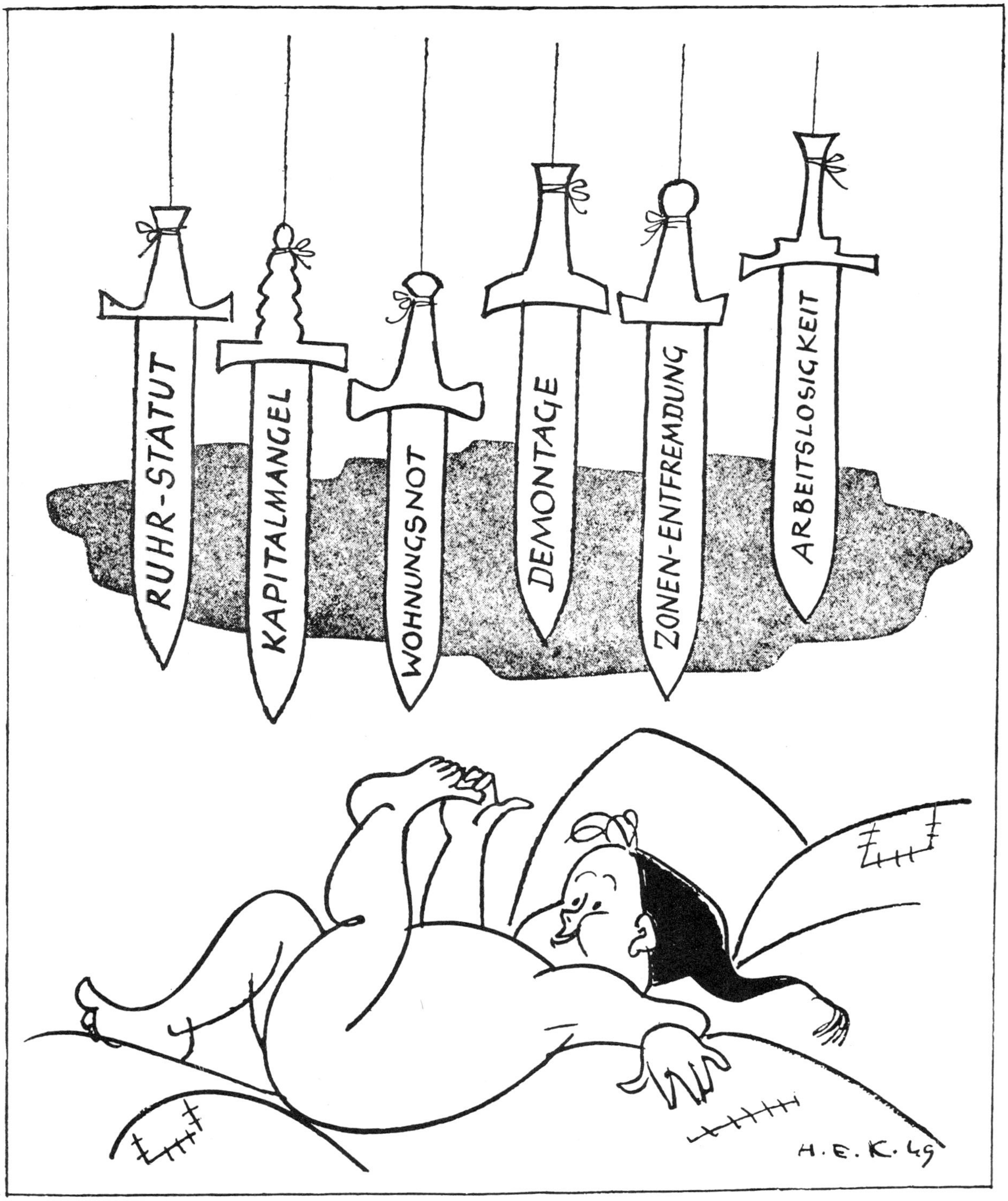

Den Umständen entsprechend kann man 1949 dem neugeborenen westdeutschen Staat wohl kaum eine »sorglose Kindheit« voraussagen (eine Karikatur von H. E. Köhler: »Und der Himmel hängt voller . . .«). Nein, es sind keine Geigen, es sind gleich mehrere Damoklesschwerter, die das junge Leben auf den mühsam geflickten Kissen ernsthaft bedrohen. Aber ein 73jähriger Kanzler wacht darüber, daß sie nicht herunterfallen. Niemand ahnt, daß Deutschland über vierzehn Jahre hinweg sich sein Wächteramt gefallen lassen muß, denn er ist, wie der amerikanische Journalist James Reston schreibt, »stark, stur, elementar und zeitlos wie ein alter Indianerhäuptling«, der seine Partei in eine Wählergemeinschaft umwandelt.

Zum Bundespräsidenten schlägt Adenauer seinen Parteifreunden bei Kaffee und Kuchen Professor Heuss vor. Als ein bayerischer Christdemokrat einwendet, daß Heuss nicht gerade »kirchenfreundlich« sei, weist ihn Adenauer zurecht: »Aber er hat eine fromme Frau, das genügt!« (*oben* eine Lang-Karikatur: »Keine Suppe wird so Heuss gegessen, wie sie Adenauer kocht...«, September 1949; *unten* eine Meinhard-Karikatur aus der »Stuttgarter Zeitung« vom Oktober 1949: »So muß er ja gedeihen!«, wenn nämlich der ostdeutsche Teil des gesamtdeutschen Doppeladlers mit russischen Kanonen und der westdeutsche Teil vom Europäischen Wirtschaftsrat mit Butter gefüttert wird).

Im Bonner Bett des neuen Staates liegen alle Länderkinder, nur »für Muttern ist kein Platz« (eine Zeichnung von Pictor aus der »Zeit«, 15. 9. 1949). Die alte Germania aus Berlin darf nicht hinein, da für sie die Alliierten Extrawürste gebraten haben. Kein Wunder, wenn es deshalb in Zukunft immer wieder Ärger mit ihr gibt.

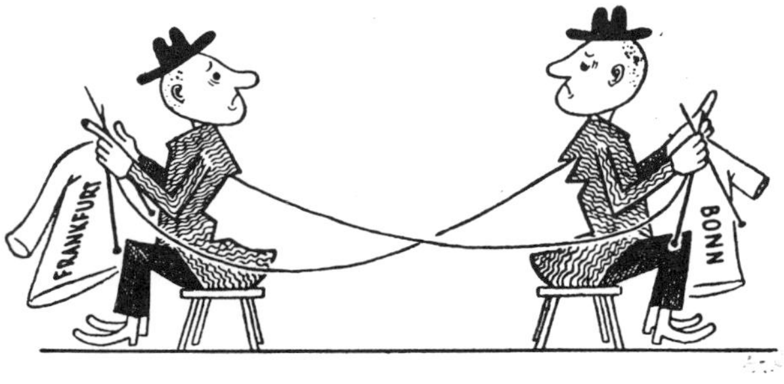

Adenauer mag die Preußen nicht. Er trauert der alten Hauptstadt nicht nach. Adenauer ist auch Rheinländer, und für ihn ist Bonn und nicht Frankfurt am Main der Mittelpunkt dieser Republik, von dem aus er regieren will (eine Karikatur von E. Wachsmuth aus der »Neuen Zeitung«).

Der andere deutsche Staat zwischen Elbe und Oder hat es in allen Dingen viel, viel schwerer, nicht nur, weil seine sogenannte demokratische Ordnung von Stalin diktiert wird (*links* eine Karikatur aus der »New York Times«: »Der Fahrer sitzt hinten«). Er hat es vor allem deshalb viel schwerer, weil ihm kein Marshall-Plan schnell auf die Beine hilft.

Die alte Germania aber hängt nun zwischen Ost- und Westdeutschland in der Luft oder – wie der englische Karikaturist Ronald Searle es sieht *(oben)* – zwischen den Brückenteilen, die 1945 eingerissen worden sind. Hat aber nicht auch der ostdeutsche Kabarettist Erich Brehm recht, wenn er über das geteilte Vaterland spottet?: »Ach, Deutschland war ja längst gespalten, als Ost und West für eins noch galten!/ Von Bach die Kantaten, von Krupp die Granaten,/ von Heine das Lied und von Schacht den Kredit./ Von Mozart die Flöte, vom König den Stock,/den Egmont von Goethe und vom Kaiser den Rock. Von Brecht die Courage, von Schlieffen den Plan,/von Marx die Erkenntnis und von Hitler den Wahn.«

 Verkündung des Schuman-Plans: Vereinigung der deutschen und französischen Kohle- und Stahlproduktion – Beitrittserklärung zum Europarat – Nationalrat in der DDR gebildet – Gründung des Ministeriums für Staatssicherheit in der DDR – Bundesregierung errichtet Amt für Verfassungsschutz

Am 11. August 1950 legt Churchill im Europarat ein dickes Ei. Er schlägt eine Europa-Armee mit westdeutscher Beteiligung vor (*unten* eine Karikatur dazu aus der »New York Times«: »Ein bißchen mehr Salz könnte nichts schaden«). So schnell ändern sich die Zeiten! Das Problem einer »Wiederbewaffnung« steht den soeben entnazifizierten und demontierten Deutschen viel früher ins Haus, als sie dies wahrhaben wollen. Adenauer aber ist dazu bereit (*links* eine H.-M.-Brockmann-Karikatur). Er hat Angst vor der sowjetzonalen Volkspolizei: »Ich will nicht von einer Armee oder Waffen sprechen, aber diese Streitmacht muß stark genug sein, um jede mögliche, den Vorgängen in Korea ähnelnde Aggression der Sowjetzonen-Volkspolizei abzuwehren ...« (17. 8. 1950)

Zeitnaher wäre doch wohl ein anderes Problem: das Flüchtlingsproblem (*rechts* eine Szewczuk-Karikatur aus der »Welt«: »Wozu in die Ferne schweifen . . .?«), das Problem der Heimatvertriebenen, »eine unsägliche Last, die zu überwinden wir uns mühen« (Th. Heuss). Und auch die ersten deutsch-französischen Bemühungen in Richtung einer europäischen wirtschaftlichen Zusammenarbeit liegen noch näher als westdeutsche Divisionen. Aber am Schuman-Plan wird von Anfang an eifrig gesägt (*unten* eine Meinhard-Karikatur aus der »Stuttgarter Zeitung«: »Werbung um Europa mit kleinen Hindernissen«, die »Hindernisse« sind: der deutsche Sozialdemokrat Schuhmacher, der britische Labour-Außenminister Bevin und der auf seine Chance wartende Franzose Charles de Gaulle).

Londoner Konferenz der drei Westmächte über Deutschlandpolitik – Außenministerkonferenz in New York – Aufhebung der Lebensmittelrationierung in der Bundesrepublik – Berliner »Freiheitsglocke« von den Amerikanern im Rathaus Schöneberg übergeben – Errichtung des »Amt Blank« (Theodor Blank)

Deutsche Soldaten für Europa bleiben im Gespräch. Frankreichs Hochkommissar François-Poncet meint dazu im Oktober 1950: »Ein deutsches Kontingent, selbst wenn es einer zehnmal stärkeren Europaarmee eingegliedert ist, ist eine schwer zu schluckende Tatsache für diejenigen, für die die Zerschlagung einer deutschen Militärmacht oberstes Ziel war, für das Millionen ihr Leben opferten.« Das ausweglose deutsche Dilemma ist am besten in Berlin zu studieren, nicht nur etwa im Straßenbild der Stadt (wie auf der Hicks-Karikatur *links:* »Wo habe ich schon überall gewohnt, ohne ein einziges Mal umzuziehen . . .«) oder auf dem Flugplatz, für die Berliner ihr »schönster Platz« *(unten* eine H.-M.-Brockmann-Karikatur).

In schöner Gleichmäßigkeit leben sich die Deutschen im Westen und Osten auseinander. Jeder Schritt im Westen wird kurze Zeit später im Osten Deutschlands in die andere Richtung nachvollzogen (*oben* karikiert F. Meinhard in der »Stuttgarter Zeitung« die Wahlen zur »Nationalen Front« in der Volkskammer der DDR: Schäfer Pieck treibt die Schafe mit dem Schäferhund Ulbricht in den gut vorbereiteten Stall; *rechts* eine amerikanische Karikatur aus dem »Christian Science Monitor«, Boston; die russische Vorstellung eines wiedervereinigten Deutschlands wird darin im besten Stil der Propaganda des »kalten Krieges« wiedergegeben).

Errichtung des Bundesgrenzschutzes (zuerst 10 000, später 20 000 Mann) – Revision des Besatzungsstatuts: westdeutsches Außenministerium mit diplomatischen Vertretungen – Konrad Adenauer auch Außenminister – Beendigung des Kriegszustandes zwischen Deutschland und den Westmächten

Im März 1951 wird die Bundesrepublik auch im diplomatischen Verkehr mit dem Ausland wieder hoffähig: Sie darf ein Auswärtiges Amt (AA) aufbauen, wobei einige »altgediente« Diplomaten aus der Berliner Wilhelmstraße wieder zu Amt und Würden kommen. Zum Chef des Bonner AA kürt sich der Chef selbst (*links* eine Fritz-Meinhard-Karikatur »Das doppelte Lottchen« aus der »Stuttgarter Zeitung«, 1951).

Die westdeutsche Gesellschaft arrangiert sich immer deutlicher in Richtung »Wirtschaftswunder«. Die Kultur wird immer mehr zur Fassade (*links* eine Szewczuk-Karikatur aus der »Welt«, 1951: »Schon wieder so ein geistiger Arbeiter! Warum verlassen sich die Leute auch auf ihr Gehirn?!«). Erich Kästner hat recht: »Die große Freiheit ist es nicht geworden. Es hat beim besten Willen nicht gereicht. Aus Traum und Sehnsucht ist Verzicht geworden. Aus Sternenglanz ist Neonlicht geworden ...«

1951

Entwurf eines Deutschlandvertrages – Bundesverfassungsgericht in Karlsruhe errichtet – Gründung des Bundes der Vertriebenen in Hannover – Fünfjahresplan in der DDR – Theodor Körner (SPÖ) neuer österreichischer Bundespräsident – Montanunion (nach dem Schuman-Plan) begründet

In der DDR wird der Plan zum »obersten Gesetz der Bürger der DDR«. Selbstverpflichtung, Übersoll und Erhöhung der Arbeitsnormen sind die Schlagwörter der Zeit. Das Volk wird zur Bestätigung gefordert (*oben* eine Meinhard-Karikatur zur Volksbefragung im Juni 1951 in der DDR).

Im Westen Deutschlands ist der einzig legitime deutsche Staat aus freien Wahlen hervorgegangen, betont man in Bonn bei jeder Gelegenheit. Aus den offensichtlichen Fehlern bei dieser Staatsgründung aber schlagen die Russen ständig propagandistisches Kapital (*rechts* eine Jefimow-Karikatur »Die Rehabilitierung Westdeutschlands«).

1952

Bundestag für Wehrbeitrag – Baden-Württemberg (Südweststaat) begründet – Unterzeichnung des Deutschlandvertrages in Bonn – Unterzeichnung des EVG-Vertrages in Paris – Tod Kurt Schumachers, neuer Oppositionsführer und SPD-Vorsitzender: Erich Ollenhauer – Betriebsverfassungsgesetz

Vertriebene und Flüchtlinge schreien nach Wiedergutmachung und Starthilfe durch den Staat. Das Lastenausgleichsgesetz von 1952 soll einen Ausgleich unter den vom Krieg schwer oder weniger schwer Betroffenen bringen. Das gibt böses Blut und viel Bürokratie (*rechts* eine Karikatur von Szewczuk: »Eigentlich sollte es ein fruchtbarer Regen sein . . .«).

Noch heute wird der CDU die verpaßte Chance der Sowjetnoten von 1952 vorgeworfen. In zwei Noten schlagen die Russen eine Viererkonferenz über Deutschland zum Abschluß eines Friedensvertrages vor. Adenauer und die Westmächte bestehen aber vorher auf freien Wahlen. In der »New York Herald Tribune« heißt es: »Die westlichen Alliierten wollen die deutsche Einheit gar nicht oder doch nicht heute. Sie wollen so schnell und so eng wie möglich den Einbau Westdeutschlands in die westliche Gemeinschaft. Unzweifelhaft will dies auch Dr. Adenauer, aber jedesmal, wenn er es zu offen zeigt, verliert er die Unterstützung der Öffentlichkeit . . .« (*links* eine E.-M.-Lang-Karikatur von Adenauers »Kleiner Freiheit« an der Kette des Besatzungsstatuts).

1952

Sowjetische Deutschlandnoten, Ablehnung durch Adenauer – DDR errichtet entlang der Zonengrenze eine fünf Kilometer breite Sperrzone – Zweite Parteikonferenz der SED: Umwandlung der DDR in eine Volksrepublik – Wahl Eisenhowers zum US-Präsidenten

Mit dem Deutschlandvertrag wird die Bundesrepublik in die westeuropäische Gemeinschaft aufgenommen. Schon Anfang 1952 stimmt der Bundestag gegen die Stimmen der SPD-Opposition für einen deutschen »Wehrbeitrag«. Adenauer beschwichtigt: »Wir werden zunächst mit Freiwilligen anfangen ...« (*rechts* eine sowjetische »Krokodil«-Karikatur von J. Hanf: der Franzose zum Amerikaner: »Ich erhebe keine Einwände gegen unseren gemeinsamen Dienst in der NATO, wenn Sie mir garantieren, daß dieser Bursche Vegetarier geworden ist.«).

Das Schreckensbild von der russischen Dampfwalze bestimmt seit dem 19. Jahrhundert die politische Landschaft Europas. Nach dem Zweiten Weltkrieg ist es eine Realität geworden, mit der Europa leben muß (*unten* eine Low-Karikatur von 1952: Stalins stählerner Schnauzbart verdeckt halb Europa, die Germania wird zersägt, John Bull schnallt den Riemen enger, und Eisenhower kommandiert seine Verbündeten.

1953

Ende des Koreakrieges – Besuch Adenauers in den USA – Bundestag billigt den Deutschland- und EVG-Vertrag – Tod Stalins – »Neuer Kurs« in der DDR, Aufstand der Arbeiter wird von sowjetischen Panzern niedergeschlagen – Malenkow Ministerpräsident, Chruschtschow Erster Sekretär des ZK

Vom September 1949 bis Ende 1952 stimmen 675 000 »mit den Füßen ab«, fliehen von Ost- nach Westdeutschland. In der DDR spricht man 1953 von »Fehlern«, die in der Vergangenheit begangen wurden, und von »Korrekturen« im Sinne des »Neuen Kurses« nach Stalins Tod. Trotzdem bleibt man bei den verlangten Normerhöhungen. Zuerst demonstrieren dagegen die Bauarbeiter in der Stalinallee in Ost-Berlin. Dann – am 17. Juni 1953 – ist überall in der DDR der Teufel los. Der Volksaufstand ist da. Aber die Panzer der Roten Armee fahren auf und retten Ulbrichts Regime, der sich während dieser Zeit auf sein Parteigut in Brandenburg zurückgezogen hat. Nachher sitzt er um so fester im Sattel und läßt durch die DDR-Regierung erklären, der Aufstand sei durch Bonner Agenten hervorgerufen und durchgeführt worden (so stellt dann auch der sowjetische Karikaturist Fedorow im »Krokodil« diese Version über den 17. Juni in seinen sechs Einzelbildern dar: *1* »Die Unruhen entstanden spontan« – *2* »An ihnen beteiligte sich die Bevölkerung der DDR« – *3* »Bauern« – *4* »Arbeiter« – *5* »Die Intelligenz« – *6* »Die Bonner Regierung sprach den Opfern des 17. Juni ihre Anteilnahme aus«).

1

2

3

4

5

6

Ulbricht wird Erster Sekretär des ZK der SED – Vertrag der DDR mit der Sowjetunion über Einstellung der Reparationen – Grundgesetzartikel 3 (Gleichberechtigung von Mann und Frau) tritt in Kraft – Explosion der ersten sowjetischen Wasserstoffbombe – CDU-Mehrheit bei Bundestagswahlen

1953

Für die Bürger der DDR ist der Westen das Gelobte Land. Gegen dieses Image der Bundesrepublik tritt die DDR-Propaganda massiv an. Und die Karikaturisten im DDR-»Eulenspiegel« finden beim genaueren Hinsehen manches Haar in der westdeutschen Suppe (die »Bundeskolonie Aden-Aue«, eingezäunt, mit Schnappfallen vor der Tür, Hakenkreuzpflanzen und Raketengewächsen im Gartenbeet, einem dahinwelkenden EVG-Baum, einem Panzer als Rasenmäher und der Rias-Ente im Teich).

1954

Keine Ratifikation des EVG-Vertrages in der französischen Nationalversammlung – Aufnahme der Bundesrepublik zum Brüsseler Pakt (WEU) und in die NATO – Deutsch-französisches Saarabkommen: Volksabstimmung geplant – DGB lehnt deutschen Wehrbeitrag ab

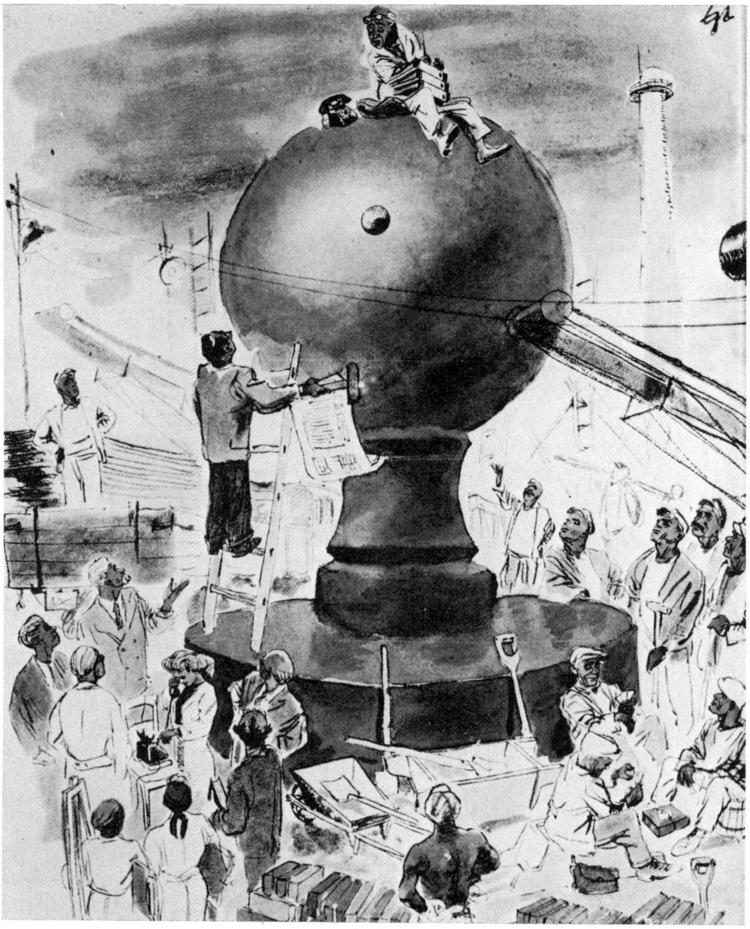

Ulbricht paßt sich gewandt den neuen Herren im Kreml an. Sein Regime festigt sich, auch wenn viele innere Schwierigkeiten das Tempo des Aufbaus immer wieder bremsen. Die Kritik am eigenen Haus ist gnädig, ja wohlwollend *(links* eine »Eulenspiegel«-Karikatur über das »Stempelunwesen« in der DDR: »... und dabei ist der Stempel doch nur für euch da, Kollegen!«).

Für viele, vor allem für die Ausländer, ist das »deutsche Wunder« ein Märchen *(rechte Seite:* eine Märchenabwandlung des deutschen Wunders von H. M. Brockmann: »Tischlein, deck dich – Esel, streck dich – Knüppel, aus dem Sack.«). Der Kabarettist Rolf Ulrich dichtet dazu: »Deutschland, ruh auf deinen Resten, mach dir das Köpfchen nicht schwer. Hinter dir steht ja der Westen, träume – was willst du noch mehr? ...«

In der Bundesrepublik regiert das Geld die Welt. Das Volkseinkommen steigt von 1950 mit DM 1588,– pro Kopf auf DM 4114,– pro Kopf zehn Jahre später *(rechts* eine Weihnachtskarikatur 1954 von H. E. Köhler aus dem neubegründeten »Simplicissimus«: Der clevere Gott Merkur: »Mensch, bleibense im Hintagrund mit Ihre altmodischen Methoden – ick werd' Ihnen die ›Stille Nacht‹ mal uff de Rejistrierkasse vorspielen!«).

Außenministerkonferenz in Berlin, keine Einigung in der deutschen Frage – Th. Heuss als Bundespräsident wiedergewählt – Mit Aufnahme in die NATO darf die BRD weder Atomwaffen noch chemische und biologische Waffen herstellen – Truppenvertrag: Gemeinsame Verteidigung, keine »Besatzungstruppen« mehr

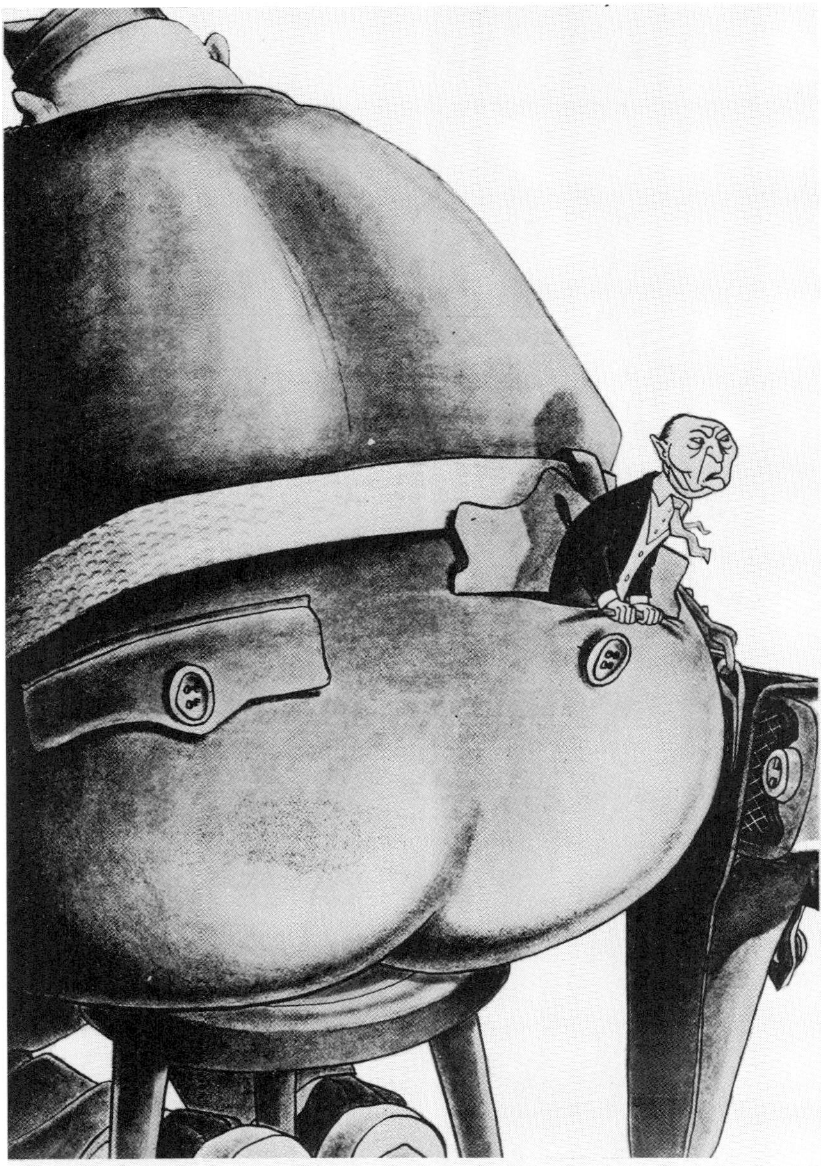

Ende 1954 ist das Kind endgültig in den Brunnen gefallen: Die Bundesrepublik wird Mitglied der NATO. Adenauers Angst vor den bösen Russen und den ostdeutschen Vopos ist fast hysterisch. Vor den Pariser Verträgen drängt er die westeuropäischen Partner: »Nutzen Sie die Zeit, solange ich noch lebe; wenn ich nicht mehr bin, ist es zu spät: Mein Gott, ich weiß nicht, was meine Nachfolger tun werden ...« (*links oben* eine Szewczuk-Karikatur zur Außenministerkonferenz in Berlin im Februar 1954: Der Friedensengel und Michel gukken durch das Schlüsselloch, aber es gibt nichts Neues; *rechts oben* ein Kommentar aus Skandinavien zur west- und ostdeutschen Wiederbewaffnung, »um den Frieden zu sichern«, Zeichnung aus »Stockholms-Tidningen«; *links* verspottet der DDR-»Eulenspiegel« Adenauer nach den Pariser Verträgen: »Wenn jemand in Deutschland souverän ist, dann sind wir es!« Zeichnung von H. Parschau).

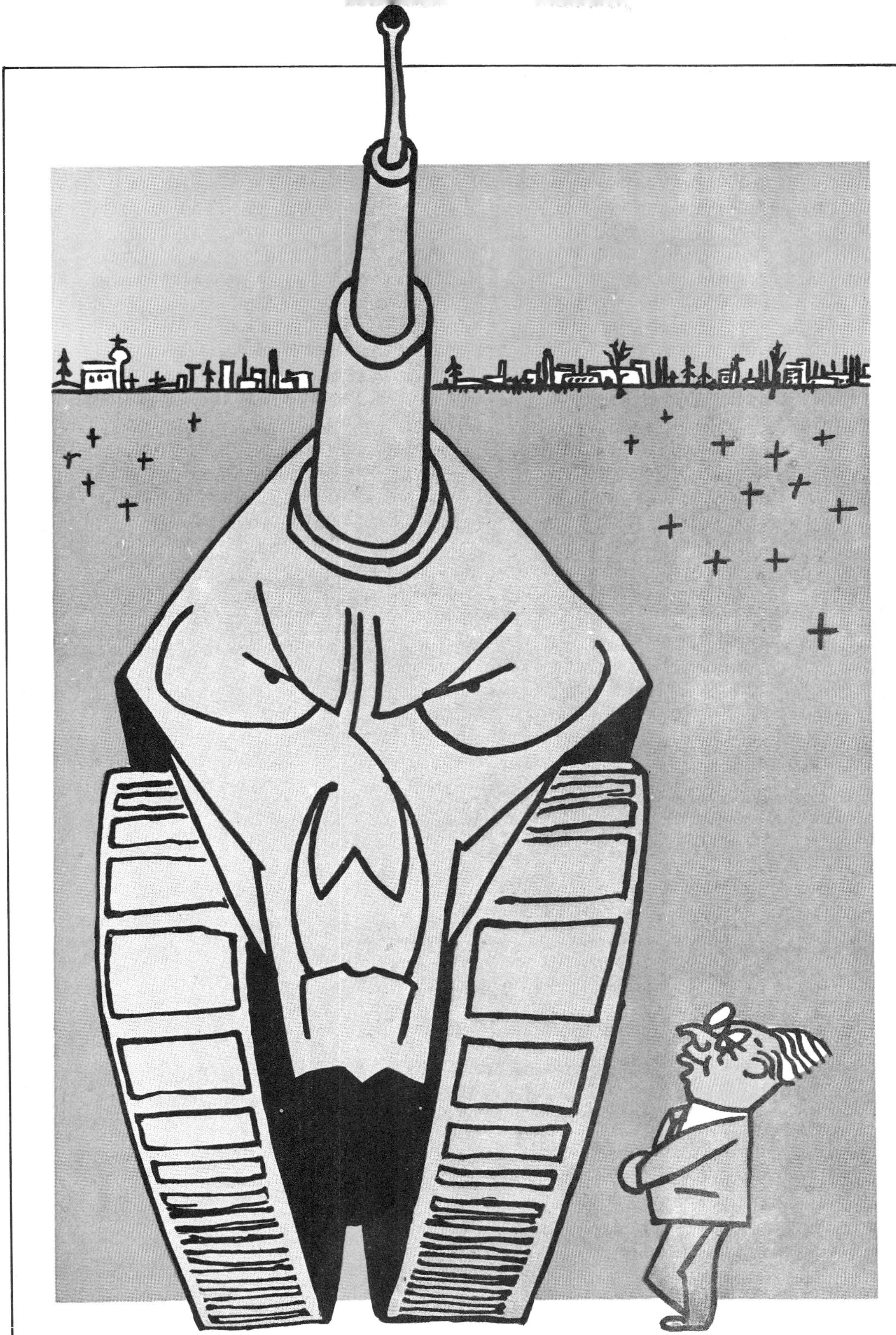

Die SPD sträubt sich noch gegen die Wiederbewaffnung der Bundesrepublik, obwohl bei ihren Führern sich langsam eine Umorientierung ankündigt (sagt Ollenhauer zu Adenauers neuem Gesicht: »Ja – wenn das mir gelungen wäre, dann hätte es wenigstens einen Sinn!« Zeichnung: H. M. Brockmann).

Mehr als ein Aprilscherz (die Karikatur von H. E. Köhler erschien im »Simplicissimus« zum 1. April 1955) ist diese Parodie zu einem berühmten Kaiser-Wilhelm-II.-Bild: »Der Chef des Hauses Adenauer mit seinen Söhnen und Töchtern nach dem Dankgottesdienst im Kölner Dom auf dem Weg zur Paroleausgabe in Bonn. Die allerhöchsten Herrschaften tragen die Uniformen der neuen deutschen Wehrmacht.« Auf dem Originalbild, das hier karikiert wird, fehlt nur der Pater in der Familie, und für den Kölner Dom müssen wir uns die Garnisonskirche in Potsdam vorstellen.

Und weiter geht's wie gehabt – der Graben wird immer tiefer: Beide Deutschlands haben Soldaten, beide Blöcke stellen Armeen mit diesen deutschen Soldaten auf – im Westen und im Osten (*rechts unten im Bild* eine Szewczuk-Karikatur zum Neujahr 1955: »Wer hätte das gedacht ...«; *unten* eine »Eulenspiegel«-Karikatur über Adenauers Reaktion auf den Warschauer Pakt: »So eine Provokation! Wenn die im Osten sich verteidigen wollen, dann macht der ganze Angriff doch keinen Spaß!« Zeichnung: L. Haas). Und in dem Kabarettistensong von R. Ulrich heißt es weiter: »Einheit träumst du zu erzwingen / mit einem Schießgewehr. / Man kann sie anders erringen, / doch träumend begreift man das schwer.«

1955

Unterzeichnung des österreichischen Staatsvertrages in Wien durch die Außenminister der Großmächte: Österreich ist neutral – Inkrafttreten der Pariser Verträge: Bundesrepublik ist souverän und wird als 15. Mitglied in die NATO aufgenommen – Genfer Gipfelkonferenz

Tu felix Austria! – Du glückliches Österreich, du hast es besser: 1955 hat sich das lange geduldige Warten gelohnt: Der Staatsvertrag mit den ehemaligen Siegermächten ist unter Dach, der Frieden mit souveräner Neutralität bestätigt. Vier Wochen vor der Unterzeichnung im Schloß Belvedere verhandelte Bundeskanzler Raab noch in Moskau (*links oben* eine Karikatur von H. E. Köhler aus der »Frankfurter Allgemeinen«: Weaner Charme in Moskau: »Und jetzt«, flüstert Figl Raab ins Ohr, »jetzt noch d' Reblaus, dann san s' waach!«). Das »Zitterspiel« hat ein Happy-End: Der dritte Mann ist Geschichte, die Besatzungstruppen ziehen ab, der Doppeladler hat sich vom gesamtdeutschen Joch losgerissen (*links* eine Karikatur aus der Züricher »Weltwoche«). Allerdings folgt wenige Monate später die Einführung der allgemeinen Wehrpflicht in Österreich.

Sowjetunion annulliert die Bündnisverträge mit Großbritannien (von 1942) und Frankreich (von 1944) – Montanunion-Konferenz von Messina – Unterzeichnung des Warschauer Paktes als Gegengewicht zur NATO – Adenauer in Moskau: diplomatische Beziehungen, Entlassung deutscher Kriegsgefangener

Die Russen versuchen es nun mit der Koexistenz. Bulganin und Chruschtschow üben sich in internationalen Verhandlungen. Nach dem ostdeutschen Grotewohl kommt der westdeutsche Adenauer in den Kreml (*rechts* eine österreichische Karikatur zum Adenauer-Besuch in Moskau: »Laßt uns ihn im Geiste von Tauroggen empfangen!«; *rechts Mitte* eine französische Karikatur aus dem »Canard Enchaine«: »Doktorhut meistbietend zu versteigern!«).

Ende 1955 stimmen 67,7 Prozent der Bevölkerung an der Saar gegen das Saarstatut. Das bedeutet wieder: Deutsch ist die Saar. Anschließende Landtagswahlen ergeben die Mehrheit für die Bonner Parteien, also Anschluß an die Bundesrepublik (die Karikatur von Fr. Mussil, *unten*, aus der »Frankfurter Rundschau« vom März 1955 ist also seitenverkehrt zu deuten).

Heinrich von Brentano wird Außenminister, Theodor Blank erster Minister für Verteidigung – Die geänderte Verfassung der DDR sieht Aufstellung von Streitkräften vor – Fr. J. Strauß wird Minister für Atomfragen – »Hallstein-Doktrin« – Außenministerkonferenz in Genf

Der Bazillus Atommacht geht um. Der britische Philosoph Bertrand Russell warnt: »Bald wird jeder Staat H-Bomben haben. Sie sind ja so billig.« Kurz vor der Genfer Gipfelkonferenz richtet er mit dem wenig später verstorbenen Albert Einstein und anderen Wissenschaftlern einen Appell gegen die Verwendung von A- und H-Waffen an die Großmächte (*links* eine Karikatur aus »Daily Mail«, London: »Die fünfte Großmacht«).

Die Deutschlandfrage bleibt auch in Genf bei den »Großen Vier« wieder auf der Strecke. Der Franzose Edgar Faure kommentiert: »Unnütze Aufschiebung der Wiedervereinigung Deutschlands bedeutet, daß sie nie kommt.« Und auch die Außenminister zerstreiten sich im November 1955 erneut über Deutschland (*links* eine Behrendt-Karikatur aus dem »Algemeen Handelsblad«, Amsterdam: »Liebe Güte, da ist sie ja wieder!«).

Die Elite der westdeutschen Gesellschaft mausert sich zur Wohlstandsgesellschaft. Auch die Bosse der Gewerkschaften machen da keine Ausnahme mehr (*rechts* eine Köhler-Karikatur zum 1. Mai 1955: »Und wo lassen Sie Ihren Chauffeur warten, Genosse?«).

Kleinkarierter und weniger sensationell sind die inneren Probleme in der DDR nach 1953 (*rechts* eine »Eulenspiegel«-Karikatur über die »Raffgier« selbständiger Bauern, die sich den LPG fernhalten: »Nun hat man dem Boden mühsam ein paar Pfund Getreide abgerungen, und schon heißt's: Komm, liefere dein Teil ab!« Zeichnung: H. Behling).

Der alte Reichswehr- und Weltkrieg-II-Offizier Heusinger verpflichtet zur Jahreswende 1955/56 die ersten Freiwilligen der Bundeswehr. Sie geloben »der Bundesrepublik Deutschland treu zu dienen« und »die Freiheit des deutschen Volkes tapfer zu verteidigen«. Die anderen deutschen Soldaten jenseits der Elbe schwören ihrem »Vaterland, der DDR, treu zu dienen« und es »gegen jeden Feind zu schützen« (*unten* karikiert M. Szewczuk die Verabschiedung des Wehrpflichtgesetzes: »Hinein!«; *oben* eine sowjetische Karikatur von B. Leo aus dem »Krokodil«, 1956: »Ihr Anblick bereitet mir Äs-Ä-(SS-)thetischen Genuß!«).

US-Außenminister Dulles und Konrad Adenauer sind befreundete Brüder im christlichen Geist, wenn auch unterschiedlicher Konfession. Weitgehend bestimmt die Freundschaft dieser beiden alten Pfadfinder die deutsche und auch internationale Politik der fünfziger Jahre (*rechts* eine Köhler-Karikatur aus dem »Simplicissimus«: »Hören Sie, Mr. Dulles, 'ne neue Richtung wird sich vielleicht finden lassen – aber jeden Tag wenigstens eine gute Tat?«).

Nach der McCarthy-Hatz in den USA geht es auch in Westdeutschland gegen die Kommunisten. Im August 1956 erklärt das Bundesverfassungsgericht die KPD für »verfassungswidrig«. Das bedeutet ihre Auflösung und wieder mal eine radikale »Schädlingsbekämpfungsaktion in Deutschland« (*rechts* eine Karikatur aus der Züricher »Weltwoche«).

1956

Franz Josef Strauß wird Bundesverteidigungsminister – Gomulka wird Erster Parteisekretär in Polen – Molotow von Schepilow als sowjetischer Außenminister abgelöst – Verhaftung Wolfgang Harichs – Indonesien erlangt volle Souveränität

Adenauer braucht einen standhaften Obersoldaten für die neue Armee. Er holt sich das »Ellenbogengenie« Franz Josef Strauß, einen »krachledernen« Bayern (*links* die Köhler-Karikatur »Paßt!« aus dem »Simplicissimus«: »Gestatten S', daß ich mich Ihnen bekannt mache: Franz Josef Strauß, Bundesverteidigungsminister!«

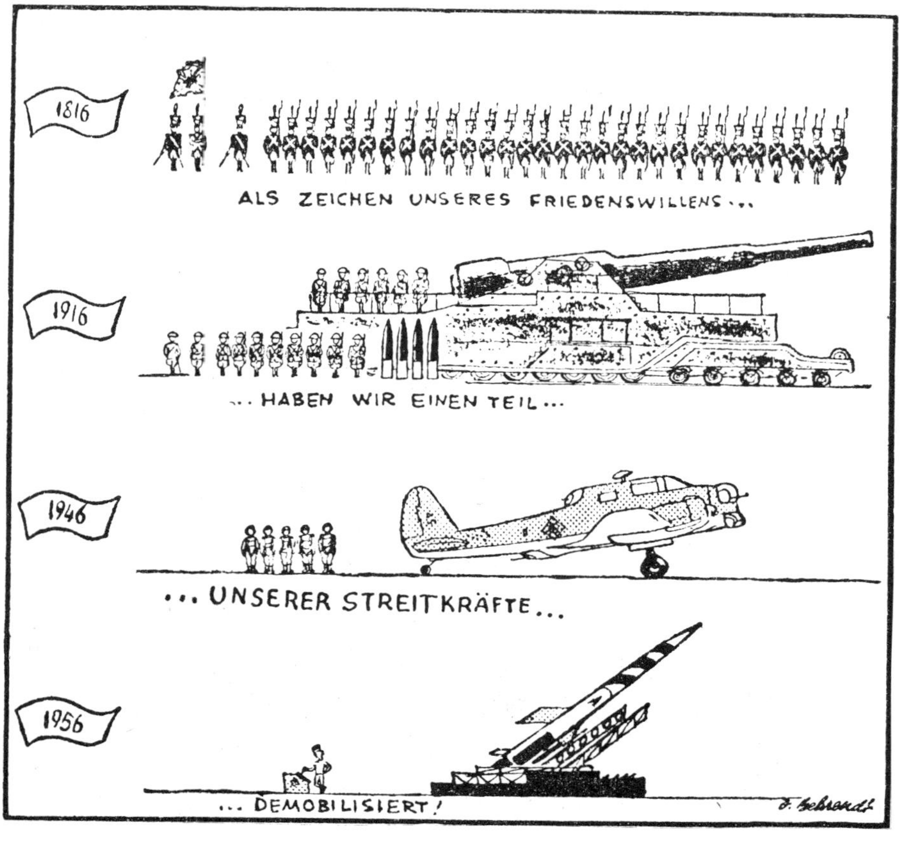

Nach der Wehrpflicht für die Deutschen, einer »Ausbildung fürs Leben« (Denkschrift der Bundesregierung) wird gleichzeitig in der internationalen Politik über Auf- und Abrüstung verhandelt. Wohin eine »kontrollierte« Abrüstung führen könnte, zeigt die Behrendt-Karikatur, *links*, aus der »Welt«, Ende 1956.

Fehlendes Taktgefühl oder antinationalistische Kundgebung?: Der ehemalige Generalstabsoffizier unter Rommel, Hans Speidel, tritt im Frühjahr 1957 den Oberbefehl der Landstreitkräfte der »Europa-NATO-Armee« an – zu einem Zeitpunkt, als noch keine deutschen Kontingente dazugehören und der deutsche OB nur über Engländer und Franzosen kommandiert (*oben* dazu ein französischer Karikaturisten-Kommentar aus »Aux Ecoutes«, von Padry gezeichnet).

Anfang 1957 verschrecken erste Presseberichte von drohenden Preissteigerungen bei Lebensmitteln die deutschen Wirtschaftswunderkinder. Wirtschaftsminister Erhard klagt: »Wir sind ins Schlittern gekommen, weil wir die richtigen Maße verloren haben und drauf und dran sind, die Volkswirtschaft zu überfordern ...« (*rechts* eine Mussil-Karikatur aus der »Frankfurter Rundschau«: Erhard im Kampf mit der »Lohn-Preis-Spirale«).

1957

»Göttinger Erklärung« von 18 Atomphysikern gegen eine atomare Bewaffnung der Bundeswehr – Großbritannien zündet erste Wasserstoffbombe – Bundestag beschließt Luftschutzgesetz – »Berliner Erklärung« der Westmächte – Willy Brandt Regierender Bürgermeister in Berlin

Strauß' Bekenntnis aus dem Jahr 1950: »Wir haben keine Lust, mit unserem Blut die Grenze zu verteidigen, die die Dummheit der anderen geschaffen hat«, ist längst passé. Jetzt geht es um »Fernlenkwaffen« und Atomsprengköpfe für seine »Bürger in Uniform«. Aber er und Adenauer haben nicht mit dem Widerstand im eigenen Land gerechnet (*oben* karikiert M. Radler im »Simplicissimus« Adenauers Zurechtweisung der 18 Göttinger Atomphysiker: »Schon vor 120 Jahren hat der Minister von Rochow von Leuten Ihres Schlages gesagt: ›Es ziemt dem Untertanen nicht, die Handlungen des Staatsoberhauptes an den Maßstab seiner beschränkten Einsicht anzulegen!‹ Schreiben Sie dat mal fünfzigmal ab!«; *links* macht Adenauer als Elefant im Porzellanladen Ostpolitik: »Wer nicht sehen will, daß die Existenz der DDR für mich ein unerfreulicher Fakt ist, dem bringe ich bei, daß dies ein unfreundlicher Akt ist«, Zeichnung L. Haas im ostdeutschen »Eulenspiegel«).

»Keine Experimente!« hieß Adenauers Schlachtruf in der Bundestagswahl 1957 (*rechts* eine Szewczuk-Karikatur). So erreicht er, was er mit der eindeutigen Formel »Alles bleibt beim alten« anstrebt: die absolute Mehrheit für die Christdemokraten. Da hat es die Opposition natürlich sehr schwer (*unten* zeichnet J. Sauer die »Frühlingsklage der SPD« im »Simplicissimus« schon 1956: »Und Erich ging hinaus auf die Wiese, kniete nieder und schrie zu Marx: ›O Herr, gib mir eine politische Idee, denn die Bundestagswahlen sind nahe herbeigekommen und mir grauset!‹ «).

Außenpolitische Debatte im Bundestag über atomare Bewaffnung der Bundeswehr und Bundestagsentschließung mit Stimmen der CDU/CSU und DP für diese Aufrüstung – Chruschtschow wird sowjetischer Partei- und Staatsführer – Erster Zusammentritt eines Europäischen Parlaments in Straßburg

Vor der »Jungen Union« sagt Strauß 1958 in Würzburg: »Wir wollen jedem, der uns angreifen könnte, vor die Augen führen, daß ihn dieser Entschluß den Kopf kostet.« Seine Strategie sieht der »Simplicissimus«-Zeichner H. Haitzinger, *unten*, etwas anders: Strauß demonstriert NATO-OB Norstad seine Flaschen-Strategie: »Schaun S', General Norstad, die da hinten, dös san die Divisionäre, die in der Mitten san unsere Dreisterngenerale, und vorn, die große, dös bin i!« »Das deutsche und das französische Schicksal sind heute identisch«, sagte Adenauer 1950 (*links* dazu eine Behrendt-Karikatur zu der Frage »Deutsches Geld für Frankreichs Beutel?«).

General de Gaulle zum französischen Ministerpräsidenten gewählt, ab Dezember Präsident der V. Republik – Staatsbesuch von Bundespräsident Heuss in Großbritannien – V. Parteitag der SED in der DDR – Chruschtschows Berlin-Ultimatum: »freie Stadt« und Kündigung des Viermächtestatus in Berlin

1958

Zum Gedenken an die »goldenen Worte« (»Siegt mal schön!«) von Bundespräsident Heuss anläßlich der Bundeswehrmanöver 1958 setzt J. Sauer im »Simplicissimus« dem zivilen Liberalen ein ganz privates Denkmal *(rechts)*.

Die »Republikflucht« aus der DDR hält an: 261 622 im Jahre 1957, 204 092 im Jahre 1958 werden gezählt. Auffallend dabei ist die Zunahme sogenannter »Intelligenzler« (*unten links* eine Hartung-Karikatur aus der »Welt«: Intelligenzschwund). Auch die von Chruschtschow neu vom Zaun gebrochene Berlin-Krise im Herbst 1958 hält »Republikflüchtlinge« nicht zurück. Chruschtschows »Augapfel« DDR (*unten rechts* eine Karikatur aus »Politische Welt«), verliert im Durchschnitt täglich die Bevölkerung eines Dorfes.

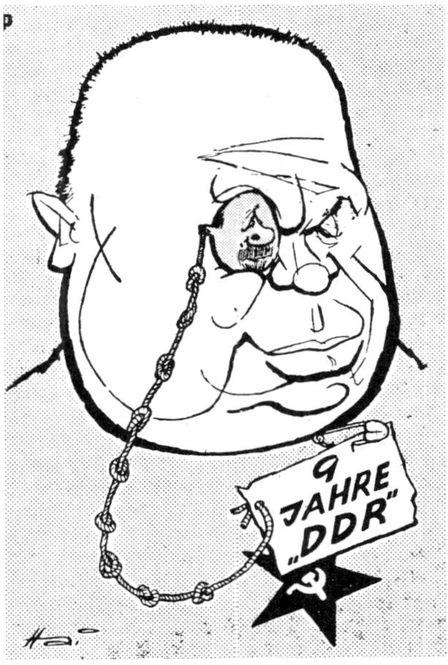

Im Sommer 1959 spielt Adenauer ein schlechtes Spiel mit dem Amt des Bundespräsidenten: Zuerst will er selbst, dann verzichtet er und bleibt doch lieber Kanzler. Er handelt sich damit eine ständig anwachsende innenpolitische Opposition in der Bundesrepublik ein (*links* die Karikatur von einer »neuen Kyffhäuser-Saga« von Adenauer aus der Züricher »Weltwoche«).

Adenauers »Grüner-Plan«-Architekt, sein langjähriger Landwirtschaftsminister Heinrich Lübke, tritt in die viel zu großen Fußstapfen seines Vorgängers Heuss. Die Wochenzeitung »Die Zeit« schreibt über den neuen Bundespräsidenten, der später vor allem durch viele Reisen auffällt (*links* eine Köhler-Karikatur von 1962: »Reisen bildet oder Wieder daheim!«): »Ob er ein guter Vater des Volkes sein wird? Nun, zum guten Onkel wird es sicher reichen ...«

SPD-Parteitag in Bad Godesberg verabschiedet neues Grundsatzprogramm – US-Präsident Eisenhower in Bonn – Chruschtschow bei Eisenhower in den USA (Geist von Camp David) – Hakenkreuzschmierereien in deutschen Städten, später auch in ganz Europa – Adenauer bleibt Bundeskanzler

Die SPD will an die Macht. Das »Godesberger Programm« soll die Partei aus der Zeit der oppositionellen Klassenpartei heraus in die Zukunft einer regierungsverantwortlichen Volkspartei führen. Natürlich muß man dabei »von dem ausgehen, was heute ist« (W. Brandt), und somit auch die Landesverteidigung bejahen. Viele Genossen fürchten einen Rechtsruck der Partei. Der Zeichner H. M.-Brockmann läßt Karl Marx durch den SPD-Boß Ollenhauer (*rechts*) gleich auf die Müllhalde werfen.

Mit »Masern!« – Hakenkreuzen als Roten Flecken – erklärt ein englischer Karikaturist in der »Daily Mail« (*unten*) die weihnachtlichen Hakenkreuz-Schmierereien 1959/60 in Deutschland. Kurz danach werden auch in Paris, New York und anderen Städten jüdische Gräber und Synagogen bepinselt.

Scheitern der Pariser Gipfelkonferenz nach der U-2-Affäre – Der Philosoph Jaspers bezeichnet die Freiheit der Deutschen in der DDR für wichtiger als die Wiedervereinigung – Chruschtschow droht in New York mit dem Austritt des Ostblocks aus der UNO – Ulbricht Vorsitzender des »Staatsrates« und der Partei

Im Jahre 1960 zeigt Nikita der Welt, was eine russische Harke ist. Zuerst läßt er im Mai mit Donner und Doria die im »Geist von Camp David« verabredete Gipfelkonferenz in Paris platzen, dann haut er im Oktober seinen Schuh auf den Tisch und droht in New York, mit dem Austritt der Ostblockstaaten die UNO zu sprengen. Nach wie vor droht er auch mit seinem »Schlüssel« für Berlin. (H. M.-Brockmann karikiert *links* die westdeutsche »Unteilbares-Deutschland«-Parole: »Macht das Tor auf ... wenn ihr meint, daß ihr's könnt!«)

Einen anderen weltweiten Spektakel löst für kurze Zeit im Herbst 1960 die Nachricht von dem bundesdeutschen Rezept zur Herstellung des Atombombenbrennstoffs U 235 in einer Gaszentrifuge aus. In England reagiert man besonders heftig und spricht von »billigen deutschen Atombomben« (*linke Seite unten* eine »New Statesman«-Karikatur »Die Deutschen an die Front«). Fachmann Heisenberg hält diese Nachricht aber für »ziemlich bedeutungslos«.

Wenige Tage sind die Deutschen in Ost- und Westdeutschland im Jahre 1960 sogar in einer Mannschaft und kämpfen gesamtdeutsch Schulter an Schulter – um olympische Medaillen. Nach den vereint errungenen zwölf »Goldenen« und 19 »Silbernen« aber ist – wie M. Oesterle im »Simplicissimus« *oben* zeigt – die »Einheit beendet«, und Ulbricht sagt zu Adenauer: »Nu machmer nadierlich widder jeder hibbsch für sich alleene!«

1961

John F. Kennedy neuer US-Präsident – EWG-Gipfelkonferenz in Paris – Gagarins erster Weltraumflug um die Erde in 108 Minuten – Treffen von Kennedy und Chruschtschow in Wien – Kennedys drei Grundfreiheiten für West-Berlin – Aufwertung der D-Mark-Währung – Außenministerkonferenz in Paris

Der »Nürnberger-Gesetze«-Kommentator Hans Globke, seit Jahren Staatssekretär Adenauers, steht unter Beschuß. Eine Verfügung Globkes aus dem Jahr 1944 zu Eheschließungen zwischen Deutschen und Tschechen will er »zum Schutz der Bräute aus Böhmen und Mähren« verfaßt haben. Adenauer hält weiter zu ihm (*links* eine Karikatur aus dem »Hamburger Echo«: »Ik weiß jar nich, wat die von Ihnen wolln, lieber Jlobke, schließlich haben Se doch nur dafür jesorcht, dat bei den Nazis de Moral nich jänzlich unterjejangen ist ...«).

Dem neuen US-Präsidenten, dem Idol der jungen und kritischen Generation in aller Welt, mißtraut der alte Fuchs in Rhöndorf mit der Überzeugung des erfahrenen Taktikers gegenüber jedem jungen Heißsporn (*rechts* eine Haitzinger-Karikatur aus dem »Simplicissimus« mit dem Titel »Höhere Psychologie«: »Dat dem Kennedy nischt jelingt, is nen janz jünstischer Umstand! Dat macht die Taufrische der Ehrjeizlinge um die Vierzich – wie Sie, Strauß, und Brandt – jroßartig unpopulär.«).

Chruschtschow stellt den jungen Antipoden Kennedy schon im Juni 1961 in Wien auf die Probe – und Kennedy besteht die Probe. Der Nervenkrieg um Berlin jedoch geht weiter. Man spricht von einem politisch »kalten Winter«, aber zuerst kommt noch ein »heißer Sommer« in Berlin (*links* eine Karikatur aus der »New York Herald Tribune«, kurz vor dem 13. August 1961: »Und ich dachte, sein Rückgrat sei kaputt!«).

Die ständige »Republikflucht« geht an die Substanz des Ulbricht-Staates. Zur »Sicherung des Friedens« läßt dieser deshalb zumauern und seine Bürger einsperren. In einem ostdeutschen Gedicht heißt es: »Durch Deutschland geht eine Mauer / dran wächst kein wilder Wein, / die ist aus Zorn und Trauer / und ist aus deutschem Stein ...« (*rechts* eine Karikatur von L. Samoilow aus dem »Krokodil«: Das »demokratische Berlin« schlägt mit dem Bau der Mauer die Tür zu und klemmt den westlichen »eroberungslüsternen Revanchisten« und »westdeutschen Agenten« die Hände ein.).

Erst neun Tage nach dem Mauerbau kommt Adenauer zum Tatort. Er spricht: »Trotz des Ernstes der Situation besteht kein Anlaß zur Panik.« Die Berliner sind sauer auf ihn. Er scheut auch nicht davor zurück, mit der Mauer im Wahlkampf gegen den neuen SPD-Kanzlerkandidaten Willy Brandt zu argumentieren (*rechts* eine Flora-Karikatur aus der »Zeit«: die »Brandt-Mauer«).

Über fünfzehn Jahre schon sitzt die »Amerikanisierung« den Westeuropäern und vor allem den Deutschen in den Knochen. Und die zweite (friedliche) Invasion der »Befreier« von 1945 hinterläßt tiefe Spuren (*oben* eine »Life«-Karikatur zum Thema »US-Kapital in Westeuropa«). Besonders die wirtschaftliche Verflechtung wird immer enger, und die Produktionsziffern steigen. D-Mark-Vater Erhard aber appelliert an das »Maßhalten« (*links* eine Haitzinger-Karikatur: »Hallo, ihr da! Schämt ihr euch denn gar nicht?« – »Nööö!«).

Wild wächst das Wirtschaftswunder in der Bundesrepublik. Das Ziel heißt »Wohlstand für alle – Eigentum für jeden«. Nach dem Vorbild der westlichen Industriegesellschaften wird die BRD zum Musterschüler in Sachen Konsumgesellschaft. Die Westdeutschen haben hintereinanderweg ihren Nachholbedarf an Lebensmitteln, Kleidung und Komfort gedeckt. Danach erkennen selbst geschäftstüchtige Bauern den Trend der Zeit und nützen die Gunst der Stunde (*rechts* eine »Simplicissimus«-Zeichnung von G. Hentrich vom »fröhlichen Landmann«: »Aus den Feldern mache ich einen Campingplatz mit Schwimmbecken und Minigolf. Auf die blöden Gesichter der Hamsterer, wenn's wieder mal soweit kommt, freue ich mich heute schon.«). Ganz andere Probleme hat die Landwirtschaft in der DDR, wo 1960 die Kollektivierung für abgeschlossen gemeldet wird (*in der Mitte* eine »Eulenspiegel«-Karikatur aus Ost-Berlin: »Wer behauptet da, daß wir unsere Hauswirtschaften bevorzugen? Sogar der letzte Halm kommt in die LPG-Scheune!«).

Eine neue Zeit bricht auch außerhalb der Erde an: Menschen umfliegen erstmals in selbstgebauten Apparaten die Erde, zuerst die Russen, wenig später die Amerikaner (*rechts* eine Hentrich-Karikatur aus dem »Simplicissimus«: Ulbricht: »Scheen, daß unsere Demogradsche Rebublig nich solche Abbarade hat – weeß där Guggug, wie hoch man mauern mißde!«).

Volkskammer der DDR beschließt Einführung der Allgemeinen Wehrpflicht, Grundwehrdienst auf 18 Monate festgesetzt – Bundestag beschließt Verlängerung des Grundwehrdienstes von 12 auf 18 Monate – Adenauer und de Gaulle in Baden-Baden – Robert Kennedy in Berlin und Bonn

US-Präsident J. F. Kennedy zeigt 1962 gute Nerven, sowohl im Taktieren um Berlin als auch in der Kubakrise. Sein Gegenspieler Chruschtschow verpaßt ihm mehrere »Nadelproben« (*links* eine so betitelte Köhler-Karikatur aus der »Frankfurter Allgemeinen«).

Adenauer sucht und findet die Aussöhnung mit dem alten Nachbar-Erzfeind jenseits des Rheins. Im letzten Jahr seiner Kanzlerschaft erreicht er mit der »Achse Paris-Bonn« seinen »Platz an der Sonne« (*links unten* eine Karikatur aus »The Sacramento Bee«, USA).

Im Herbst 1962 schießt Bundesverteidigungsminister Franz Josef Strauß den kapitalsten Bock in seiner politischen Laufbahn: Er inszeniert eine Polizeiaktion gegen den »Spiegel«, wie sie bisher in demokratischen Staaten nicht üblich war, belügt das Parlament und stürzt damit die Regierung (*unten linke und rechte Seite* die Haitzinger-Karikatur »Siebene auf einen Streich«).

»Der Spiegel« hat den Bundesverteidigungsminister schon lange auf dem Kieker. Strauß hat selbst genügend Munition geliefert. Wegen einer »Manöverkritik«, die angeblich »Landesverrat« ist, schlägt Strauß im Oktober 1962 gegen den »Spiegel« ungewöhnlich hart zu (*rechts* eine Flora-Karikatur aus der »Zeit«: »Spieglein, Spieglein an der Wand, wer ist der Stärkste im ganzen Land?«).

Adenauer stützt Strauß und spricht von einem »Abgrund von Landesverrat« und von »Geld verdienen« (*rechts* eine Karikatur aus »Das freie Wort«: »Blick in den Abgrund.«).
Nach dieser Affäre treten die FDP-Minister Mischnick, Stammberger, Lenz, Scheel und Starke zurück. Erst zwei Monate später hat Adenauer wieder ein neues Kabinett mit neuen und alten FDP-Ministern. Auf der »Strecke« der von Strauß ausgelösten Regierungskrise bleiben die Minister Strauß, Würmeling, Stammberger, Balke, Lemmer, Starke und von Merkatz (*unten*).

1962

Adenauers fünftes Kabinett mit Verteidigungsminister von Hassel, Justizminister Bucher und Finanzminister Dahlgrün – Adenauer gibt bekannt, daß er im Herbst 1963 zurücktreten werde – Treffen Kennedy mit Macmillan – Georges Pompidou wird französischer Ministerpräsident – Adenauer in Washington

Der deutsch-französische Freundschaftsvertrag vom Januar 1963 ist ein symbolisches Dokument der Freundschaft Adenauer-de Gaulle (*links* dazu eine sowjetische Karikatur aus dem »Krokodil« von J. Hanf).

Wie man die neuen »gutnachbarlichen Beziehungen« (*unten links* eine so betitelte Karikatur aus den »Nürnberger Nachrichten« von Haitzinger) auslegen kann, erfahren die Westdeutschen bei der Entführung des OAS-Führers Argoud durch französische Staatssicherheitsdienstbeamte aus einem Münchner Hotel im Stil echten Kidnappings.

Die Sozialdemokratische Partei Deutschlands feiert im Frühjahr 1963 ihr hundertjähriges Jubiläum. Ein Anlaß für den Kanzler, über die Geschichte der Oppositionspartei nachzudenken und – nach der Zeichnung von Steff im »Simplicissimus«, *unten rechts* – messerscharf zu folgern: »Ne janze Partei – und nur hundert? Dat bin ich ja fast alleine.«

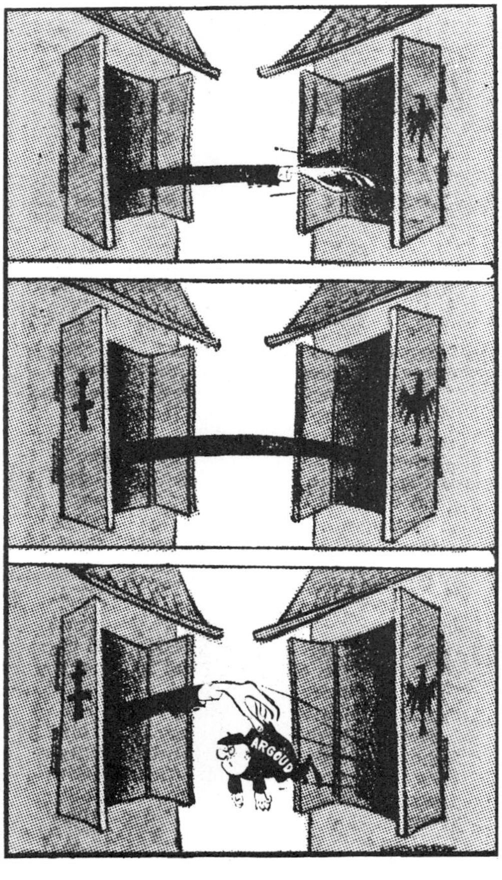

John F. Kennedy hat auch in Deutschland viele Freunde, besonders in Berlin. »Ich bin ein Berliner«, ruft er ihnen zu (*oben* eine Haitzinger-Karikatur: »Dem jungen Mann muß et schon beim Anflug klarjemacht werden, dat ich Brandt jejenüber auch hier der Höherstehende bin!«).

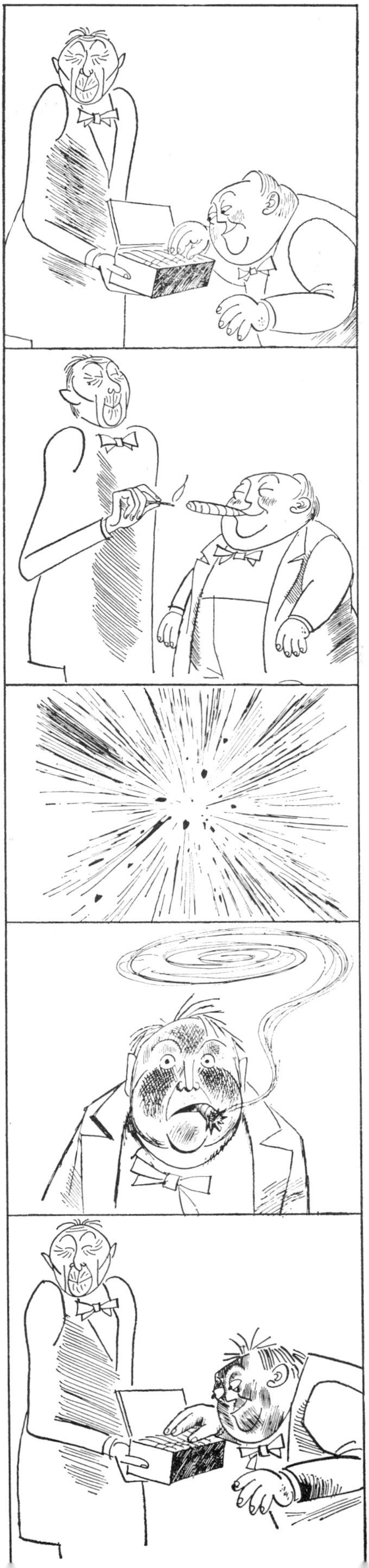

Adenauer bekommt einen Nachfolger, den er selbst nicht will: »Der Herr Erhard ist ein kluger Mann, jedenfalls gebildeter als ich, aber natürlich nicht politisch!« Trotz solcher direkt verpaßter Zigarren (*rechts* eine E.-M.-Lang-Karikatur: »Rauchers Freud und Leid«) tritt der allzeit paffende »Dicke« im Oktober 1963 sein Erbe an.

1963

»Heißer Draht« zwischen Moskau und Washington vereinbart – Moskauer Dreimächteabkommen über die Einstellung von oberirdischen Kernwaffenversuchen, Beitritt der DDR und der BRD zu diesem Abkommen – Rücktritt Adenauers, Wahl Erhards zum Bundeskanzler

Adenauer ist eine Institution, er hängt deshalb an der Macht und läßt sich Zeit mit dem Abschied. Und er sorgt sich um Deutschland, wenn er an seinen Nachfolger denkt, den er für nicht »qualifiziert für das Amt des Bundeskanzlers« hält. Als er endlich doch abgeht, bedankt sich Adenauer auch bei der Opposition, daß sie in den 14 Jahren »da war und die Pflicht einer parlamentarischen Opposition erfüllt hat« (*oben* eine Karikatur aus dem SED-Parteiblatt »Neues Deutschland«, sehr frei nach der berühmten »Punch«-Karikatur »Der Lotse geht von Bord«; *unten* eine Karikatur von Steff zu Adenauers Ankündigung seiner Memoiren: »Der Nachwuchsautor« bewirbt sich bei der Literaten-Gruppe 47.«).

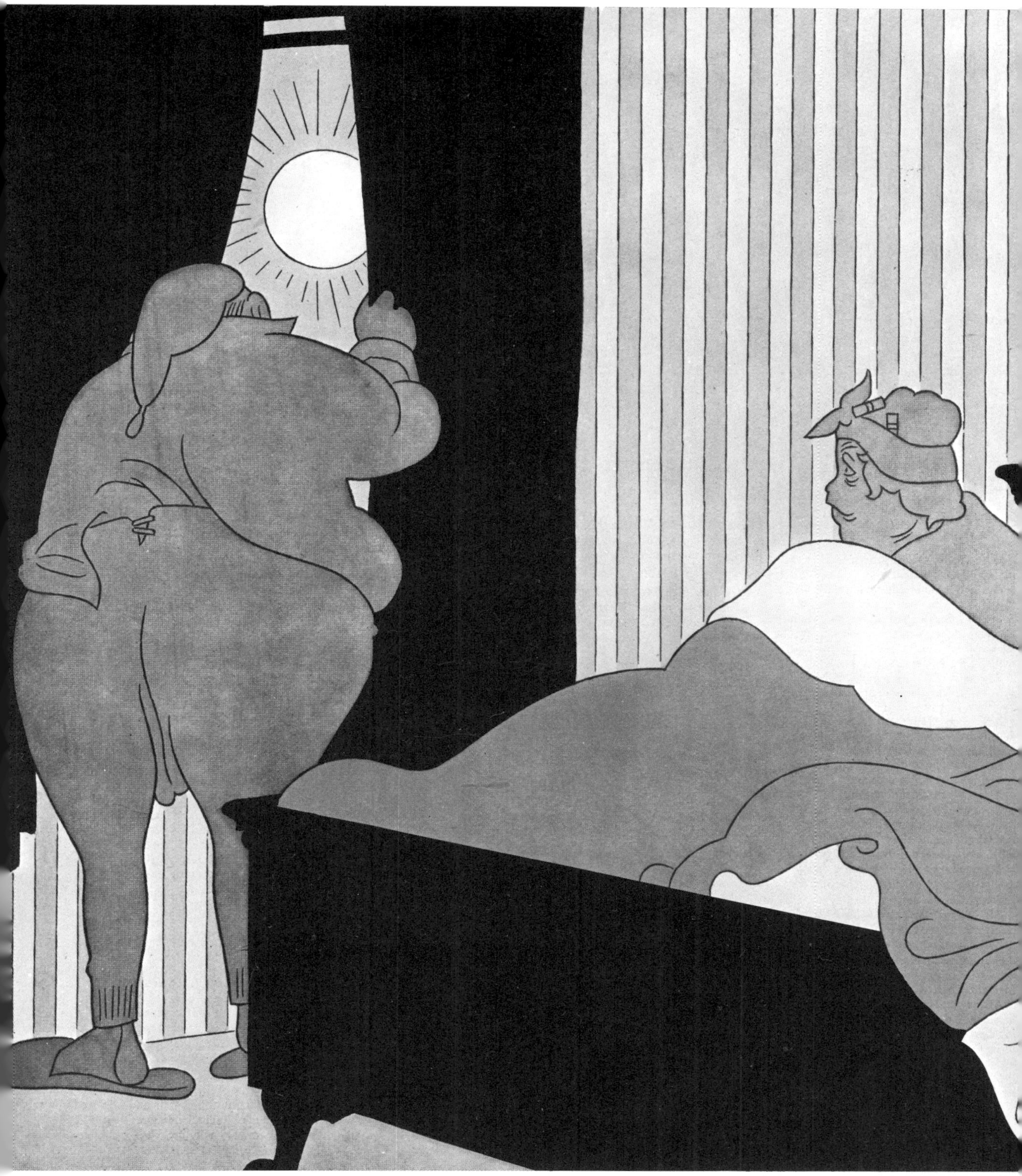

Die Ära Adenauer scheint zu Ende zu sein. Sie ist es noch nicht, denn Nachfolger Erhard bleibt auf altem Kurs. So gibt es natürlich keine säkulare Veränderung nach dem Abgang Adenauers, wie sie M. Oesterle im »Simplicissimus« mit seiner Zeichnung »Woche eins nach der Zeitenwende« karikiert: »Unglaublich! Schon fünf Tage ohne Adenauer, und die Sonne geht immer noch auf!«

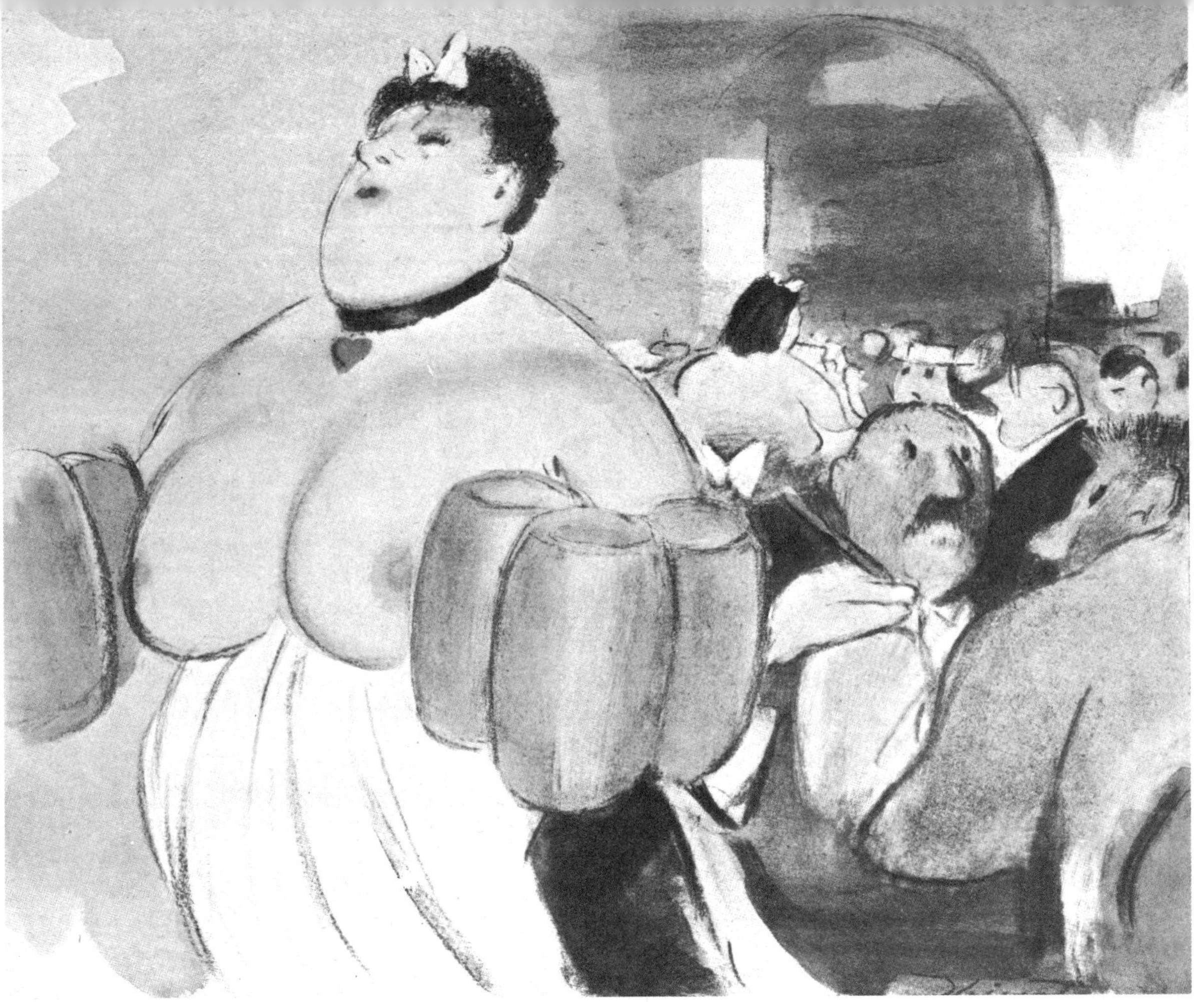

Mitte der sechziger Jahre gerät für viele die private Welt aus den Fugen. Wieder aus Amerika heran rollt eine neue Welle – die nackte! Die Modeparole »Oben ohne« enthüllt einen Sommer lang nackte Tatsachen. Eine Münchner Abart bleibt aber Gott sei Dank nur Theorie (*oben* eine Kriesch-Zeichnung aus dem »Simplicissimus«: San Francisco in München: »Mir is wurscht – aba was an dem schee sei soi?«).

Nachhaltiger ist die Wirkung der Wunderpille für das Liebes- und Eheleben unserer Mitmenschen. Nur langsam setzt sich durch, was heute selbstverständlich ist (*links* nochmals eine Kriesch-Karikatur zum Neujahr 1964: »Da lutscht man seit Oktober Antibabypillen – und dann ist das Ausgelassenste an der ganzen Silvesterparty dem Lübke seine Rede!«).

Die BRD unter dem »Dicken«: *Oben* eine Haitzinger-Karikatur zum neuen Bundeswehr-Gefühl: »Mann! Wenn Sie jetzt schon schlappmachen – wie wollen Sie dann später als Kriegsopfer mit einem Bein auf die Bundeshauptstadt marschieren?«; *unten* »Der ideale Deutsche«, gezeichnet von H. Weber im »Simplicissimus«; *rechts* die zeitgemäße Interpretation des deutsch-amerikanischen »Supermarkts« von Haitzinger gezeichnet: »Ausreichend so?«

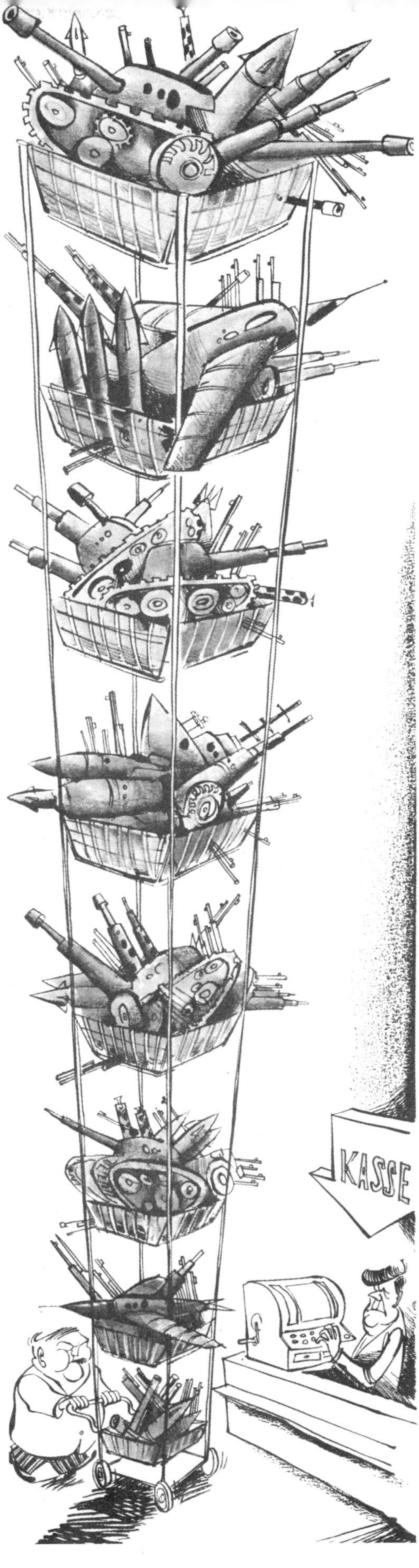

 Willy Brandt zum SPD-Vorsitzenden gewählt – Freundschaftsvertrag der DDR mit der UdSSR – Erich Mende Vorsitzender der FDP – Bundespräsident Lübke wiedergewählt – Erste Atombombe in der Volksrepublik China gezündet – Chruschtschow in Schweden und Dänemark – Harold Wilson britischer Premier

Ein Jahr nach Adenauer kritisiert de Gaulle die von Erhard und Schröder allzu deutlich gezeigte Abhängigkeit der BRD von den USA (*links* eine Tim-Karikatur aus »L'Express« von den zusammengebundenen Dicken und Dünnen: »Die Wiedervereinigung? Immer davon reden, nie daran denken!«).

Auf dem langen Marsch zur Regierungsverantwortung nach Ollenhauers Tod bemüht sich die SPD auch im Vatikan um ein volksnahes Image (*rechts* eine Oesterle-Karikatur »Von Rom zurück«: »Du lieber Marx, denen wird es stinken, daß wir auf ihren Stammplätzen sitzen!«).

Unbefangenes Plaudern ist die unheimliche Stärke des wiedergewählten Bundespräsidenten Lübke. Nie ist man sicher, ob er auf Reisen ein neues Bonmot fallenläßt (*links* eine Meinhard-Karikatur aus der »Stuttgarter Zeitung« zu Lübkes Besuch bei Sukarno: »Warum so traurig, Herr Bundespräsident?« – »Ach, ich muß immer an die arme Witwe von Jean Cocteau denken ...«).

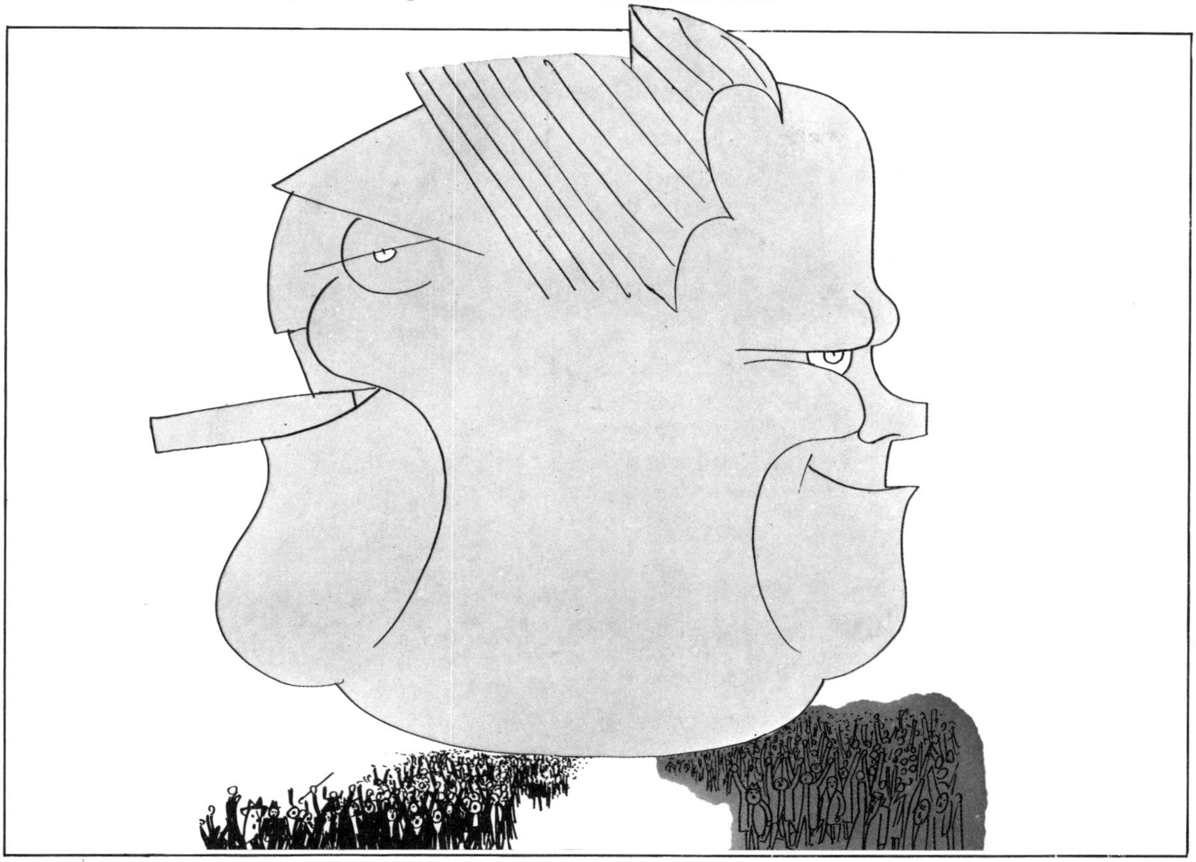

Die Bundestagswahlen 1965 werfen ihre Schatten voraus. Die Chancen Willy Brandts gegen den »Dicken« werden abgewogen. Eine Synthese aller Überlegungen bietet H. M.-Brockmann, *oben*, mit einem januskopfigen »Volkskanzler« an: hinten Erhard, vorne Brandt. Eine »Große Koalition« kommt ins Gespräch.

Bei den unsicheren Verhältnissen in Bonn rechnet sich auch Strauß schon zwei Jahre nach seinem politischen »Selbstmord« wieder Chancen aus und bereitet sein Comeback vor (*rechts* eine Köhler-Karikatur aus der »Frankfurter Allgemeinen«: »I komm scho hin!«).

Bundeskanzler Erhard erklärt sich für eine »aktive Ostpolitik« – Kossygin bei Ho Tschi-minh – Ulbricht bei Nasser – Erhard stellt Wirtschaftshilfe an die VAR ein – Aufnahme diplomatischer Beziehungen zwischen der BRD und Israel – Bundestag entscheidet sich gegen eine Verjährung der NS-Verbrechen

In Ägypten bleibt Erhard nach Ulbrichts Besuch bei Nasser auf der Strecke! Erhard revanchiert sich mit dem Zudrehen des Wirtschaftshilfehahns für Nasser (*links* eine H.-M.-Brockmann-Karikatur dazu »Vom Winde verweht«).

Erhard will de Gaulles Vorwurf nach einseitiger Bindung der BRD an die USA nicht auf sich sitzen lassen. Er entschließt sich zu einer »aktiven Ostpolitik« (*links* eine Haitzinger-Karikatur aus dem »Simplicissimus« von Erhard und Johnson »Hüaho, alter Schimmel! Gen Ostland wollen wir reiten!«).

Willy Brandt bei US-Präsident Johnson – Staatsbesuch Königin Elizabeths II. in der BRD – Abrüstungskonferenz in Genf – Michael Kohl übernimmt als Zweiter Staatssekretär des DDR-Ministerrates die Leitung von Passierscheinverhandlungen – Bundestagswahl: Erhard bleibt Bundeskanzler

1965

Die »Queen« kommt! Sie macht Station in Bonn, Wiesbaden, München, Stuttgart, Köln, Düsseldorf, Duisburg, Hannover, Hamburg und in Berlin, wo sie sich, gleich anderen Staatsbesuchern vor und nach ihr, die Mauer zeigen läßt (*rechts* die Oesterle-Zeichnung im »Simplicissimus«: »Die Pflichtträne«, von Willy Brandt erwartet und aufgefangen.).

Am Wahltag 1965 holt die SPD-Opposition in Bonn weiter auf: Sie bekommt 39,3 Prozent gegenüber 47,6 der CDU/CSU. Erstmals wird die SPD von Schriftstellern im Wahlkampf unterstützt, die Erhard als »Pinscher« beschimpft hat (*unten rechts* eine H.-M.-Brockmann-Karikatur vom »Blechtrommler« Günter Grass; *unten links* die böse Königin Erhard mit Hofnarr Mende aus österreichischer Sicht, veröffentlicht in der »Arbeiter-Zeitung«, Wien: »Frau Königin, Ihr seid die Schönste hier, denn der Herr Karl über den Bergen, bei den Ostmarkzwergen, ist noch ein bißchen mieser als Ihr . . .«).

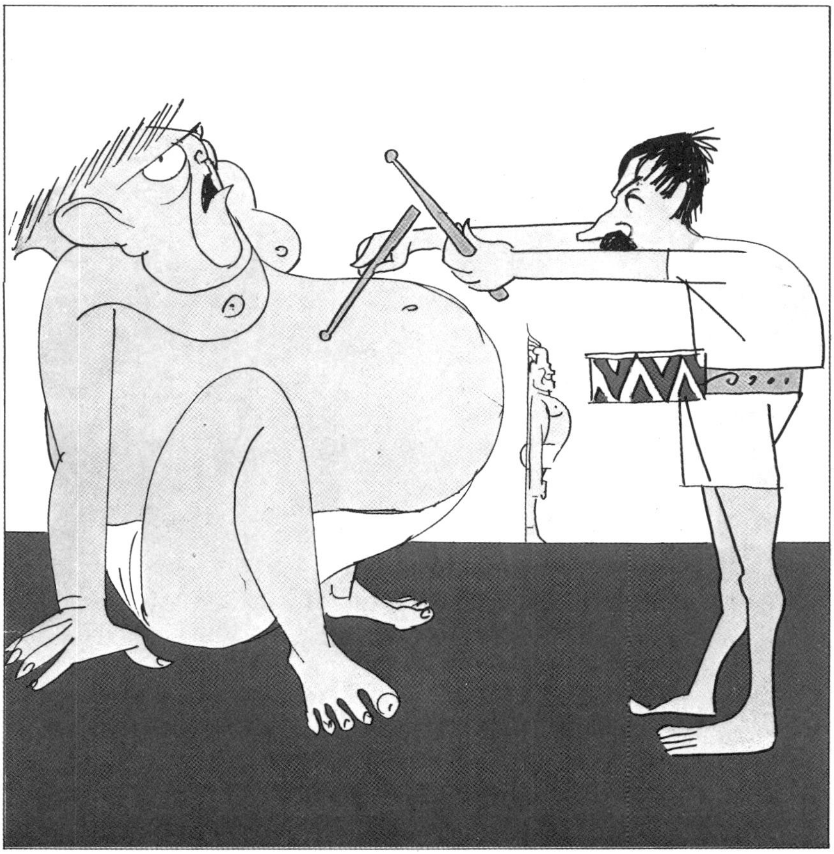

1966

Passierscheinabkommen zwischen DDR und West-Berlin für Ostern und Pfingsten – SPD stellt in 48 von 61 bundesdeutschen Großstädten den Oberbürgermeister – Hochzeit der niederländischen Prinzessin Beatrix mit dem deutschen Diplomaten Claus von Amsberg – Ende der Großen Koalition in Österreich

Erhards Ära ist kurz und ruhmlos. Er steht weit im Schatten seines Vorgängers und ganz unter dem Zwang des Gehorsams gegenüber den westlichen Verbündeten (*links* eine »Weltwoche«-Karikatur zur Ankündigung de Gaulles, bis 1969 die Franzosen aus der NATO herauszunehmen). Ende Oktober muß Erhard sein Versagen auch gegenüber den Parteifreunden zugeben (*unten* eine Köhler-Karikatur aus der »FAZ«: »Was wollt ihr mit den Dolchen, sprich?« – »Blumen schneiden, o Herr, für dich!«).

An Meinungsverschiedenheiten über den Ausgleich des Bundeshaushaltes 1967 zerbricht die CDU/CSU-Regierung Erhards (*rechts* eine Flora-Karikatur Erhards aus der »Zeit«: »L'etat – c'est moi! – Der Staat bin ich«, auch wenn das Kleid verschlissen und geflickt ist).

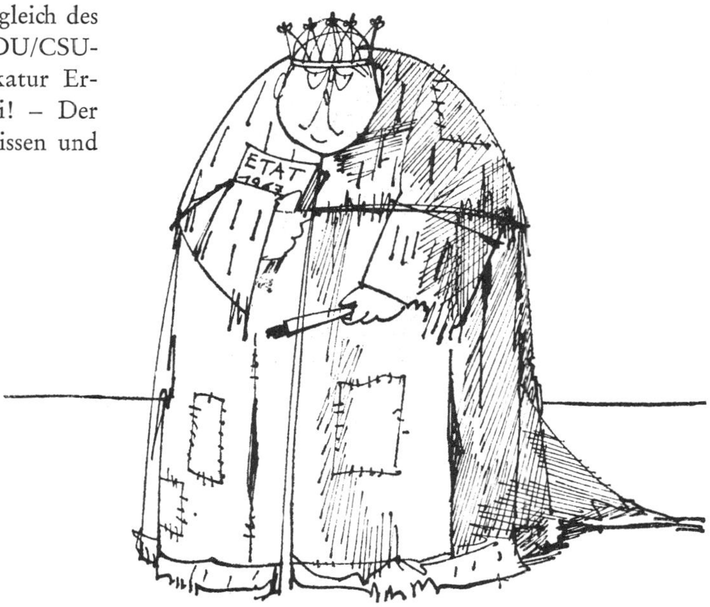

Kiesinger, Landeschef von Baden-Württemberg, bildet mit den Roten eine schwarzrote Koalition. Der Widerstand in der SPD gegen diese Regierungsbildung hält lange an, zumal Franz Josef Strauß als Finanzminister wieder mit von der Partie ist und zuerst mal das Volk mit der Ankündigung von Steuererhöhungen zur Kasse bittet (*links* eine Mussil-Karikatur aus der »Frankfurter Rundschau«, *unten* eine Zeichnung von Dickler aus dem »Simplicissimus«: »Nicht hinschauen, Kurt Georg! Da steht er wieder, dein Vorsitzender!«).

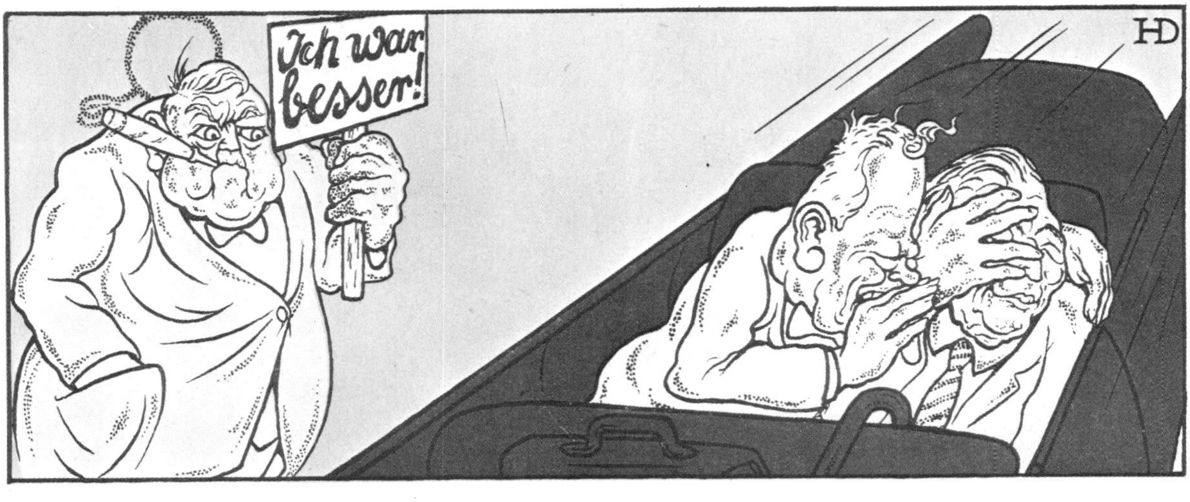

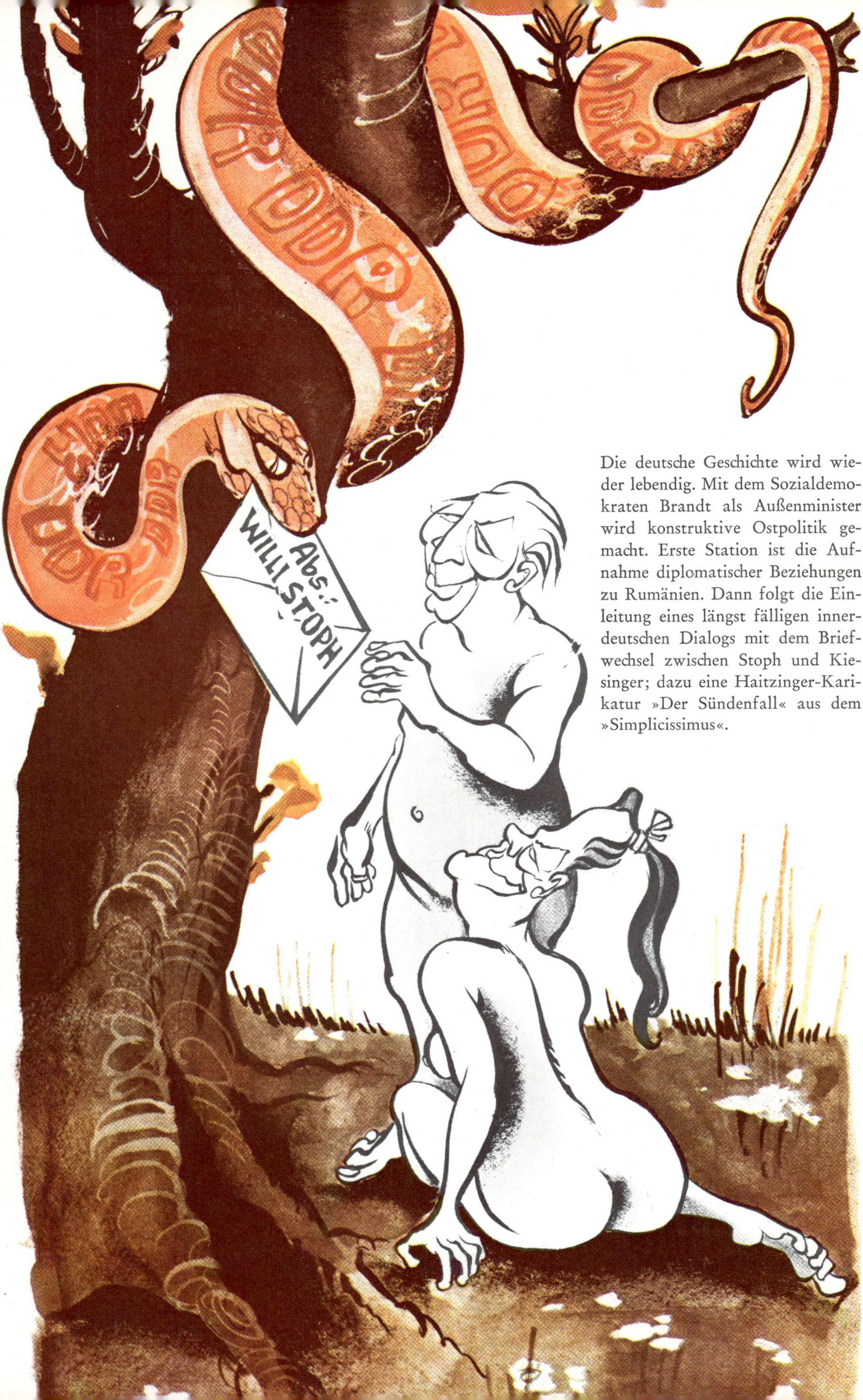

Die deutsche Geschichte wird wieder lebendig. Mit dem Sozialdemokraten Brandt als Außenminister wird konstruktive Ostpolitik gemacht. Erste Station ist die Aufnahme diplomatischer Beziehungen zu Rumänien. Dann folgt die Einleitung eines längst fälligen innerdeutschen Dialogs mit dem Briefwechsel zwischen Stoph und Kiesinger; dazu eine Haitzinger-Karikatur »Der Sündenfall« aus dem »Simplicissimus«.

BRD nimmt diplomatische Beziehungen zu Rumänien auf – Sondierungsgespräche der BRD mit der Tschechoslowakei und Ungarn – Warschauer Außenministerkonferenz – Neues NATO-Hauptquartier in Belgien - Beginn des Briefwechsels Stoph-Kiesinger - Tod Konrad Adenauers - Militärputsch in Griechenland

Mühsam beginnt eine Ostpolitik der Gänsefüßchen, ein vorsichtiger Kontakt zu den Führern der »sogenannten« DDR (*oben* eine Karikatur aus dem »Sonntagsblatt«: »Sehr – Gänsefüßchen unten - geehrter Herr – Gänsefüßchen oben – Stoph – Ausrufungszeichen . . .«). Die Situation an der Grenze wird komplizierter, wie die Ernsting-Karikatur aus dem »deutschen panorama«, *rechts*, verdeutlicht: »Er bleibt dabei, daß er aus der DDR kommt. Sollen wir ihn zurückschicken, oder was machen wir mit Leuten, die das Regime drüben anerkennen?«

Besonders delikat scheint Kiesinger die Frage der Anerkennung der polnischen Westgrenze an der Oder-Neiße. H. Haitzinger macht dazu im »Simplicissimus«, *links*, einen Vorschlag für ein »kühnes Projekt«: »Um die leidige Frage der Anerkennung der Ostgrenze aus der Welt zu schaffen, geht ein Arbeitstrupp daran, Oder und Neiße bei Basel in den Rhein und damit heim ins Reich zu leiten.«

 Krieg im Nahen Osten – Konferenz der sechs EWG- und EURATOM-Mächte in Rom – General de Gaulle in Kanada und Polen – Wahlerfolge der NPD bei Landtagswahlen in Niedersachsen – Kiesinger und Brandt in den USA – Walter Scheel als Nachfolger Mendes zum FDP-Vorsitzenden nominiert

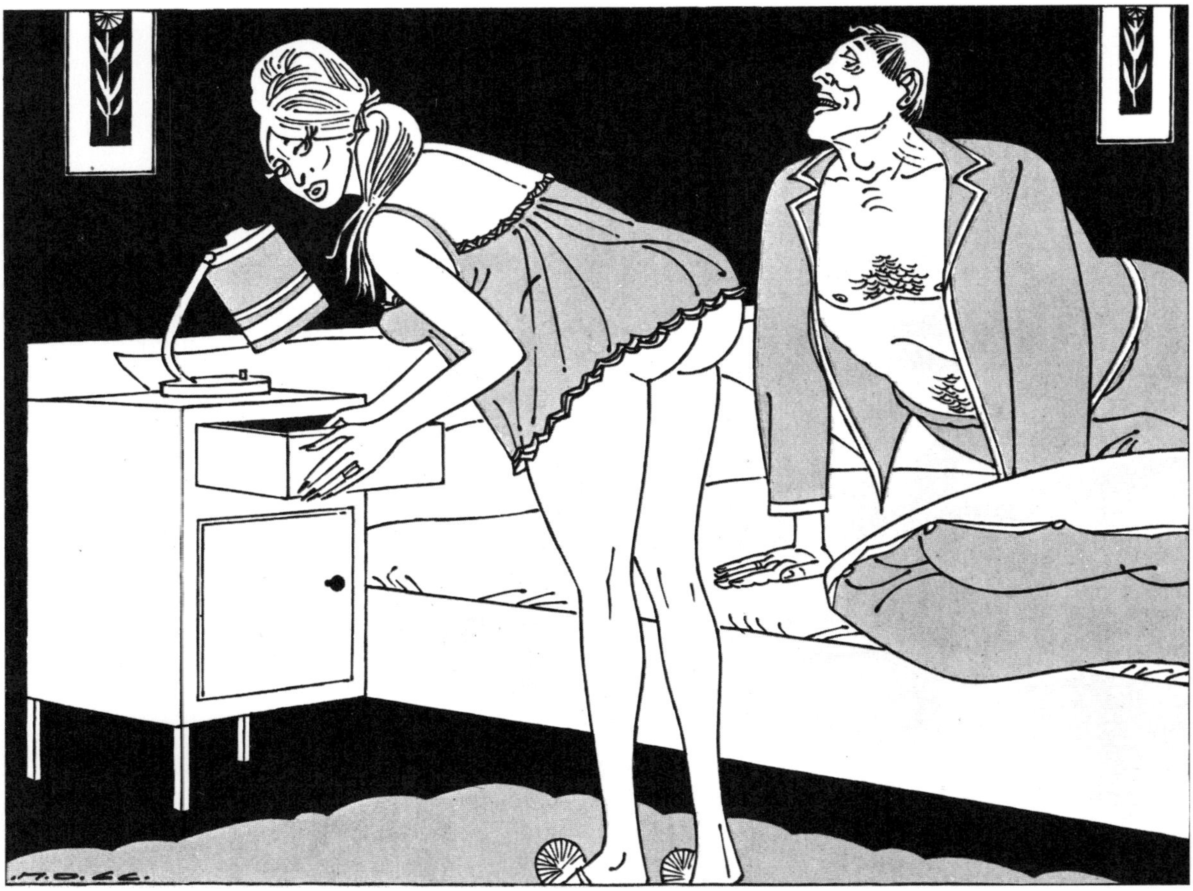

Ab 1967 beginnt der Ärger mit der NPD; sie erhält in Niedersachsen von unzufriedenen CDU-Wählern erstaunlichen Stimmenzuwachs (*oben* eine Oesterle-Karikatur aus dem »Simplicissimus« über eine »perfekte Familienplanung«: »Hast du den Antibabyspray versteckt?« – »Genau! Thomas wird CDU und Karl SPD. Nun werde ich noch einen Eckehard auflegen, der die NPD-Laufbahn einschlägt«; *unten links* eine »National-Zeitung«-Karikatur: »Selbstdarstellung der deutschen Rechten«; die Germania als Prinzessin auf der Erbse Rechtsradikalismus; *unten rechts* eine Leger-Karikatur aus dem »Vorwärts« zum Phänomen Rechtsradikalismus: »Die Einzelfälle zusammen ergeben eine bekannte Figur.«).

1967

Tod eines Studenten bei Zwischenfällen anläßlich des Schah-Besuchs in West-Berlin – China hat die Wasserstoffbombe – Beginn der Studentendemonstrationen in der BRD, Formierung der »Außerparlamentarischen Opposition« (APO), Kampf um die Notstandsgesetzgebung – Farbfernsehen in der BRD

Gemeinsam bemüht sich das politische Max-und-Moritz-Gespann Strauß und Schiller um die Stabilität von Wirtschaft und Finanzen. Die Erfolge sind wenig beeindruckend, wie es die D.-Hanitzsch-Karikatur, *rechts,* mit zeitgenössischem Flair zeigt: »Nach der Woche der Wahrheit: ›Was soll's – geh' ma gammeln . . .‹ « (aus der »Abendzeitung«, München).

Vor 450 Jahren hat Martin Luther in Wittenberg seine Thesen an die Kirchentür geschlagen und die Reformation eingeleitet. Dieses Jubiläum müssen die ostdeutschen Protestanten ohne die westdeutschen Kirchenmänner feiern. Ulbricht-Luther hat etwas gegen dieses Jubiläum (*links* eine Sokol-Karikatur aus der »Süddeutschen Zeitung«: »1967 zu Wittenberg«).

Die politische Zweisamkeit von Schwarz und Rot zeigt immer mehr Risse im Gebälk. Die Koalitions-Eintopfsuppe schmeckt den Roten zusehends fader (*rechts* eine Köhler-Karikatur aus der »FAZ«: »Es bekommt Ihnen anscheinend nicht – Sie nehmen immerzu ab?«, FDP-Scheel wartet im Hintergrund.).

1968

Wiederaufnahme diplomatischer Beziehungen der BRD zu Jugoslawien – SPD-Leitsätze für die 70er-Jahre – Prager Frühling: Dubcek wird Parteichef – Einigung über den Atomwaffensperrvertrag – Demonstrationen in Berlin – Kiesinger in Paris – Lübkes Erklärung zu seiner NS-Vergangenheit

Seit Jahren reklamiert die DDR einen Kostenausgleich im Post- und Fernmeldewesen zwischen der DDR, der BRD und West-Berlin (*oben* eine Karikatur aus »Neues Deutschland«: »Der Bonner Postillion fährt mit, aber zahlen will er nicht.«). Die Zahlung erfolgt später.

Noch im Dezember 1967 zieht die NPD über die Landtagswahlen in Bremen in die dortige Landesregierung ein. Der NDP-Boom hält noch einige Monate an (*links* eine Fedorow-Karikatur aus »Krokodil«: »Bremer Stadtmusikanten, die ›Heil!‹ rufen.«).

Der Bundespräsident ist ein Repräsentant von gestern. Ihm wird die Beteiligung am Bau von KZ-Anlagen vorgeworfen. Viel zu lange schweigt der Betroffene (*unten* eine »SZ«-Karikatur von M. Marcks »Dies eine Mal ist Reden Gold«). Erst am 1. März rafft er sich zu einer Erklärung auf und weist den Vorwurf zurück. Gerichtliche Untersuchung lehnt er ab.

Der Prager Frühling blüht nur einen Frühling. Die Liberalisierung in der CSSR geht dem Kreml und Ost-Berlin bald zu weit. Diese »Freiheit« ist für Ulbricht kein nachahmenswertes Beispiel (*oben* eine E.-M.-Lang-Karikatur »Prager Beat« aus der »Süddeutschen Zeitung«: »Pfui Deibel!«).

Die Jugend in ganz Europa geht 1968 auf die Barrikaden, auch in der Bundesrepublik. Das »etablierte System« wird unsanft geweckt (*unten* eine Mussil-Karikatur aus der »Frankfurter Rundschau«). Das System von gestern ist vor allem den Studenten ein Dorn im Auge.

1968

Mordanschlag auf Rudi Dutschke, Osterunruhen in der BRD – Rassenunruhen in den USA – Landtagswahlen in Baden-Württemberg (NPD nun in sieben Länderparlamenten) – Studentenunruhen in Frankreich – Robert Kennedy ermordet – Studentenunruhen in Belgrad

Die Revolution der Jugend kommt nicht von ungefähr. Der Profitwettlauf in den Industriegesellschaften gibt zuwenig Raum für ihre Probleme und für Forschung und Lehre an Universitäten (*links* eine Karikatur aus den »Physikalischen Blättern«). Die Radikalisierung in der BRD weitet sich zu einer Rebellion der Jugend gegen das Establishment, gegen die Ordnung der Väter. Nach den Schüssen eines Fanatikers auf den Studentenführer Rudi Dutschke kommt es Ostern 1968 zu Zusammenstößen mit der Polizei in allen großen Städten der BRD. Und in Paris steigern sich Anfang Mai die Demonstrationen zur Straßenschlacht.

Richtig erkennt Justizminister Heinemann: »Wer mit dem Zeigefinger allgemeiner Vorwürfe auf den oder die vermeintlichen Anstifter oder Drahtzieher zeigt, sollte daran denken, daß in der Hand mit dem ausgestreckten Zeigefinger zugleich drei andere Finger auf ihn selbst zurückweisen« (*rechts* eine Murschetz-Karikatur aus der »SZ«: »Selbstgelegt?« (*unten* eine typische Karikatur aus einer Springer-Zeitung, den Meinungsträgern des Establishments, gegen die die Studenten kämpfen).

Die Masse der Deutschen versteht nur: Studenten sollen studieren und nicht demonstrieren. Aber Vater und Sohn haben sich nichts mehr zu sagen, und Muttern heult dazu (*rechts* eine »SZ«-Karikatur: »Was – studieren möchtest du? Die Schande überleb' ich nicht!«).

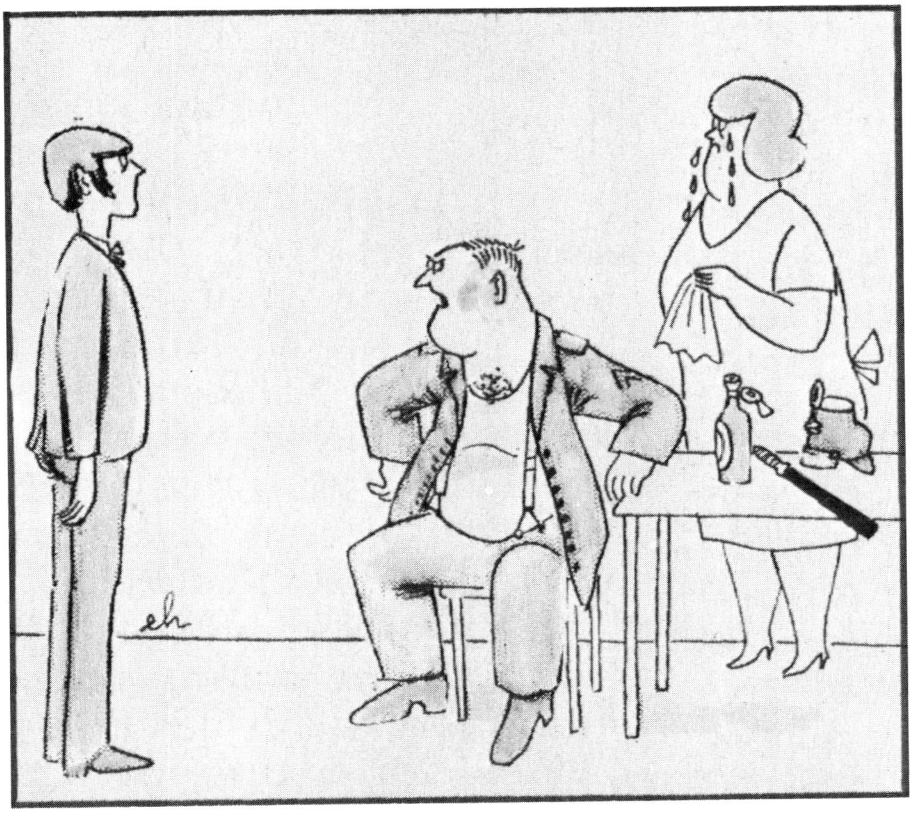

Die von den linken Studenten geforderte »sexuelle Befreiung« versandet rasch in einer bürgerlich-stupiden Sexwelle für Schlüsselloch-Voyeure. Lediglich die Diskussion über die Freigabe der Abtreibung und Verwendung der Pille erhält neuen Zündstoff durch das Verbot des Papstes. Doch viele Katholiken denken und handeln nach dem Motto: »Und die Pille dreht sich doch!« (*rechts* eine Karikatur aus »Dagbladet«, Oslo).

1969

Richard M. Nixon neuer US-Präsident – Erstes Kopplungsmanöver der Russen im Weltraum – Bundestagspräsident Gerstenmaier tritt wegen Wiedergutmachungszahlungen zurück, Nachfolger wird Kai Uwe von Hassel – Nixon in Berlin – Rücktritt Lübkes, Wahl Heinemanns zum Bundespräsidenten

»Es ist trübe und trostlos, was man in diesem Staat so erleben muß«, spricht der Bundestagspräsident, als er zurücktritt, weil er offensichtlich eine Wiedergutmachungsentschädigung zweckentfremdet angelegt hat und sich selbst in eine Lawine von Widersprüchen verwickelt (*links* eine Mussil-Karikatur aus der »Frankfurter Rundschau«).

Der neue US-Präsident, Richard M. Nixon, kommt nicht als reicher Onkel nach Europa. Es gibt zwar kein Kommuniqué über seine Gespräche in Bonn, aber im Rahmen seines neuen »Konzepts einer Atlantischen Partnerschaft« geht es vor allem auch um harte DM (*links* eine Köhler-Karikatur aus der »FAZ«: »Sein erster Besuch: O. k. Zur Sache, Schätzchen!«).

Die Achterbahn der Wirtschaftspolitik führt 1969 endlich aus der Talsohle heraus (*rechts* eine Köhler-Karikatur aus der »Zeit«: »Müssen wir da wieder runter?« – »Nein, jedenfalls nicht auf dieser Seite!«). Wie die Fahrt weitergeht, läßt sich denken, nur die Höhe des Gefälles ist ungewiß. Aber unseren Nachbarn geht es nicht besser.

Zeichen setzen und Kontakte aufnehmen, mehr kann in Richtung Osten Außenminister Brandt als Partner eines christdemokratischen Kanzlers nicht verwirklichen. Kiesinger hält privat die »sogenannte« DDR zwar für einen Staat, in der Öffentlichkeit aber jongliert er mit einer Vielzahl von »Umschreibungen« (*unten* eine Markus-Karikatur aus dem »Stern«: »Schon wieder ein Bundestagsabgeordneter der CSU, der Schwierigkeiten mit der neuen Ostpolitik hat!«).

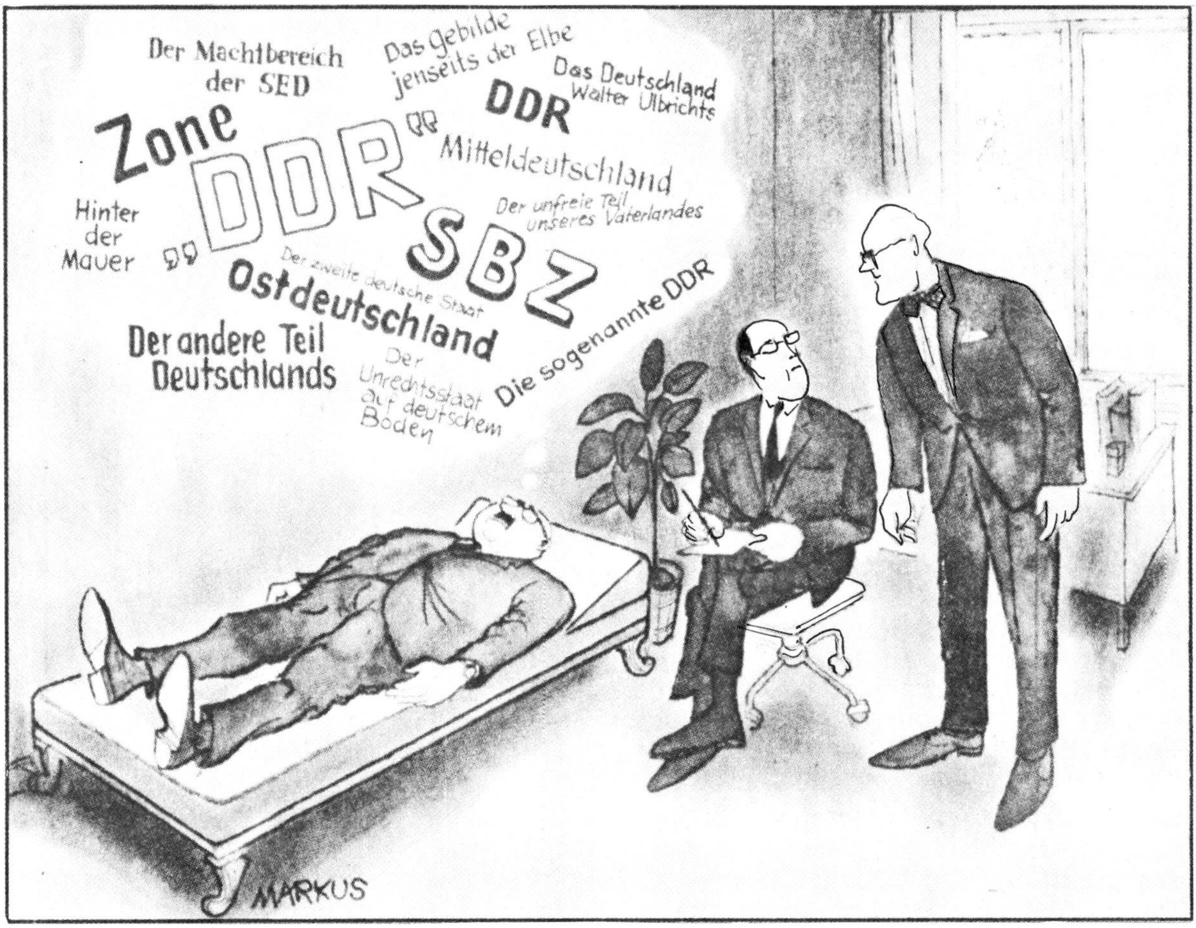

1969

Kiesinger in Washington – Schwere Ausschreitungen in Nordirland – Wilde Streiks in der BRD – Brandt in New York – Bundestagswahl: stärkster Stimmengewinn für die SPD, Koalition zwischen SPD und FDP unter Kanzler Willy Brandt, Außenminister Walter Scheel

Im März 1969 kommt die Zäsur: Mit den Stimmen der FDP wird in Berlin der erste Sozialdemokrat in der Geschichte der Bundesrepublik zum Bundespräsidenten gewählt. Mit Heinemann, der sein Amt im Juli antritt (*links* eine Karikatur aus dem »Kölner Stadtanzeiger«: »Der Lotse geht an Bord«), zeichnet sich im politischen Kräfteverhältnis auch ein Machtwechsel in der Regierung ab. Der Stimmenzuwachs der SPD bei der Bundestagswahl bestätigt den Trend. Die FDP unter Walter Scheel steht zu ihrem Wort, mit der SPD in die Regierung zu gehen. So kommt es im Herbst 1969 zur sozial-liberalen Koalition (*oben* eine E.-M.-Lang-Karikatur aus der »SZ«: »FDP-Kraftakt«).

Kiesinger und Strauß müssen ab Oktober 1969 auf der unbequemen Oppositionsbank Platz nehmen (*rechts* eine Wolf-Karikatur aus der »Neuen Osnabrücker Zeitung«). Die seit 1949 auf die Regierung abonnierte CDU/CSU kann sich gar nicht an die neue Rolle gewöhnen. Kiesinger: »Wir dürfen nicht herumlaufen wie eine wilde Horde Federvieh, sondern müssen zusammenhalten.« Die Ära Adenauer aber ist »nun endgültig« zu Ende (*unten* eine Köhler-Karikatur zu dieser Tatsache).

1970

Kapitulation Biafras gegenüber Nigeria – Brandts Brief an Willi Stoph – Staatssekretär Bahr bei Gromyko – Beginn deutsch-polnischer Gespräche in Warschau – Stoph lädt Brandt ein – Nationalratswahlen in Österreich: relative Mehrheit für die SPÖ – Brandt in London und Rede vor dem britischen Parlament

Nach Adenauers Aussöhnung mit dem Westen kommt nun nach über zwanzig Jahren wieder Bewegung in die Deutschland- und Ostpolitik. Staatssekretär Egon Bahr ist der erste westdeutsche Verhandlungspartner, der den Russen richtig auf den Zahn fühlt (*links* eine Mussil-Karikatur aus der »Frankfurter Rundschau« zu den ersten Vorgesprächen Bahrs in Moskau).

Bahr bleibt auch weiterhin der Eisbrecher zwischen der BRD und dem Ostblock. Die Verständigung macht gute Fortschritte – und die Westmächte unterstützen Brandts Initiativen, denn die Zeit der harten Konfrontation zwischen West und Ost ist zu Ende (*links* eine Tim-Karikatur aus »L'Express« frei nach Marc Chagall zur Bonner Ostpolitik).

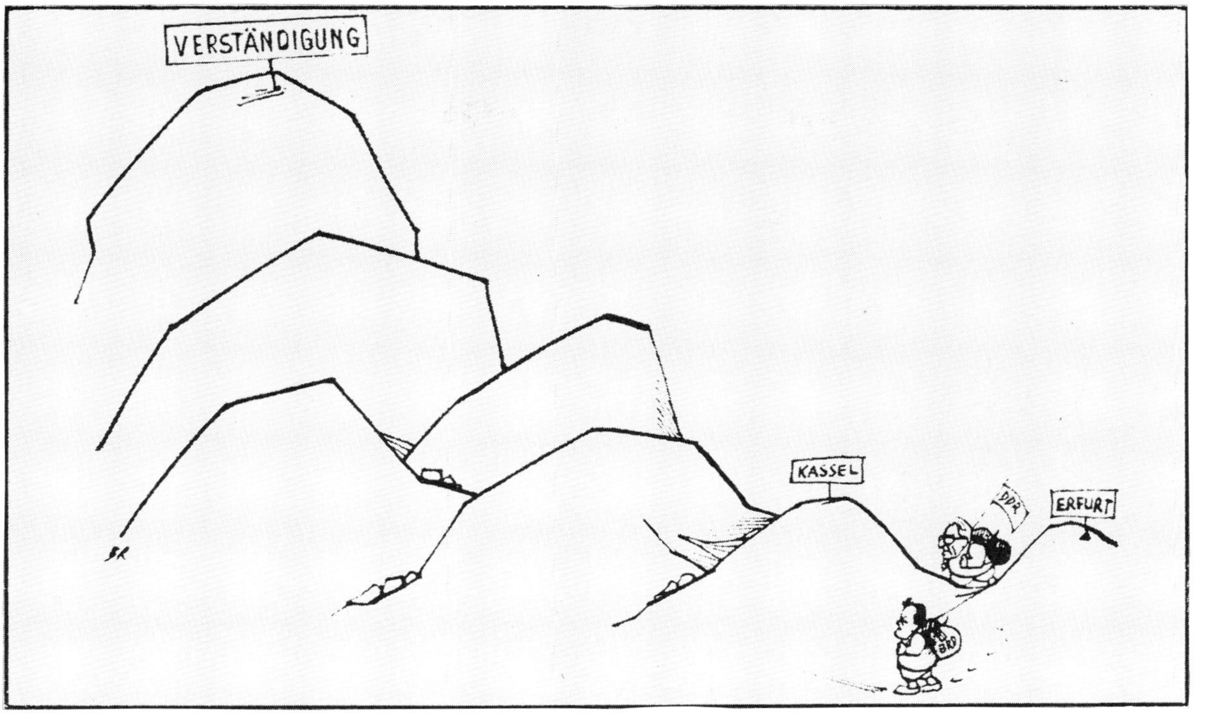

Das »Spitzengespräch« zwischen den beiden deutschen Regierungschefs leitet entscheidende Veränderungen ein. Man ist auf beiden Seiten zu einem »langen Marsch« von einem Nebeneinander zu einem eventuellen Miteinander bereit (*oben* eine Karikatur von B. Bruns aus den »Kieler Nachrichten«).

Die Neinsager-Opposition in Bonn isoliert sich selbst, und der CSU-Vorsitzende Strauß stärkt dabei mit allen Mitteln dem Kollegen Barzel den Rücken (*unten* eine Flora-Karikatur aus der »Zeit«: »An der Dolchstoßlegende strickend«). Nach Kassel gibt es eine »Denkpause« (*rechts* eine »Eulenspiegel«-Karikatur aus dieser Zeit über Verteidigungsminister Schmidt und den die Flöte der »Gemeinsamkeit« blasenden Bundeskanzler Brandt).

Die Sozialdemokraten haben im Ausland nicht nur Freunde. Der päpstliche »Osservatore Romano« schreibt: »Das Vordringen des Erotismus in Deutschland steht in direktem Verhältnis zum Fortschritt der Sozialdemokratie.« Was nicht mal falsch ist! Jedoch muß sich die SPD-geführte Regierung gegen den Vorwurf einer »Sexualdemokratie« wehren (*links* eine Karikatur aus der »National-Zeitung«, Basel).

Ihre eigentlichen Probleme aber liegen in der Innenpolitik. Hier findet die Opposition bessere Angriffsflächen, vergißt aber zum Beispiel bei der ersehnten Steuerreform, daß viele christdemokratische Vorgänger im Amt des zurückgetretenen Finanzministers Möller hier auch nicht weitergekommen sind (*rechts* eine Wolter-Karikatur aus »Welt der Arbeit«: »Das Kap der guten Hoffnung«).

Was der Opposition im Parlament nicht gelingt, nämlich die Regierung zu schwächen, versuchen deren politische Freunde mit Teilerfolgen im Untergrund. Als der FDP-Abgeordnete Geldner über die dabei angewandten Praktiken auspackt, gibt es ein großes Geschrei (*links* eine Behrendt-Karikatur aus der Züricher »Weltwoche«: »Bundestagsabgeordneter gefällig?«).

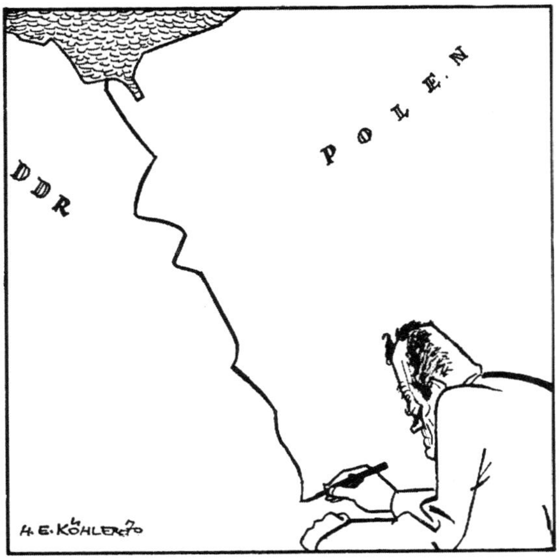

Im Dezember 1970 setzt Brandt in Warschau »die Unterschrift des Jahres« (*links* eine Köhler-Karikatur aus der »FAZ«) unter den deutsch-polnischen Vertrag und anerkennt damit eine längst bestehende Realität. Viele Vertriebene der ehemaligen ostdeutschen Gebiete stimmen ihm dabei zu. Nur die Ewiggestrigen schreien »Verrat« und »Verkauf«.

Das Paket der Ostverträge muß aber auch die parlamentarische Hürde im Bundestag passieren. Und die Opposition weiß um die knappe Mehrheit der Regierungskoalition. Ein langwieriges und unrühmliches Tauziehen beginnt. Die Opposition will wieder zurück an die Macht – um jeden Preis (*rechts* eine »Eulenspiegel«-Karikatur, gezeichnet von L. Rauwolf: »Ob der wohl lang genug ist für die Bank, auf die man in Bonn den Moskauer Vertrag schieben möchte?«).

Heinemann-Rede zum 100jährigen Jubiläum des Reichsgründungstages – Brandt bei Pompidou – DDR stört Berlin-Verkehr – Schweizer Frauen stimmberechtigt – Fortsetzung der Gesprächsrunde Bahr-Kohl in Bonn und Ost-Berlin – Stoph-Brief an Klaus Schütz; Verhandlungen West-Berlins mit der DDR

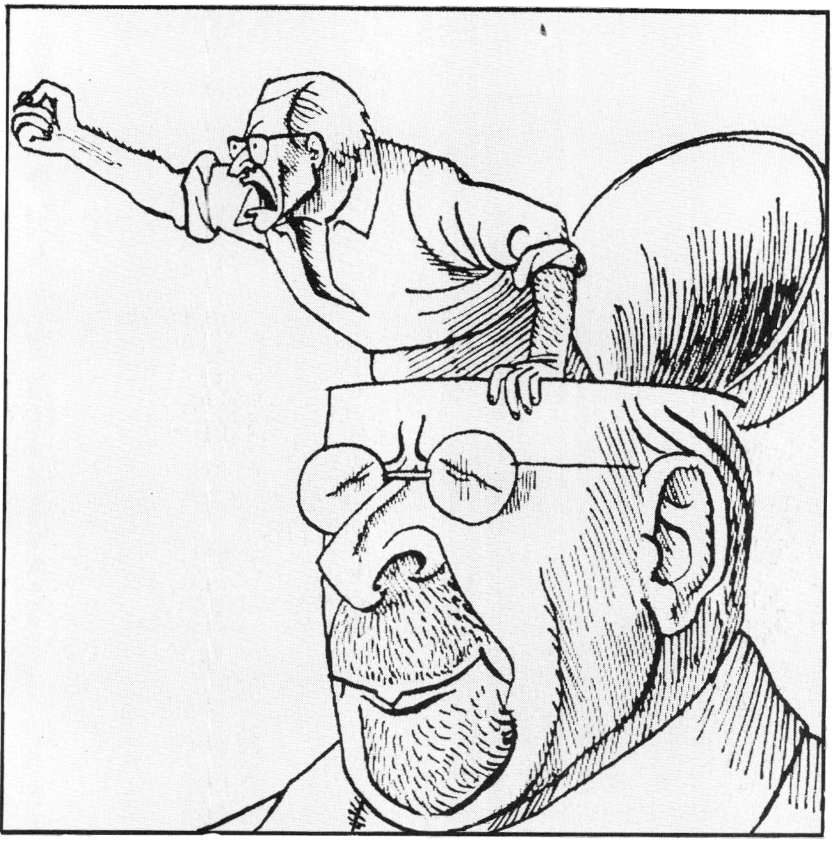

Im Mai 1971 gibt es auch im anderen Deutschland einen Machtwechsel – allerdings nur altersbedingt und ohne politische Folgen. Erich Honecker, 58 Jahre alt, löst den legendären Spitzbart Ulbricht ab. Nach der Ära Adenauer im Westen ist auch die fast parallel laufende Ära Ulbricht zu Ende (*oben* eine Haitzinger-Karikatur aus den »Nürnberger Nachrichten«: »Waren das noch Zeiten!«). Der neue Mann stand schon lange hinter Ulbricht. Er will, daß »wir unseren festen und sicheren Kurs kontinuierlich fortsetzen« (*links* eine E.-M.-Lang-Karikatur aus der »SZ«).

In Sachen Ostpolitik gibt es neue Sorgen wegen unsicherer »Freunde« in den eigenen Reihen. So trampelt zum Beispiel der SPD-Schlesier Hupka seiner Fraktion auf den Nerven herum, bis er endlich im Februar 1972 zum »Feind« überläuft (*rechts* eine Wolter-Karikatur aus »Welt der Arbeit«: »Und warum soll in der Bäckerei keine Wurst sein, Herr Hupka? Sie sind ja auch in der SPD!«).

Als Mitte Mai in Bonn der Finanzminister Möller (SPD) das Handtuch wirft angesichts der »großen Schwierigkeiten, einen stabilitätsgerechten Haushalt vorzubereiten«, avanciert Schiller zum »Superminister« (*rechts* eine Mussil-Karikatur aus der »Frankfurter Rundschau«).

Da kommt der nächste Schock: der Dollarsturz. Erst eine Abwertung des Dollars und gleichzeitige DM-Aufwertung (*rechts* eine Ironimus-Karikatur aus der »SZ«) bringen das Weltwährungssystem wieder einigermaßen ins Lot.

1971

Bundespräsident Heinemann in Rumänien – Breschnew betont Interesse an Berlin-Regelung in Ost-Berlin – Drei sowjetische Kosmonauten tot gelandet – Scheel in Israel – Dollarsturz in den USA – Viermächte-Abkommen über Berlin abgeschlossen – Brandt bei Breschnew auf der Krim

Was die Opposition immer verlangt hat, bekommt sie Anfang September: ein von allen vier ehemaligen Siegermächten ausgehandeltes Berlin-Abkommen (*links* eine Mussil-Karikatur dazu aus der »Frankfurter Rundschau«). Aber sie mißtraut dem Vertragswerk, obwohl ein alliierter Diplomat feststellt, daß der Westen dabei 80 Prozent seiner Vorstellungen gegenüber der Sowjetunion durchsetzen konnte.

»Wir haben zu viele verdorbene Jahre hinter uns«, bekennt Breschnew gegenüber den deutschen Journalisten auf der Krim. Und Brandt sagt: »Die Russen wollen zeigen, wie wichtig ihnen das alles ist« (*rechts* eine Ernst-M.-Lang-Karikatur aus der »SZ«: »Nachkur auf der Krim«).

Das »alles« will die CDU/CSU aber nicht mitverantworten. Sie küren einen neuen Vorsitzenden: Rainer Barzel. Für die Regierungskoalition wäre ein anderer Mann wahrscheinlich gefährlicher geworden (*links* eine Wolter-Karikatur aus der »Neuen Osnabrücker Zeitung«: »Die geben 'ne Party! Kleines Freudenfest wegen Barzels Sieg!«).

Nach dem Viermächte-Berlin-Abkommen geht es Zug um Zug weiter. Zuerst wird ein »Transitabkommen« über den Verkehr von zivilen Personen und Gütern zwischen der BRD und West-Berlin ausgehandelt (*unten rechts* eine Ironimus-Karikatur aus der »SZ«: »Gemeinsame Sprache«). Dazu kommen Vereinbarungen zwischen dem Westberliner Senat und der DDR-Regierung über Erleichterungen und Verbesserungen des Besucherverkehrs.

Die Verleihung des Friedensnobelpreises an Willy Brandt ist für Ost und West eine kleine Sensation und ziemlich peinlich für seine politischen Gegner in Bonn (*oben* eine Haitzinger-Karikatur aus dem »Nebelspalter«; *unten links* eine andere schweizerische Karikatur aus dem Züricher »Tagesanzeiger« zu dem Ereignis: Strauß zu Papst Paul VI: »Jetzt kann uns nur noch eine noble Geste von Ihnen retten: Sprechen Sie den Konrad heilig!«).

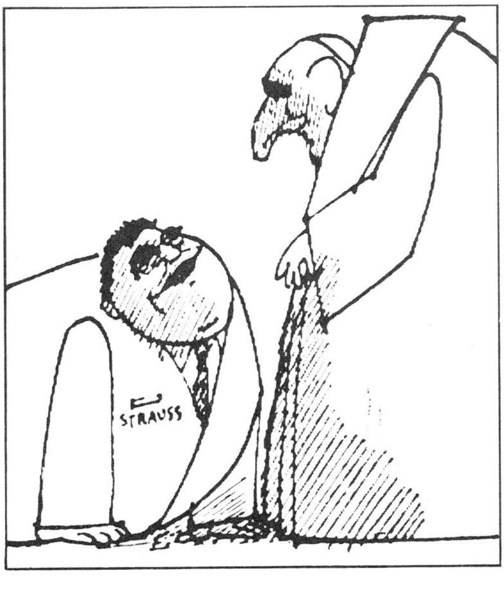

1971

Entscheidung für Englands EWG-Beitritt im britischen Ober- und Unterhaus – Breschnew in Paris und Ost-Berlin – Streik in der Metallindustrie der BRD – Scheel in der Sowjetunion – Ende des Krieges in Ostpakistan – Barzel in der Sowjetunion – Besuchsregelung für Berlin

Alle Welt spricht von der Wirtschaftsflaute, von Geldentwertung – natürlich auch die Deutschen. Ihr Buhmann ist Karl Schiller, dem nicht nur die Preise davonlaufen wie Gemsen im Hochgebirge (*links* eine Engler-Karikatur aus der »Zeit«), sondern auch seine Mitarbeiter, die ihm nicht nach dem Mund reden wollen. Aber Schiller ist zäh, und sein Selbstbewußtsein ist größer als das vieler seiner Ministerkollegen.

Im Juli 1971 ist »Halbzeit« für die sozial-liberale Regierung. Die Bilanz in der Außenpolitik ist überaus positiv: In wenigen Monaten ist mehr auf die Beine gestellt worden, als die Christdemokraten in 20 Jahren erreichten. Die Bilanz in der Innenpolitik entspricht der Karikatur von F. Mussil, *unten,* in der »Frankfurter Rundschau«).

Der Gruppensex – eine ganz üble Freizeitvariation der Sexwelle – sucht die westdeutschen Wohlstandsbürger in immer schrecklicheren Ausmaßen heim: Diesen Eindruck vermittelt die einschlägige Illustriertenpresse (*rechts* eine Markus-Karikatur aus dem »Stern«: »Wann wirst du dir endlich deine lächerlich altmodische Eifersucht abgewöhnen, Hans-Jürgen?!«). Inwieweit dieses Bild berechtigt ist, muß jeder mit sich selbst ausmachen.

Der Streit zwischen den Generationen geht weiter – auch in den Parteien, egal, ob Junge Union, Jungdemokraten oder Jungsozialisten. Für die führende Regierungspartei sind solche innerparteilichen Konfrontationen unerwünscht (*rechts unten* diese Markus-Karikatur: »Ich weiß auch nicht, wer sich hinter dem Bart versteckt – aber es muß jemand vom linken Parteiflügel sein!«).

1972

Ostverträge im Bundesrat – Studentenunruhen in Madrid – Rücktritt des Bundeswissenschaftsministers Leussink, Nachfolger wird Klaus von Dohnanyi (SPD) – Ostverträgedebatte in den Landesparlamenten – EWG-Beitrittsverträge von Großbritannien, Irland, Dänemark und Norwegen unterzeichnet

Gustav Heinemann hat den Ehrentitel »Bürgerpräsident« verdient. Bei seinen Partys und Empfängen sieht man viel einfaches Volk, und selbst Karikaturisten hat er separat schon geladen. Wie der obligatorische Neujahrsempfang bei ihm aussieht – darüber macht sich E. M. Lang in der »Süddeutschen Zeitung«, *links,* sein eigenes Bild.

Reste radikaler APO-Abweichler, die die bürgerliche Gesellschaft durch Bombenterror aufschrecken und verändern wollen, versammeln sich im bundesdeutschen Untergrund. Die Polizei leitet gegen sie eine bundesweite Fahndung ein, die Monate anhält. Man schießt dabei leider oft übers Ziel hinaus. Auch Unschuldige werden verdächtigt und verfolgt, wie z. B. das Clown-Trio, das im Juni 1972 in voller Maske auf dem Weg zum Gastspielort von der Polizei auf der Autobahn als vermeintlich getarnte Terroristen-Gruppe gestellt wird (die Haitzinger-Karikatur aus der »Saarbrücker Zeitung«, *rechts,* ist aber schon früher, zum Fasching 1972 gezeichnet worden: ». . . nein, das ist sie auch nicht, die Meinhof!«).

Unsere österreichischen Nachbarn haben es auch heute noch leichter. SPÖ-Bundeskanzler Kreisky will eine »Durchflutung aller gesellschaftlichen Bereiche mit den Ideen der Demokratie«, und er erwartet auch »auf der nichtsozialistischen Seite« die Entwicklung »neuer Ideen« (*links* eine Ironimus-Karikatur von Kreisky aus der »Presse«, Wien: »Der Bart ist ab!«).

Tatsächlich: Ab Januar 1972 sind es zehn kleine Negerlein. Sind sie auf dem Weg zu einem auch politisch wirksamen Europa? Jedenfalls dürfte mit Großbritannien, Irland, Dänemark und Norwegen das »Europa der zehn« durch gemeinsame wirklichkeitsnahe Ostpolitik mit dem Kreml weniger Ärger haben als bisher (eine Haitzinger-Karikatur aus dem schweizerischen »Nebelspalter«: »Empfindlicher Nachbar«).

 Hupka tritt von der SPD zur CDU über – Breschnew mahnt zur Ratifizierung der Ostverträge – US-Präsident Nixon in Peking – NPD in Baden-Württemberg zieht Kandidaten für Landtagswahl zurück und empfiehlt Wahl der CDU – Ostern: Besucherverkehr zwischen BRD und DDR

Die Opposition im Bundestag bleibt stur, die Beunruhigung über ein Scheitern der Ostverträge wächst – auch im Ausland. Man spricht schon von Neuwahlen (*links* eine Mussil-Karikatur aus der »Frankfurter Rundschau«: »Es geht ein Bi-Ba-Butzemann in unserm Haus herum . . .«).

Aber die Ostverträge sind Bestandteil einer weltweiten Entspannungspolitik zwischen den Super- und Großmächten dieser Erde. Selbst ein neuer Bundeskanzler Barzel müßte sich anpassen, wenn er nicht eine totale Isolierung der Bundesrepublik riskieren will. Barzels Feststellung, »die Folgen der Ostverträge werden allein diese Bundesregierung treffen!«, ist weder geistreich noch richtig (*links* eine Haitzinger-Karikatur aus dem »Nebelspalter«).

Doch nicht nur die internationale und nationale Politik erwartet von ratifizierten Ostverträgen Erleichterung und Entspannung: Auch handfeste Millionengeschäfte der Industrien zwischen West und Ost, zwischen der BRD und der Sowjetunion stehen auf dem Spiel. Am 7. April 1972 wird noch ein neues Handelsabkommen zwischen Bonn und Moskau paraphiert (*oben* dazu eine Ironimus-Zeichnung aus der »SZ«).

Willy Brandt sagt zu den Auseinandersetzungen mit den »Jusos«, er könne sich nicht den Nachwuchs für die Partei »aus den Altersheimen holen«. Die etablierten Sozialdemokraten sollten nicht gegen, sondern mit den »Jusos« reden (*unten* eine Köhler-Karikatur aus der »FAZ«: »Keine Sorge um Wähler, Genossen – bis zur Bundestagswahl überpinseln wir die zweite Zeile«).

1972 Landtagswahl in Baden-Württemberg: CDU erreicht absolute Mehrheit, Sozialdemokraten verbessern sich auf 37,5 Prozent – Mißtrauensvotum gegen Regierung Brandt-Scheel, Willy Brandt bleibt Bundeskanzler – Verkehrsvertrag mit der DDR abgeschlossen – Abstimmungspatt über Kanzler-Haushaltsetat

Schwaben und Badenser wählen in der Mehrzahl konservativ. Der Wahlsieg der CDU ist deshalb keine Sensation. Überraschend ist aber der Stimmenzuwachs der SPD. Die Opposition allerdings wertet die absolute Mehrheit für ihre Partei als Wahlauftrag zum Sturz der Regierung (*links* eine Benedek-Karikatur aus der »SZ«: »Tief aus Südwesten«).

Am 27. April 1972 kommt für den ganzen Bundestag die Stunde der Wahrheit. Der Schuß auf Willy Brandt ist jedoch ein Rohrkrepierer, Brandt bleibt Kanzler (*oben* eine Mussil-Karikatur aus der »Frankfurter Rundschau«). Aber das Patt kommt einen Tag später. Opposition und Regierung liegen beide auf der Nase (*unten* eine Murschetz-Karikatur aus der »SZ«). Und dabei bleibt es!

Totales Patt in Bonn: Mit 254 Abgeordneten hinter sich ist Willy Brandt 1969 angetreten. Genosse Müller aus München ist im Mai der vorläufig letzte Überläufer zur Opposition. Mit je 248 Stimmen im Parlament geht aber nichts mehr — außer Schiller, der aus dem Amt geht. Bis zum Spätherbst wird weitergewurschtelt unter »Patt und Pattachon« (*oben* eine Haitzinger-Karikatur aus dem »Nebelspalter«). Dann wird Präsident Heinemann den Bundestag erstmals in der Geschichte der Bundesrepublik vorzeitig auflösen (*rechts* eine »Stern«-Karikatur). Der Wahlkampf für die Regierung danach hat begonnen!

Verzeichnis der Karikaturisten

Krain, Willibald, geb. 1886, Mitarbeiter des »Kladderadatsch«; Seite 160.

Kraska, Mitarbeiter des »Kladderadatsch« und »Ulk«; Seite 196, 204.

Kriesch, Rudolf, geb. 1904, Mitarbeiter des »Simplicissimus« von 1931 bis 1944, 1953 bis 1967 und des »Simpl« von 1946 bis 1950; Seite 376 (2).

Kubin, Alfred (1877–1959), Zeichner und Maler, arbeitete vor allem in Lithographie und Federzeichnung. Illustrationen zu E. Th. A. Hoffmann, E. A. Poe und Dostojewskij; Seite 261.

KuKryNiksy, Pseudonym und Abkürzung dreier sowjetischer Karikaturisten, die als Künstlerkollektiv unter diesem Namen arbeiteten: *Mich. W. Kuprijanow*, geb. 1903, *Porfiri N. Krylow*, geb. 1902, und *Nikolai A. Sokolow*, geb. 1903. Alle drei sind mehrfache Lenin- und Stalinpreisträger, Volkskünstler, ordentliche Mitglieder der Akademie der schönen Künste in Moskau und Mitarbeiter des »Krokodil«, Moskau; Seite 296, 302, 304, 305, 306.

Lang, Ernst Maria, geb. 1916, Architekt und Karikaturist, seit 1947 für die »Süddeutsche Zeitung«, München, ab 1954 beim Bayerischen Fernsehen. Leiter der Gewerbeschule für Bau- und Kunsthandwerk in München, Träger des Theodor-Wolff-Preises für Karikatur. Mehrere Buchveröffentlichungen ab 1948; Seite 11, 314, 323, 326, 331, 340, 373, 389, 394, 400, 402, 406.

Laronte, italienischer Karikaturist, Mitarbeiter von »Il Fischietto« um 1900; Seite 134.

Léandre, Charles (1862–1930), französischer Karikaturist, Mitarbeiter von »Le Rire«; Seite 193.

Leger, Peter, geb. 1924, Journalist und Karikaturist, zeichnet seit 1963 für die »Süddeutsche Zeitung«, München. Außerdem Mitarbeiter bei den Zeitschriften und Zeitungen: »Hannoversche Allgemeine Zeitung«, »Vorwärts«, Bonn, »Wirtschaftskurier«, München, »Metall«, Frankfurt a. M., »Druck und Papier«, Stuttgart, »Gewerkschaftspost« und »Umschau«, Hannover, u. a.; Seite 386.

Leidl, Anton, geb. 1900, Mitarbeiter der »Jugend«; Seite 279 (2).

Leo, Boris, sowjetischer Karikaturist und Mitarbeiter des »Krokodil«, Moskau, um 1956; Seite 354.

Lindhoff, H. M. (1878–1960), Mitarb. d. »Kladderadatsch«; S. 224.

Loeschenkohl, Johann Hieronymus (ca. 1790–1807), deutscher Zeichner und Kupferstecher; Seite 50.

Low, Sir David Alexander Cecil (1891–1963), englischer Karikaturist, ab 1919 beim »Star«, London, ab 1927 beim »Evening Standard«, London, ab 1950 beim »Daily Herald« und seit 1953 beim »Manchester Guardian«. Buchveröffentlichungen: »Dreizehn Jahre Weltgeschehen«, 1945, »Lows cartoon history«, 1953, »Lows autobiography«, 1956, »The fearful fifties«, 1960, u. a.; Seite 256, 266, 273 (2), 275, 280, 284, 288, 293, 294, 297 (2), 300, 303, 305, 306, 308, 309 (2), 310, 311, 341.

Mäusle, Felix, Zeichner und Karikaturist um 1866; Seite 90.

Marcks, Marie, geb. 1922, Hausfrau und Karikaturist, lebt seit 1948 in Heidelberg, zeichnet für »Süddeutsche Zeitung«, München, »Atomzeitalter«, gelegentlich für »Die Zeit«, »Neue Gesellschaft«, »Technische Rundschau«, u. a. Arbeitet auch in Plakat, Illustration, Einband, Prospekt und Kurzfilm; Seite 388.

Markus, Pseudonym für *Jörg von Morgen*, geb. 1928, Gebrauchsgraphiker und Karikaturist, von 1960–1968 Werbefachmann, ab 1968 Karikaturist beim »Stern«, Hamburg; Seite 391, 393, 405 (2).

Mauldin, amerikanischer Karikaturist, Mitarbeiter der »New York Herald Tribune« um 1961; Seite 366.

Meinhard, Fritz, geb. 1910, Architekturstudium, Akademie der Bildenden Künste in Prag, Maler und Graphiker, Karikaturist und Illustrator. Mitarbeiter der »Stuttgarter Zeitung« seit 1949; Seite 328, 331, 335, 337, 338, 339, 378.

Mittenzwey, J. E., deutscher Zeichner und Lithograph, Frankfurt a. M., um 1848; Seite 81.

Murschetz, Luis, geb. 1936, Graphikerausbildung in Graz, Werbegraphiker in Rotterdam, seit 1962 als Karikaturist und Zeichner in München tätig für »Süddeutsche Zeitung«, »Die Zeit« und den »Monat«. Schwabinger Kunstpreis 1971; Seite 390, 410.

Mussil, Felix, geb. 1921, Karikaturist der »Frankfurter Rundschau« seit 1950; Seite 315, 351, 357, 383, 389, 391, 396, 400, 402, 404, 403, 410.

Nilson, Johannes Esaias (1721–1788), österreichischer Kupferstecher; Seite 47.

Nisle, Julius (1812–ca. 1890), deutscher Zeichner und Mitarbeiter des Stuttgarter »Eulenspiegel«; Seite 64.

Nowo, Henryk, polnischer Karikaturist, Mitarbeiter von »Sep«, Warschau, um 1905; Seite 145.

Nückel, Otto (1888–1956), Mitarbeiter des »Simpl«; Seite 321, 326.

Oesterle, Manfred, geb. 1928, Maler und Graphiker, erste Karikaturen 1948 bis 1951 für »Das Wespennest« und 1952 bis 1955 für »Nebelspalter«, von 1956 bis 1967 Mitarbeiter des »Simplicissimus«, zeichnet heute für die »Süddeutsche Zeitung«, München, »Die Zeit«, Hamburg. Buchveröffentlichungen: »Spain in three days«, 1959, »Zwischen Scherz und Schock«, 1971; Seite 365, 375, 378, 381, 386.

d'Ostoya, französischer Zeichner und Karikaturist, Mitarbeiter von »L'Assiette au Beurre« um 1900; Seite 121 (2), 138, 139.

Padry, französischer Karikaturist und Mitarbeiter von »Aux Ecoutes« um 1956; Seite 357.

Parschau, Harri, geb. 1923, Mitarbeiter des Ost-Berliner »Eulenspiegel«; Seite 346.

Partridge, Bernard (1861–ca. 1930), englischer Karikaturist und Zeichner des »Punch«, viele Karikaturen über Wilhelm II.; Seite 136, 186, 250, 283, 285.

Paul, Bruno, geb. 1874, Dekorateur und Maler, Mitbegründer der »Deutschen Werkstätten«, plakativer Zeichner und Maler, Mitarbeiter beim »Simplicissimus« und der »Jugend«. Ohne zu wissen, daß Paul zum »Simplicissimus« gehörte, berief ihn Wilhelm II. zum Leiter der Vereinigten Staatsschulen für freie und angewandte Kunst in Berlin (1907), von da ab zeichnete Paul im »Simplicissimus« unter dem Pseudonym *Kellermann;* Seite 125.

Pem, französischer Zeichner für »Le Rire« um 1929; Seite 232.

Pepin, Pseud. f. *Edouard Guillaumin* (1842–ca. 1900), französischer Karikaturist, Mitarbeiter bei »Le Grelot«; Seite 100, 130.

Petersen, Carl Olof (1880–1939), Mitarbeiter der »Jugend«; Seite 195.

Pfeiffer, Mitarbeiter der »Fliegenden Blätter« um 1928; Seite 234

Pfeil, Georg (1891–1915), Mitarbeiter der »Jugend«; Seite 158.

Pictor, Mitarbeiter der »Zeit«, Hamburg, um 1949; Seite 332.

Pielert, Klaus, geb. 1922, freier Pressezeichner zuerst für die »NRZ«, heute für die »Westdeutsche Allgemeine Zeitung«, »Handelsblatt«, »Kölner Stadtanzeiger«. 1965 Preis der »Jusos« für die beste Karikatur zur Bundestagswahl, 1967 den Theodor-Wolff-Preis für Karikatur; Seite 394.

Pilotell, Georges (1844–1918), französischer Karikaturist; Seite 101.

Plank, Sepp (Abkürzung: »Seppla«), NS-Karikaturist im Dritten Reich; Seite 262.

Rabinovitsch, Gregor, geb. 1884, Mitarbeiter des »Nebelspalter«; Seite 294.

Radler, Max (1904–1971), Maler und Karikaturist, Maler-Mitglied der »Juryfreien« 1932/33 in München, nach 1946 Mitglied der »Neuen Gruppe« mit Ausstellungen in der Städt. Galerie und dem Haus der Kunst, München. Karikaturist ab 1946 zuerst beim »Simpl«, dann ab 1953 bis 1967 beim »Simplicissimus«; Seite 319, 329, 358.

Raemaekers, Louis (1869–ca. 1920), holländischer Maler und Graphiker. Buchveröffentlichung: »The Great War«, 1916; Seite 172.

Rauwolff, Louis, geb. 1929, Mitarbeiter des Ost-Berliner »Eulenspiegel«; Seite 399.

Reinhardt, L., Mitarbeiter der »Fliegenden Blätter«, München, um 1848; Seite 74.

Rieth, Paul (1871–1925), Mitarbeiter der »Jugend«; Seite 140.

Roeseler, August (1866–1934), Mitarbeiter der »Fliegenden Blätter«; Seite 162.

Rost, Richard, Mitarbeiter der »Jugend« um 1915; Seite 168.

Roubille, A., französischer Karikaturist um 1870; Seite 161.

Rowlandson, Thomas (1756–1827), englischer Maler und Radierer, wandte sich später der Karikatur zu und karikierte Sitte und Unsitte seiner Zeit, allerdings ohne die Schärfe von Hogarth; Seite 53, 60.

Roy, Roger, französischer Karikaturist, Mitarbeiter von »Le Gringoire« um 1939; Seite 286.

Samoilow, L., sowjetischer Karikaturist und Mitarbeiter des »Krokodil«, Moskau, um 1961; Seite 367.

Sauer, Josef (1893–1967), Mitarbeiter des »Simplicissimus« von 1953 bis 1967; Seite 359, 361.

Schadow, Johann Gottfried (1764–1850), Bildhauer und Graphiker, ab 1815 Direktor der Akademie der schönen Künste in Berlin, bedeutendster Bildhauer des deutschen Klassizismus (Grab- und Denkmäler, Standbilder, Einzelfiguren) und berühmt als Radierer und Lithograph; Seite 58.

Schilling, Erich (1885–1945), Zeichner und Karikaturist im »Simplicissimus«, wo er 1908 begann, zeichnete gegen Hitler bis 1934, dann unerklärliche Wandlung zum Holzschnittillustrator der Propagandaparolen von Goebbels, endete 1945 durch Selbstmord; Seite 105, 173, 201, 206, 208, 216, 222, 223, 225, 230, 234, 238, 240, 247, 282.

Schlichter, Rudolf (1890–1955), Mitarbeiter des »Simpl«; Seite 316.

Schlittgen, Hermann (1859–1930), Mitarbeiter der »Fliegenden Blätter»; Seite 170.

Schmidthammer, Arpad (1857–1921), Illustrator, Maler und Karikaturist, Mitarbeiter des »Scherer«, Innsbruck, und der »Jugend«, ab 1900; Seite 110, 179, 187.

Schoen, Erhard (um 1500–1542), Maler und Holzschneider, einer der ersten Karikaturisten gegen Luther; Seite 17.

Schönpflug, Fritz (1873–1951), Mitarbeiter von »Die Muskete«, Wien; Seite 151, 152.

Scholz, Wilhelm (1824–1893), Zeichner und Karikaturist des »Kladderadatsch«, zu dem er ab Nr. 2 im Jahr 1848 von Beginn an als Mitarbeiter gehörte. Seine Karikaturen waren weniger aggressiv als teilweise genial in der Illustrationskunst und der Typisierung (z. B. Bismarck); Seite 104, 107, 113, 114, 117, 118, 119.

Schröder, Ferdinand (1818–1859), Mitarbeiter der »Düsseldorfer Monatshefte«; Seite 82, 85.

Schulz, Wilhelm (1865–1952), Studium an der Hamburger Bauschule, Lithograph, Mitarbeiter des »Simplicissimus« von Anfang an (1896). Buchillustrationen für Ludwig Thoma »Heilige Nacht«, für Selma Lagerlöf »Reise des Nils Holgersson« und andere Kinderbücher; Seite 142, 148, 155, 156, 188, 196.

Searle, Ronald, geb. 1920, englischer Zeichner und Cartoonist. Viele Buchveröffentlichungen, darunter z. B. »Weil noch das Lämpchen glüht«, »Euer Gnaden haben geschossen?« und »Anatomie eines Adlers — Ein Deutschlandbuch«, 1966; Seite 333.

Seckelmann, A., Zeichner für die »Leipziger Illustrirte« um 1919; Seite 198.

Shephard, F. A., englischer Karikaturist und Mitarbeiter von »Punch« um 1941; Seite 298.

Siegl, Wigg, geb. 1911, Maler und Graphiker, Mitarbeiter des »Simplicissimus«, zeichnet heute für die »Welt am Sonntag«, Hamburg, und für die »Bild«-Zeitung; Seite 10.

Sima, Karikaturist der »Westdeutschen Allgemeinen Zeitung« um 1949; Seite 327.

Sokol, Erich, geb. 1933, österreichischer Zeichner und Karikaturist, Mitarbeiter der »Süddeutschen Zeitung«, München; Seite 381, 387.

Steff, Mitarbeiter des »Simplicissimus« um 1963; Seite 372, 374.

Stutz, Ludwig (1865–1917), Zeichner und Karikaturist; Seite 127.

Szewczuk, Mirko (1920–1957), Zeichner und Karikaturist für »Die Zeit« und »Die Welt«, Hamburg, ab 1946. Buchveröffentlichung: »Szewczuks Kleines Welttheater«, 1958; Seite 314, 316, 317, 320, 322, 325, 327, 328, 335, 338, 340, 346, 349, 359.

Tenniel, Sir John (1820–1914), englischer Karikaturist und Mitarbeiter des »Punch«, von ihm stammt die berühmte Bismarck-Karikatur »Der Lotse verläßt das Schiff«; Seite 123.

Thöny, Eduard (1866–1950), war der Spezialist des »Simplicissimus« für Offiziers-Karikaturen, zeichnete in rund fünfzig Jahren etwa zweieinhalbtausend Blätter. Buchveröffentlichungen (Karikaturen-Sammelbände): »Der Leutnant«, »Der bunte Rock«, »Gemischte Gesellschaft«, »Vom Kadetten zum General« und »Kokotten, Bauern und Soldaten«, 1957. Illustrierte Ludwig Thomas »Filser-Briefe«; Seite 133, 134, 135 (2), 142, 151, 181, 182, 198, 200 (2), 205, 258.

TIM, französischer Karikaturist und Mitarbeiter des »L'Express« nach dem Zweiten Weltkrieg; Seite 378, 396.

Tirelli, Umberto (1872–ca. 1940), italienischer Karikaturist; Seite 104.

Trautschold, W., Karikaturist des »Allgäuer Beobachter«, Memmingen, 1940; Seite 292.

Truetsch, NS-Karikaturist im »Schwarzen Korps«, 1942; Seite 302.

Vogel, Johann Christoph, Maler und Zeichner im 18. Jahrhundert; Seite 47.

Voltz, Johann Michael (1784–1858), deutscher Maler und Lithograph; Seite 61.

Wachsmuth, Eberhard, Mitarbeiter der »Neuen Zeitung«, München, um 1949; Seite 332.

Weber, A. Paul, geb. 1893, Maler und Lithograph, Mitarbeiter von Ernst Niekischs Zeitschrift »Widerstand« um 1934. Geißelte in vielen Blättern politische und gesellschaftliche Zustände unserer Zeit; Seite 254, 270.

Weber, Hans, Mitarbeiter des »Simplicissimus« um 1965; Seite 377.

Wellner, W. A., Mitarbeiter der »Lustigen Blätter« um 1900; Seite 135.

Wereiskij, B., sowjetischer Karikaturist der »Prawda« um 1941; Seite 301.

Wilke, Erich (1879–1936), Karikaturist und Mitarbeiter der »Jugend«. Bruder von Rudolf Wilke; Seite 144, 152, 154, 204, 219, 233.

Wilke, Rudolf (1873–1908), Zeichner und Karikaturist für den »Simplicissimus« und »Jugend« (ausschließlich von 1896 bis 1899), war Freund und Ateliergenosse von Bruno Paul; Seite 142, 143, 144, 162.

Willette, Adolphe (1857–1926), französischer Karikaturist, Mitarbeiter von »Le Rire« u. a.; Seite 119.

Wolf, Fritz, geb. 1918, Karikaturist und Pressezeichner, Mitarbeiter für den »Stern« und die »Neue Osnabrücker Zeitung«; Seite 395.

Wolf, Stephan, Kupferstecher zu Nürnberg um 1800; Seite 56.

Wolter, Jupp, geb. 1917, Karikaturist und Mitarbeiter bei »Welt der Arbeit« und »Neue Osnabrücker Zeitung«; Seite 10, 398, 401, 402.

Zille, Heinrich (1858–1929), Lithograph, Zeichner, entdeckte die Poesie des Berliner Alltags, »sein Milljöh«. Berühmt als »Pinselheinrich« und scharfer Sozialkritiker. Viele Sammelbände: z. B. »Zille sein Milljöh«, 1953 und »Das Große Zille-Album«, 1956; Seite 105, 215.

Quellennachweis der veröffentlichten Karikaturen

Verlag und Autor haben vornehmlich Dank abzustatten für die freundliche Hilfe bei der Beschaffung der Karikaturen in Einzelblättern oder in Sammelbänden aus Bibliotheken an die Herren *Dr. Starkulla* vom Institut für Zeitungswissenschaft der Universität München und *Dr. Roland Klemig* vom Bildarchiv der Staatsbibliothek Berlin. Außerdem danken Verlag und Autor auch an dieser Stelle den Karikaturisten, Verlagen und Zeitungs- und Zeitschriften-Redaktionen im In- und Ausland für die freundliche Genehmigung des Nachdrucks von Karikaturen.

Fettgedruckte Seitenzahlen beziehen sich auf farbige Nachdrucke.

a) Bücher

Anschläge. Deutsche Plakate als Dokumente der Zeit 1900–1960. Ebenhausen v. München, 1963: 209, 213, 233, 245 – Archiv Gerstenberg, Frankfurt a. M.: 52 – Avenarius, Das Bild als Narr. München, 1918: 183 – Bartels, Adolf, Der Bauer in der deutschen Vergangenheit. Leipzig, 1900: 35 – Bismarck-Album des »Kladderadatsch« 1849–1898. Berlin: 88, 112, 113, 114 (2), 118, 119, 124 – Bliesener, Erich, Europäische Integration als Thema der Karikatur. Heidelberg/Berlin, 1962: 327, 335, 351 – Blitzer, Charles, Zeitalter der Könige. Amsterdam, 1967: 34 – Bohne, Friedrich/Troll, Thaddäus (Hrsg.), Der Deutsche in seiner Karikatur. Klagenfurt, o. J.: 321, 340 – Brandtmeister. Der Bundeskanzler in der Karikatur. Hannover, 1972: 10 – Brockmann, Henry M., Das deutsche Wunder. München, o. J.: 336, 345 – Brockmann, Henry M., Leute von heute. München, 1955: 315 – Dahms, Hellmut Günther, Deutsche Geschichte im Bild. Frankfurt am

Main/Berlin, 1969: 47 – Diederichs, Eugen, Deutsches Leben in der Vergangenheit in Bildern. 2 Bde., Jena, 1908: 14, 19, 34 (2), 40 – Drews, Paul, Der evangelische Geistliche in der deutschen Vergangenheit. Jena, 1905: 27, 30, 37, 38 – Elbinger, Carl, Witz und Satire Anno 1848. Wien, 1948: 77 – Feuchtwanger, Lion (Hrsg.), Der gelbe Fleck. Paris, 1936: 268, 275 – Fuchs, Eduard, 1848 in der Karikatur. München, o. J.: 70, 71 (4), 72, 75 (2), 79, 80, 85 (2) – Fuchs, Eduard, Die Karikatur der europäischen Völker im Altertum bis zur Neuzeit. Berlin, 1901: 14, 15, **17**, 18, 29, 30, 31, 41, 45 (2), 49, 50, 52, **53**, 54, 57, 58, 59 (2), 60, 61, 62, 65, 68 (3) — Fuchs, Eduard, Die Karikatur der europäischen Völker vom Jahr 1848 bis zur Gegenwart. Berlin, 1903: 70, 74 (2), 76, 77 (3), 79 (2), 80, 87, 90, 92, 94, 101, 104 (3), 107, **108**, 109, 110, 112, 119, 121, 123, 126, 127, 132, 134, 138, 161 – Fuchs, Eduard, Illustrierte Sittengeschichte. Band III (Ergänzungsband): Das bürgerliche Zeitalter. München, o. J.: 74 – Fuchs, Eduard/Kind, Alfred, Die Weiberherrschaft in der Geschichte der Menschheit, Band I. München, 1913: 52, 84 – 50 Jahre Sowjetunion im Spiegel der Karikatur. München, 1967: 301, 305, 342 – Geisberg, Max, Der deutsche Einblatt-Holzschnitt in der ersten Hälfte des 16. Jahrhunderts. München, 1923: 24, 26, 28 – Geschichte des Großen Vaterländischen Krieges. Band V. Moskau, 1963: **296** – Gleichen-Russwurm, Alexander von (Hrsg.), Kultur- und Sittengeschichte aller Zeiten und Völker. Band 13: Gesellschaft und Sitte (1600–1700). Wien, o. J.: 15 – Grosz, George, Zeichnungen. New York, 1961: 182, 276 – Hampe, Theodor, Die fahrenden Leute in der deutschen Vergangenheit. Leipzig, 1902: 30 – Heiber, Helmut/Kotze, Hildegard von (Hrsg.), Facsimile Querschnitt »Das Schwarze Korps«. München, 1968: 302, 303 – 120 Jahre Deutsche Arbeiterbewegung in Bildern und Dokumenten. Berlin-Ost, 1965: 163, 257 – Kaulfuß-Diesch, Karl (Hrsg.), Das Buch der Reformation. Leipzig, 1917: 26, 28 — Lauterbach, C./Jakovsky, A., Postkartenalbum. Köln, 1960: 160 – Liebe, Georg, Das Judentum in der deutschen Vergangenheit. Leipzig, 1903: 50 – Liebe, Georg, Der Soldat in der deutschen Vergangenheit. Leipzig, 1899: 25, 37, 41 – Low, David, A cartoon history of our Times. New York, 1939: 284, 294 – Low's Kleine Weltgeschichte. Berlin, 1949: 239, 266, 273 (2), 275, 280, 238, 293, 297, 300, 303, 306, 308, 309, 310, 311 – Monographien zur Weltgeschichte, Band XXIII: Maria Theresia, hrsg. v. H. v. Zwiedieneck-Südenhorst. Bielefeld/Leipzig, 1905: 47 – Schedlich, Hajo/Oberhauser, Fred (Hrsg.), Lieb Vaterland magst ruhig sein. München, 1962: 168, 173 – Schreckenbach, Paul/Neubert, Franz, Martin Luther. Leipzig, 1916: 12, 20 (2), 21, 22, 23 (2) – Schulz-Besser, Ernst, Die Karikatur im Weltkrieg. Leipzig, o. J.: 165 (3), 168, 169, 175, 177 – Searle, Ronald/Huber, Heinz, Anatomie eines Adlers. München, 1966: 333 – Szewczuks Kleines Welttheater. Hannover, 1961: 320, 338, 346, 354, 359 – Tabori, Paul, Twenty Tremendous Years. London, 1961: 307, 309 – Unsere Zeitgenossen. 15 Porträt-Karikaturen aus dem »Kladderadatsch« von Gustav Brandt. Text von Max Friedlaender. Berlin, 1904: 146 (2) – The American Heritage History of World War I. New York, 1964: 187 – Waas, Adolf, Die Bauern im Kampf um Gerechtigkeit 1300–1515. München, 1964: 25 (2) – Wäscher, Hermann, Das deutsche illustrierte Flugblatt. 2 Bde., Dresden, 1955/56: 33 (2) – Wilpert, Gero von, Deutsche Literatur in Bildern. Stuttgart, 1957: 39.

b) Zeitungen und Zeitschriften (Jahrgang)

»Abendzeitung«, München, 1967: 387 – »Algemeen Handelsblad«, Amsterdam, 1955, 1958: 352, 360 – »Arbeiter-Zeitung«, Wien, 1965: 381 – »Aux Écoutes«, Paris, 1957: 357 – »Bild-Zeitung«, Hamburg/Berlin, 1968: 390 – »Christian Science Monitor«, Boston, 1950: 337 – »Dagbladet«, Oslo, 1968: 391 – »Daily Herald«, London, 1952: 341 — »Daily Mail«, London, 1955, 1960: 352, 363 – »Das freie Wort«, 1963: 371 – »Der Simpl«, München (Hrsg.: W. E. Freitag), 1950: 7 – »Der Spiegel«, Hamburg, 1966, Nachdruck aus »Physikalische Blätter«: 390 – »Der Stürmer«, Nürnberg, 1935: **277** – »Deutsche Zeitung und Wirtschaftszeitung«, Stuttgart, 1949, 1955: 330, 350 – »deutsches panorama«, Hamburg, 1967: 385 – »Die Muskete«, Wien, 1915: 171 – »Die Presse«, Wien: 406 – »Die Welt«, Hamburg, 1956, 1963, 1968: 315, 356, 361 – »Die Zeit«, Hamburg, 1946–1949, 1961, 1962, 1966, 1969–1971: 314, 316, 317, 322, 325, 327, 328, 332, 367, 371, 383, 393, 397, 404 – »Epoca«, München, Beilage »Kolleg«, Nr. 11/1969: 8 (2) – »Eulenspiegel«, Stuttgart, 1849: 64 (3), 81, 83 – »Fliegende Blätter«, München, 1844, 1849, 1856, 1870, 1914, 1915, 1925, 1940: 68, 84, 86, 98, 162, 170 (2), 234, 293, 295 – »Frankfurter Allgemeine Zeitung«, 1960, 1962, 1964, 1966, 1967, 1969, 1970, 1972: 362, 364, 370, 379, 382, 387, 392, 395, 399, 409 – »Frankfurter Rundschau«, 1955, 1957, 1966, 1968–1972: 315, 351, 357, 383, 389, 392, 396, 400, 402, 408, 410 – »Hamburger Echo«, 1961: 366 – »Jugend«, München, 1902, 1905, 1906, 1908, 1913, 1915, 1917, 1918, 1920, 1921, 1928, 1930, 1933, 1936: 140, 143, 144, 151, 158, 168, 179, 187, 195, 202, 204, 233, 239, 261, 279 (2) – »Kieler Nachrichten«, 1970: 397 – »Kladderadatsch«, Berlin, 1848, 1874, 1879, 1889, 1913–1916, 1919, 1923, 1928, 1929, 1932, 1934, 1939, 1940, 1944: 78, 112, 116, 122, 158, 160, 177, 190 (2), 211, 212, 234, 246, 258, 259, 269, 286, 292, 308 – »Kölner Stadtanzeiger«, 1969: 394 – »La Baionette«, Paris, 1961: 174 – »Le Canard Enchaine«, Paris, 1955: 351 – »Leipziger Illustrirte Zeitung«, **1916**: **175** – »L'Express«, Paris, 1964, 1969: 378, 396 – »Le Rire«, Paris, 1918: 193 – »Life«, New York, 1952: 368 – »Lustige Blätter«, Berlin, 1918: 184 – »National-Zeitung«, Basel, 1970: 398 – »National-Zeitung«, München, 1967: 386 – »Nebelspalter«, schweizerische satirische Zeitschrift, Rorschach, 1889, 1941, 1971, 1972: 117, 294, 403, 407, 408, 411 – »Neue Osnabrücker Zeitung«, 1969, 1971: 395, 402 – »Neues Deutschland«, Berlin-Ost, 1963: 374 – »New Statesman«, London, 1960: 364 – »New York Herald Tribune«, 1961: **366** – »New York Times«, 1949, 1950: 332, 334 – »Nürnberger Nachrichten«, 1963, 1971: 372, 400 – »Politische Welt«, 1958: **361** – »Punch«, London, 1918, 1934: **186**, **267** – »Saarbrücker Zeitung«, 1972: 406 – »Simplicissimus«, München (Hrsg. A. Langen), 1897–99, 1904–06, 1914–21, 1923–28, 1933, 1936, 1940: 105, 125, 129 (2), 134, 142 (2), 143, 144, 159, 166 (2), 167, 171, 178, 181 (2), 182, 188, 193, 194, 196, 197, 198, 200 (2), 202, 203, 211, 214, 215, 216, 220 (2), 222, 227, 229, 231 (2), 247, 252, 278, 290 – »Simplicissimus«, München (Hrsg. O. Iversen), 1954–1967: 344, 347, **348**, 353, 355, 356, 358, 359, 360, 361, 363, **365**, 366, 368, 369 (2), 370/1, 372, 373, 374, 375, 376 (2), 377 (3), 378, 379, 380 (2), 381 (2), 383, **384**, 385, 386 – »Sonntagsblatt«, Hamburg, 1967: 385 – »Süddeutsche Zeitung«, München, 1948, 1949, 1952, 1961, 1963, 1967–69, 1971, 1972: 314, 323, 326, 327, 331, 387, 388, 389, 390, 391, 394, 400, 401, 402, 403, 404, 406, 409, 410 (2) – »Stern«, Hamburg, 1968, 1969, 1971: 391, 393, 405 (2), 411 – »Stockholms-Tidningen«, 1954: 346 – »Stuttgarter Zeitung«, 1949, 1950, 1951, 1964: 328, 331, 335, 337, 338, 339, 378 – »Tagesanzeiger«, Zürich, 1971: 403 – »The Sacramento Bee«, 1962: 370 – »Vorwärts«, Bad Godesberg, 1967: 386 – »Welt am Sonntag«, Hamburg, 1961: 10 – »Welt der Arbeit«, Frankfurt am Main, 1970, 1971: 398, 401 – »Weltwoche«, Zürich, 1955, 1956, 1959, 1966, 1970: 350, 355, 362, 382, 398.

c) Archive, Bibliotheken, Museen

Bibliotheque Nationale, Paris: 100, 161, 173 – British Museum, London: 42 – Imperial War Museum, London: 304 – Institut für Zeitungswissenschaft, Bibliothek, Universität München: 104, 139, 151, 152, 172, 191, 230, 232, 243, 249, 250, 251, 256, 257 (2), 262, 263 (2), 265, 268, 270, 272, 274, 275, 288, 291, 292, 294, 310, 316, 318, 319, 320, 321, 322, 323, 324, 326, **329**, 332, 334, 335 (2), 337 (2) – Musée Carnavalet, Paris: 55 – Süddeutscher Verlag, Bildarchiv, München: 47 – Staatliche Graph. Sammlung, München: 133 – Staatsbibliothek, Bildarchiv, Berlin: **36**, 39, 44 (2), 46 (3), 47, 48 (2), 51 (6), **53**, 54 (2), 55, 56, 57 (2), 58, 59, 60 (2), 61 (3), 62 (2), 65, 66 (3), 67 (3), 69, **75**, 76 (2), 79, 80, 82 (2), 83, 85, 86, 87 (2), 88 **89**, 90, 91 (2), 92, 93 (2), 94 (2), 95, 96, 97, 99, 100, 101 (2), 102, 106, 107 (2), 110, 111 (2), 113, 115, 116, 117, 120, 121 (2), 124, 127 (2), 128 (2), 129, 130 (2), 131 (2), 132, 135 (2), 136 (2), 137, 138, 139, 140, 141, 144, 145 (2), 147, 148, 149 (2), 150, 151, 152, 153 (2), 154, 155 (2), 156, **157**, 163, 172, 174, **176**, 180, 185, 191, 193, 195, 196 (2), 198, 199, 201 (2), 204 (2), 205, 206, 207 (2), 208, 210, 213, 215, 216, 217, 218, 219, 221, 222, 223, 224 (2), 225 (2), 226, **228**, 229 (2), 230, 234, 236, 237 (2), 238 (2), 240 (2), 241, 243, 244, 245, 250, 254, 255, 258, 260 (2), 262, 264, 271, 281 (2), 282, 283 (2), 284, 285 (2), 286 (2), 287 (2), 288, 289 (2), 297, 298, 299 (2), 300, 302, 303, 304, 305, 306, 307, 312, 317 (3), 325, 330, 339, 341, 343, 344, 346, 349, 350, 353, 354, 358, 362, 367, 372, 379, 382, 388, 392, 395, 397, 399 – Ullstein-Bilderdienst, Berlin: 142, 165, 169, 264, 298 - Vetterli, C., Zürich: 16 – alles übrige aus dem Archiv des Autors.